미래를 여는 한국의 역사 2

미래를 여는 한국의 역사 2

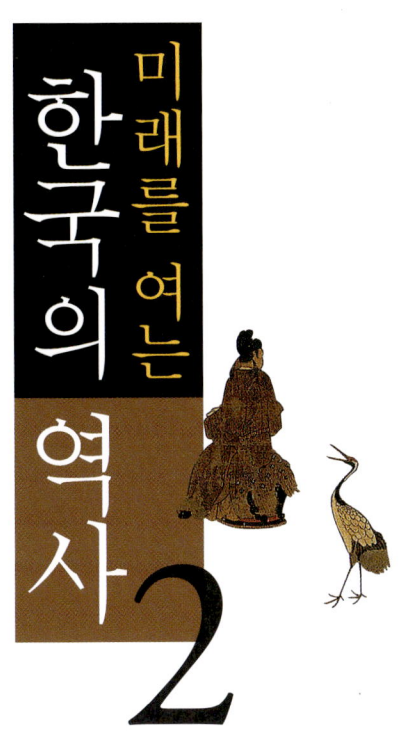

역사문제연구소 **기획**
김인호, 임용한, 한정수 **지음**

웅진 지식하우스

일러두기

* 본문에 나오는 인명, 지명 등은 가독성을 위해 가급적 원어를 병기하지 않고, 찾아보기에 따라 병기했다.
* 외국 인명과 지명 등은 국립국어원의 외래어표기법을 따랐다. 단, 중국어 고유명사의 경우 신해혁명(1911년) 이전과 이후로 구분하는 원칙에 따라, 1-4권은 한자음으로 표기하고 5권 이후는 중국어 발음대로 표기했다. 하지만 간도, 만주 등의 고유명사는 한자음대로 읽었다. 일본 지명과 인명은 일본어 발음대로 표기했다.
* 잡지, 신문 등의 정기간행물과 단행본은『 』로 묶고, 기사, 논문, 영화, 예술작품 등은「 」로 묶었다.

| 추천사 |

재미있고 믿을 만한 우리 집 역사도서관

이이화_역사학자

오늘날 한국의 역사는 안팎으로 심각한 도전에 직면해 있습니다. 나라 안에서는 한국사를 아주 소홀하게 다루고 있습니다. 정부에서는 국사 교육을 여러 과정 중 하나쯤으로 여겨서 모든 시험 과목에서 빼고 있으며 학교에서는 이런 교육 방침에 따라 한국사를 가르치려 하지 않습니다. 한편 중국에서 '동북공정'이라는 이름으로 고구려와 발해의 역사를 자기네 역사라고 주장하는 괴상한 논리를 펴고 있으며 일본에서는 한국의 식민지 지배에 대해 여전히 반성은커녕 합리화하는 데에 열중하고 있습니다. 이를 두고 역사전쟁이라 불러도 틀리지 않을 것입니다. 이런 과정을 거치면서 한국사는 점점 작아지기도 하고 누더기가 되기도 합니다.

그동안 한국사는 왕조를 중심으로 서술되어 지배자의 역사를 강조한 경우도 있었고 지나친 민족의식으로 균형감을 잃고 한쪽으로 치우친 경우도 있었습니다. 또 민중의 삶을 소홀하게 다루는가 하면 이데올로기의 잣대로 어느 한쪽의 역사를 배제한 경우도 있었습니다. 더구나 남쪽에서 쓴 역사와 북쪽에서 쓴 역사가 서로 달라서 혼란스럽기도 합니다. 이를 어떻게 포괄해서 균형감을 잃지 않고 독자에게 제시할 수 있을지, 역사학자들은 고민을 거듭해왔습니다. 게다가 딱딱한 내용을 이해하기 쉽고 감동을 줄 수 있게 서술하는 방법에 대해서도 역사학자들은 지혜를 짜보았습니다.

이 책 『미래를 여는 한국의 역사』는 이런 여러 복잡한 문제를 풀어보려 노력한 흔적이 보입니다. 젊고 참신한 교수들이 참여해 시대로는 선사시대부터 근대사에 이르기까지, 분야로는 제도사에서 생활사에 이르기까지, 오른쪽이나 왼쪽에 치우치지 않고 고루 서술해 균형감을 살리고 있습니다. 또 우리 역사만을 다룬 게 아니라 중국, 일본은 물론 동남아시아 등 여러 나라와 교류한 사실도 담아내고 있습니다. 또 임금의 존호를 어떤 뜻으로 붙였는지부터 노비의 이름은 어떻게 지었는지까지, 한국사 지식의 범위를 넓혀 주고 있습니다.

이런 내용들을 좀 더 이해하기 쉽게 하려는 뜻에서 본문을 복잡하고 산만하지 않게 구성했고, 100여 개의 특강과 생생한 사료를 곁들여 재미와 지식을 더해주고 있습니다. 또 내용을 입체적으로 이해할 수 있도록 희귀한 사진과 지도 등을 잘 배치한 점도 돋보입니다. 이 책은 한국사 지식을 공급해주는 보고(寶庫)여서, '우리 집 도서관'이나 '역사박물관'으로 불러도 과장이 아닐 것입니다.

역사문제연구소의 연구자들과 웅진지식하우스의 출판전문가들이 힘을 합쳐 3년에 걸쳐 이루어낸 책입니다. 우리 역사를 알아보고 싶은 시민이나 학생, 주부나 청소년을 두루 독자의 대상으로 삼았습니다. 이 책을 통해 학교에서나 여느 역사책에서는 배울 수도 없고 알 수도 없는 재미와 지식을 얻을 수 있을 것입니다. 이 늙은 역사학자는 평생 동안 '역사 대중화'에 심혈을 기울여 왔는데 이 책을 추천하는 동기가 바로 여기에 있습니다.

저는 중국에 유학 가 있는 제자들에게서 가끔 전화를 받습니다. 그들의 질문은 "선생님, 지금 논쟁을 벌이고 있는데요. 고구려, 백제, 신라는 같은 민족인가요? 같은 말을 썼나요?" 따위였습니다. 그러면 저는 "예끼, 이 사람아, 그걸 몰라서 지금 야단스럽게 전화를 하는 거야?" 하고 핀잔을 주지만 사실 이런 간단한 상식도 모르는 경우가 많습니다. 하지만 우리가 그걸 모르면 고구려 역사를 중국에 빼앗기고 마는 것입니다. 통일의 그날에 대비하기 위해서라도 우리 역사에 대한 지식은 꼭 필요합니다.

자기의 역사를 모르게 되면 자기의 정체성을 세울 수 없으며 자기 존재를 확인할 수도 없습니다. 족보를 끌어안고 아무리 열심히 조상의 행적을 들여다본다 해도 전체의 흐름을 모르면 바른 지식을 얻을 수 없습니다. 허투루 듣지 말고 한번 짬을 내어 읽어보십시오. 두고두고 큰 도움이 될 것입니다.

건강한 시민으로 살아가기 위한 준비

박원순_소셜 디자이너

나는 변호사 출신의 사회운동가지만, 역사에 대한 애정은 남다른 데가 있다고 생각한다. 1975년 학생운동에 연루되어 서울대학에서 제적을 당한 후 다시 시험을 쳐서 다른 대학에 입학한 것도 사학과였다. 이후 변호사가 되어 동분서주하면서 힘을 보탠 곳 역시 한국사를 공부하는 모임이었다. 그 모임이 바로 이 책 『미래를 여는 한국의 역사』를 기획한 역사문제연구소의 시작이었다.

왜 역사였을까? 시대의 폭력에 상처 입은 학생이, 부조리한 현실을 바꿔보겠다고 마음먹은 변호사가 답을 구했던 곳이 왜 하필 역사였을까? 그것은 우리 사회를 건강하게 바꾸어 나가는 일, 모든 사람이 자유롭게 토론하며 환경과 사회를 함께 만들어가는 과정, 서로 어울려 살아가는 성숙한 시민들의 공동체. 그리로 갈 길을 알려주는 것이 역사였기 때문이다. 그렇게 내게 역사는 건강한 시민 공동체를 위한 정신적 토대이자 미래를 위한 비전이었다.

따라서 역사는 학교에서 배우는 일련의 선택과목들 중 하나가 아니다. 어린아이가 태어나 건강한 성인으로 자라려면 몸만 자라는 것만으로는 안 된다. 남과 소통하기 위한 말과 글, 배려와 예절, 도덕과 세계관 등 사람을 진정 사람답게 만들어주는 덕목들을 깊이 익히고 깨달아야 한다.

마찬가지로, 한 사람이 성숙한 시민으로 자라나 이웃과 조화롭게 소통하고 시민사회에 의미 있는 기여를 하기 위해선 무엇보다 자기 공동체의 역사에 대해 알아야 한다. 지식을 위한 지식이 아니라 나와 부모와 이웃의 뿌리를 알기 위한 지식, 세계 속의 우리를 알기 위한 지식이 바로 역사 지식이다. 가깝게는 '나의 오늘'을 만들어온 것들에 대한 간접 체험이며, 크게는 앞으로 만들어가야 할 '우리의 내일'을 보여주는 청사진이다. 역사를 모르고는, 내가 없고, 미래가 없다. E. H. 카가 이미 역사는 현재와 미래를 비추는 거울이라고 설파하지 않았던가.

이 책 『미래를 여는 한국의 역사』의 기획 의도가 '건강한 시민을 위한 열린 한국사'라는 말을 듣고 무척 반가웠다. 맨 처음 자그마한 씨를 보탰던 사람으로서의 커다란 보람이요, 우리 사회가 다시금 새로운 '시민'을 움틔우고 있다는 기쁜 신호이기 때문이다. 과거 독재정권과 맞서 싸우던 민주주의 수호자로서의 시민, 약자와 환경을 보살피는 지역공동체의 주체로서의 시민을 넘어 이제 '시민'은 새로운 정의를 요구한다. 그것은 보편적 가치를 주어진 상황에 맞게 꽃피워내는 세계시민, 기존의 제도와 상식에 얽매이지 않고 가능성을 현실로 바꿔내는 상상 설계자로서의 시민이다.

『미래를 여는 한국의 역사』는 특히 세계와 우리와의 교류를 강조하고 있고, 한국사를 한 나라의 국사라는 관점을 넘어 세계사의 관점으로 보고자 했다는 점에서 정말 '미래를 여는' 한국사 교양서라고 생각한다. 자학적이거나 국수적인 역사관이 아닌 세계사의 관점에서 우리를 돌아볼 때 우리의 가능성도 더욱 잘 보일 것이다.

역사는 삶의 필수과목이다. 자신의 역사를 자신 있게 외국인 친구에게 이야기할 수 있는 청년, 신문기사의 이면을 깊이 읽고 토론하는 부모와 자녀, 미래를 열린 눈으로 통찰할 수 있는 시민에게 우리의 미래가 있다. 모쪼록 많은 시민들이 읽고 우리와 세계에 대해 이야기하는 마당이 되었으면 한다.

| 발간사 |

새로운 한국사 교양서를 펴내며

이승렬_기획총괄·역사문제연구소 부소장

역사문제연구소가 중구 필동에 있던 1989년, 웅진 출판사의 두 분이 물어물어 연구소를 찾아왔다. 한국사 교양서를 만들고 싶다는 것이었다. 연구소 측에서는 이렇게 말했다. "그동안 역사책에 삽입된 사진과 그림은 글의 장식에 지나지 않았습니다. 텍스트도 이야기가 약하고 딱딱한 정보 중심으로 나열되어 있었습니다. 글과 사진과 그림이 삼위일체가 되어 역사를 입체적인 이미지로 표현하는, 새로운 개념의 역사교양서가 필요합니다." 웅진 측은 이 이야기에 깊이 공감했고, 그렇게 해서 새로운 역사교양서를 만드는 작업이 시작되었다.

본문 내용에 맞는 사진 한 장을 고르기 위해 기획자·편집자·필자들이 모여 하루 종일 자료를 찾고 회의를 했다. 화가들과 디자이너들도 그때 할 수 있는 수고를 다했다. 고대편, 중세편, 근대편 3권으로 이루어진 『사진과 그림으로 보는 한국의 역사』 초판(1993년)은 이렇게 세상에 나올 수 있었다. 그때 필자들과 편집부의 모습은 내게 기분 좋은 추억으로 남아 있다. 독자들은 기획 의도를 잘 이해해주었고, 꾸준한 사랑을 주셨다. 이 책이 출간된 이후에 역사책의 편집과 디자인 방향이 많이 바뀐 것도 또 다른 보람이었다. 어떤 대학생은 이 책을 읽고 웅진 출판사에 입사했다. 그가 2004년도에 『사진과 그림으로 보는 한국 현대사』와 『사진과 그림으로 보는 북한 현대사』를 열렬한 정성으로 편집했다. 그렇게 『사진과 그림으로 보는 한국의 역사』 시리즈는 5권이 되었다.

이제 우리는 18년 만에 새로운 한국사 교양서를 내놓는다. 독자들에게 역사를 입체적으로 보여준다는 처음의 기획 의도는 다시 한번 우리의 나침반이 되어주었다. 이번엔 특히 '건강한 시민을 위한 열린 한국사'라는 콘셉트 아래 기획과 집필, 편집을 진행했다. 누구나 쉽게 읽을 수 있으면서도 시각이 믿을 만하고, 세계사와의 연관성이 잘 드러나는 한국사 교양서를 선보이려 했다.

이를 위해 우선 본문의 서술에 가급적 이야기를 넣으려고 노력했다. 본문의 아래쪽에는 따로 공간을 두어 내용을 입체적으로 보여주는 정보와 자료들을 배치했다. 각 절의 끝에는 특강을 두어 본문에서는 다루지 못했던 사항들을 입체적으로 들여다보았다. 각종 인물과 사상, 사건과 문물 등 우리 역사에서 가장 흥미진진한 이야기들을 만날 수 있을 것이다.

또 가급적 한반도의 역사와 동아시아 국제 관계, 세계사가 어떤 관계를 맺고 있는지를 보여주고자 했다. 외교와 전쟁, 문물과 사상의 교류는 물론이고, 중국과 일본 등 주변국과의 역학 관계가 어떻게 우리 역사와 뗄 수 없이 연관되어 있는지 크고 긴 안목에서 서술하려 했다. 독자들은 오늘날 우리의 현실이 과거부터 오랫동안 반복되어온 것임을 알 수 있을 것이다.

마지막으로, 역사의 중심인 '사람'이 살아 있는 책으로 만들고자 했다. 추상적인 서술과 차가운 도표로 생략될 수 없는, 사람들의 살림살이와 문화를 담고자 했다. 조선시대 농민들의 한해살이부터 한말 이주민의 애환까지, 사람들이 실제로 무엇을 꿈꾸며 어떻게 살았는지에 초점을 맞추었다.

이와 함께 2000여 컷의 이미지 자료를 함께 실었고 새로운 디자인 기법도 적용해보았다. 각종 지도, 도표, 사진 역시 본문과 밀접하게 결합되도록 연출하는 한편, 본문을 읽어나가기에 부담스럽지 않도록 최대한 가독성을 살렸다. 이번 시리즈를 통해 독자들은 최근 역사책이 어떻게 진화하고 있는지를 느낄 수 있을 것이다.

우리 사회에서 '역사 문제'는 늘 정치적 갈등을 유발하는 요인이 되곤 했다. 교과서 문제가 국내에서는 정치적 이념 대립의 장이 되었고, 국제적으로는 뜨거운 외교 쟁점으로 부각되곤 했다. 언제나 그랬듯이 '역사 문제'는 과거의 일이 아니라 현재의 일이었고, 앞으로도 그럴 것이다.

특히 우리는 강대국들에 둘러싸인 한반도의 과거와 현재를 직시할 필요가 있다. 삼국시대의 고구려, 백제, 신라는 중국 등 주변국과의 전쟁 속에서 부침했다. 고려는 원이 쇠약해지고 명이 일어나는 격동기에 국운을 다했다. 조선은 도요토미 히데요시가 일본을 통일하고 그 힘을 대륙으로 뻗을 때 전쟁의 소용돌이에 휘말렸다. 20세기 초 대한제국이 일본의 식민지가 되었을 때나, 1945년 일본의 지배가 끝나고 분단이라는 새로운 비극이 시작된 순간에나, 우리는 언제나 세계사 속에 살고 있었다. 이제 세계사의 흐름을 의식하지 않고서는 한국의 역사를 제대로 이해하기 어렵다. 이번 시리즈가 '열린 한국사'를 표방하는 이유다.

또 우리는 『미래를 여는 한국의 역사』가 '건강한 시민'을 위한 바로미터가 되길 바란다. 한반도가 주변 강대국의 침략을 받을 때마다 가장 고통받고 피해를 본 것은 언제나 평범한 사람들이었다.

20세기 후반부터 세계사적으로는 냉전 시대가 끝났지만, 한반도에서는 여전히 냉전 시대가 이어지고 있다. 그 위에 세계화(Globalization), 신자유주의의 확산이라는 사조들이 덧씌워진 새로운 시대가 만들어지고 있다. 시민들이 소외되고 사회적 양극화가 심화되면서 정치 세력의 분열이 가속화되면, 또다시 한반도는 위험에 빠질 수 있다. 16세기 후반에 일본의 침략을 받아 전 국토가 유린되었음에도 불구하고 20세기 초 한반도는 일본의 식민지가 되었듯이, '역사'를 잃어버리면 그러한 일이 반복될 수 있다.

이제는 시민의 이름으로, 시민의 힘으로 한반도 내의 분열과 대립을 막고, 평화와 안녕을 실천할 수 있는 시대가 되었다. 그것을 위한 수단의 하나가 '역사와 시민'의 대화다. 이 책이 좁게는 역사학자와 일반 대중이 소통하는 길, 넓게는 시민과 시민, 한국인과 세계 시민이 소통할 수 있는 통로가 된다면 우리의 작은 노고가 헛되지 않을 것이다.

— 차례 —

— 추천사   5
발간사   9
서문   16

1 새 나라 고려, 기틀을 다지다 900 • 1022

01 분열에서 다시 통일로 : 호족의 시대와 후삼국 통일   22
    ▫ 새 나라를 건설한 용의 후손 : 고려 왕실의 '용손 의식'   32

02 왕실의 위엄을 드러내다 : 왕위 계승전과 의례의 정비   34
    ▫ 축제의 정치학이 담긴 팔관회 : 의례의 미학을 담다   48

03 새 나라의 기틀을 다지다 : 국왕의 통치와 자율의 확립   52
    ▫ 현종의 피란길을 따라 지방으로! : 고려의 지방 사회와 교통로   62

04 동아시아의 균형추, 고려 : 거란 전쟁   64
    ▫ 우리는 고구려를 계승했다 : 서희의 외교력과 강동 6주   72

2 귀족의 시대 1023 • 1169

01 관료와 문벌 귀족의 길 : 과거와 교육, 그리고 문벌   76
　고려 귀족 사회를 읽는 키워드 : 좌주와 문생   90

02 고려 사람들은 어떻게 살았을까 : 고려의 신분과 가족   92
　고려 여성들은 어떻게 사랑했을까? : 여성의 결혼과 삶   102

03 고려 사람들의 경제 : 전시과 제도와 산업의 발달   104
　하늘은 둥글고 땅은 네모지며 : 「공방전」과 의천   116

04 신앙의 힘 : 고려 사람들의 종교 생활   118
　누가 병을 치료할 것인가? : 승려와 의학   126

05 고려 문화의 융성 : 고려청자와 인쇄술의 발달   128
　도자기를 따라 세계와 만나다 : 도자기 길   140

3 무신의 시대 1103 • 1237

01 동아시아의 새로운 국제 질서 : 여진과의 전쟁   144
　거란의 길잡이가 되다 : 고려의 집시 '양수척'   150

02 문벌 귀족 사회의 위기 : 이자겸의 난과 묘청의 서경 천도 운동   152
　나라와 개인의 운명이 달렸다 : 풍수지리와 십팔자참설   162

03 보현원의 저녁은 새 역사의 시작 : 무신 정권 시대   164
　불법과 합법 사이 : 악소배와 악당   174

04 농민과 천민의 봉기 : 고려 사람들의 종교 생활   176
　노비로 살기 싫다! : 노비 평량의 신분 상승   186

4 전쟁의 시대 1231 • 1273

01 **세계 제국에 맞서다** : 몽골과의 전쟁 — 190
　　고려대장경은 어떻게 만들었을까? : 신앙의 힘, 대장경 조판 — 200

02 **쿠빌라이와의 만남** : 강화 천도와 평화의 길 — 202
　　가미카제를 맞이하다 : 여몽 연합군의 일본 원정 — 210

5 원 제국과 고려 1260 • 1355

01 **사위의 나라가 되다** : 부마국과 원의 간섭 — 214
　　충혜왕, 장사를 하다 : 원 간섭기의 고려 왕 — 224

02 **세계 제국과 만나다** : 원과의 교류와 삶 — 226
　　원에 갈 여성을 모집하라! : 결혼도감과 공녀 — 236

03 **사상의 혁신 운동** : 새로운 불교와 성리학 — 238
　　여행길인가, 고생길인가? : 이색과 이제현의 중국 여행 — 248

6 왕조의 갈림길 1356 • 1392

01 **개혁의 시작과 혼돈** : 고려 왕조의 위기 — 252
　　군벌이 성장하다 : 고려군의 중국 원정 — 262

02 **새 나라 건설의 길** : 공민왕과 신진 사대부 — 264
　　정몽주는 어떻게 죽었을까? : 선죽교의 진실 — 272

― 연표 — 274
　 찾아보기 — 277
　 이미지 제공처 — 283

● 각 권 차례

1권   원시시대에서 남북국시대까지
1. 원시시대와 국가의 형성
2. 여러 나라의 성장
3. 삼국시대의 전개
4. 남북국시대
5. 고대의 사회와 문화

3권   조선시대
1. 조선왕조의 성립과 체제 정비
2. 양반 사회의 성장
3. 흔들리는 사대교린의 외교 관계
4. 정치 변동과 경제의 성장
5. 양반 사회의 동요와 민중의 성장

4권   개항에서 강제 병합까지
1. 개항, 조심스러운 선택
2. 청과 일본의 틈바구니에서
3. 자주독립국, 대한제국
4. 식민지화의 위기와 민족의 발견

5권   일제강점기
1. 일제의 강제 병합과 무단통치
2. 강요된 근대와 문화정치
3. 일제에 맞선 계몽과 투쟁
4. 민족말살과 벼랑 끝의 일본

[서문] 고려, 다양하고 역동적인 사회를 만나다

우리가 갖고 있는 고려시대의 이미지는 별로 없다. 고려시대라고 하면 머릿속에는 보통 고려청자나 지금의 '코리아Korea'라는 말이 유래되었다는 정도가 이미지의 대부분이다. 이것은 고려시대의 시각적 이미지가 거의 없다는 말이다. 실제 고려시대의 그림은 불화를 제외하고 시각적으로 남겨진 것이 많지 않다. 고구려의 벽화나 신라의 금관과 같은 상징적 유물도 별로 없다. 무엇보다 남북 분단으로 인해 서울에서 얼마 떨어지지 않은 고려의 수도였던 개성을 방문할 수 없다. 그래서 우리 머릿속 고려의 이미지는 단순하고, 당시 사람들이 어떻게 살았는지, 지금 우리와 어떻게 달랐는지를 이해하기 어렵게 되었다.

고려시대란 당연한 말이지만 고려왕조가 있었던 시기를 말한다. 왜 이 말을 꺼내는가는 시대 구분의 문제가 있기 때문이다. 보통 우리가 시대 구분을 할 때는 고대, 중세, 근대, 그리고 현대라고 부르는 경우가 많다. 왕조별 시대 구분은 적절치 않다고 보기 때문이다. 그러나 이런 주장 역시 서구의 역사학을 기준으로 한 것임은 당연하다.

오히려 우리에게 중요한 것은 왕조별 구분이냐 중세 시대인가를 분간하는 문제가 아니다. 당시 사람들의 삶과 고민이 현재 우리와 어떻게 다른지, 또는 같은 인간이라는 조건으로 같은 면이 있었는지를 우선 살펴보는 것이다. 역사의 교훈이나 거울 같은 거창한 단어가 여기에 어울리지 않을 수 있다는 점을 염두에 두어야 할 것 같다.

고려시대의 특징에 대해서는 몇 가지 논의가 있어왔다. 우선 고려왕조는 후삼국의 혼란을 극복하고 민족의 통일을 이루었다는 점에서 평가를 받았다. 이 문제는 현재 한국사 교과서에서 크게 강조되는 부분이다. 이것은 고구려가 망한 이후 발해가 이를 계승했고, 후일 발해의 지배층이 고려왕조로 내투來投했다는 역사 계승의 문제일 것이다. 이 책에서는 고려시대의 삶과 변화에 초점을 맞추고 있기 때문에 이런 시각을 부각하지 않았다. 특히 민족 문제는 민족 공동체의 시련과 극복이라는 시각 속에서 역사를 보려는 경향이 있다.

두 번째로는 사회경제사적인 시각에서 고려시대를 '집권적 봉건국가'로 보는 것이다. 이 말은 집권성과 봉건성이라는 언뜻 모순되고 어려운 표현이 합쳐 있다. 다시 말해서 이 말은 중앙정부에 권력이 모여 있으며, 봉건적 지주가 있고, 농민 역시 땅을 지닌 사회라는 뜻이다. 그래도 뜻이 어렵긴 마찬가지다.

여기에는 유럽과 대조되는 한국의 중세 사회를 그려내려는 입장이 들어가 있다. 또한 이것은 유럽의 영주가 지방분권을 지닌 것과 비교해서, 신라 말에서 고려 초기에 지방 세력인 호족들의 존재와 관계된다. 물론 시간이 지나면서 호족들의 힘과 영향력은 점차 약화되었다. 그럼에도 지역사회에서 이들은 향리직 등을 수행하면서 어느 정도 힘을 발휘할 수 있었다. 이들이 지역에서 힘을 가지고 있었기에 분권적 성향이 존재했다는 것이다. 이후 한국사의 발전 과정은 분권성이 더욱 약화되고 중앙 집권성이 강화된다는 그림으로 그려진다. 따라서 고려시대의 역사는 이 과정으로 가는 중간 과정이 될 것이다.

세 번째는 고려 사회의 지배층이 어떤 사람들인가로 그 특징을 이해하는 방식이다. 고려왕조를 건립한 주체는 호족 등으로 불리는 지방 세력으로 생각해왔다. 왕건의 경우는 개성을 근거지로 하여 해상무역으로 성장했다. 그 외 여러 지방 세력들이 경쟁하는 가운데, 왕건은 이들을 통합하며 고려왕조를 건립했다는 것이다. 따라서 초기 건립의 주체 세력들은 지역 세력이며, 이후 중앙정부의 정비와 강화에 따라 새롭게 귀족 세력이 생기는 것으로 이해한다. 귀족들은 집안인 문벌을 발전시키면서 자신들의 특권을 계승해갔다. 귀족이 고려 사회를 좌우하는 중심 세력이라는 뜻이다. 그러나 최근에는 귀족 사회론에 의문을 표시하는 논의가 시작되고 있다.

마지막으로 고려 사회를 이해하는 키워드 중 하나는 '다원 사회'라는 것이다. 이 말은 고려왕조가 다원주의에 입각한 사회라는 의미를 담고 있다. 즉 고려왕조는 골품제 원리로 운영된 통일신라와 성리학 원리로 운영된 조선왕조와 같은 일원적 원리로 운영되지 않았다는 뜻이다. 고려의 경우에는 사상적으로 불교와 유교, 도교, 그리고 풍수지리 등과 같은 다양성을 인정했다. 또한 고려왕조는 대외무역에서 개방성과 사회적으로 신분 이동이 활발한 역동성을 지녔다.

우리는 고려시대의 특성이 어떻게 만들어지고, 유지될 수 있었는지를 볼 필요가 있다. 우선 고려시대에는 국왕을 중심으로 한 중앙정부와 지역 내부의 토착 세력 등으로 통치가 이루어졌다. 과거 통일신라보다 지역 세력의 존재가 중요하게 부각되었으며, 이전과 다르게 혈통에 따른 근본적인 신분 차별의 요소가 줄어들었다. 이것은 왕조를 세운 주도 세력이 혈통을 내세울 계층이 아니었기 때문이다. 중앙정부에 권력이 집중되면서, 중앙 귀족층이 형성되었다. 이 귀족층에 편입되기 위한 방법은 과거 시험을 통과해 관료가 되거나, 무술 능력을 인정받거나, 전쟁에 참여하여 공로를 세우는 것이었다.

12세기 이후 귀족층 내부의 경쟁은 중앙정부와 지역 간의 대결, 또는 귀족층 내부에서의 권력 쟁탈을 가속화했다. 최고 문벌 출신인 이자겸의 반란과 뒤이은 서경 지역의 묘청의 반란 등은 이를 대변하는 사건이었으며, 무신 정변이 이것의 정점이었다. 무신 정변으로 귀족들이 모두 몰락한 것은 아니었다. 새로운 계층들이 지배층에 편입되었지만, 과거의 통치 질서가 전면적으로 부정될 수는 없었다. 무신인 최충헌 집안이 4대에 걸쳐 권력을 장악하고 국왕의 실권이 거의 사라졌지만, 국왕 자체가 부정된 것은 아니었다. 이와 같은 정권의 출현은 연이은 반란 속에서 위기감을 느끼던 일부 지배층의 지지를 바탕으로 가능했다. 그런 가운데 개인의 통치를 뒷받침할 다양한 정치기구들이 이 시기에 등장했다. 그러나 이것으로 인해 국가의 통치 질서가 마비되었다고 보기는 어렵다.

오히려 통치 질서를 흔든 요인은 외부에 있었다. 몽골의 장기적 침략, 그리고 뒤이은 원에 의한 정치적 간섭이 그것이었다. 특히 이른바 원 간섭기로 불리는, '충' 자가 들어간 국왕이 등장하는 시기에 고려 사회는 본격적인 글로벌 시대를 맞이하게 되었다. 고려시대 사람들은 이 시기를 일제강점기처럼 불행하게 느끼지 않았다. 과거 형식적인 사대 관계가 현실적 제재가 있는 분명한 관계로 바뀌었다. 그리고 이 관계는 명과 조선의 그것으로 이어졌다. 그렇지만 이 시기 고려 사회는 외국과의 관계에서 이전과 다른 인적, 물적 교류가 이루어졌다. 많은 사람들이 나가고 들어오면서 종교와 사상, 생활상에서 큰 영향을 받았다. 이것은 조선 초기 문화를 꽃피우는 바탕이 되었다.

또한 외국과의 관계에서 큰 요소는 전쟁이었다. 고려시대에는 거란, 여진, 몽골, 일본왜구 등과 전쟁을 치러야 했다. 전쟁은 역사 속에서 사회 변화를 일으키는 큰 요인으로 지목되는데, 고려시대 역시 예외는 아니었다. 특히 고려 말기에 벌어진 홍건적과 왜구 문제는 왕조의 존망을 좌우했다. 전쟁은 대개 군벌을 등장시키고, 이들이 가진 무력으로 권력을 장악할 가능성을 높인다. 또한 능력 있는 군 지휘관은 리더십과 조직 통제 능력, 상황 대처 능력 등에서 현실감 없는 귀족들을 능가할 수 있었다. 이성계는 그 대표자였고, 개혁이 필요하다고 느끼던 신흥 세력들과 손잡을 수 있었다. 고려왕조는 마지막까지 개혁을 시도하다가 지쳐 숨을 헐떡여야 했다. 그러나 이런 시도 역시 허무한 것은 아니었다. 이들의 노력은 조선왕조의 각종 제도 정비로 이어졌기 때문이다.

고려시대의 다양성은 원래 중앙정부의 힘과 지역 질서가 타협하면서 이루어질 수 있었다. 사상적으로 불교 신앙과 풍수지리설은 이들을 하나의 체계로 묶어주는 힘이었다. 유교는 통치 질서의 기준을 마련해주는 이념이었으며, 도교는 각 개인의 수양과 이상을 마련해주었다. 그러나 고려 말기 전쟁을 통해 국가 질서의 체계화가 더욱 절실해지고, 성리학이 국가 개혁을 위한 이념으로 적합하다고 느끼면서, 일원화는 하나의 필연이었다. 이제 국가와 사회질서는 하나의 체계로 재확립되어야 한다는 생각, 이것이 조선왕조를 낳게 한 또 하나의 배경이었다.

▲용수전각무늬 청동거울 ▶원숭이 모양 청자 도장

새 나라 고려, 기틀을 다지다

900 • 1022

고려왕조는 골품제로 운영되던 신라보다 개방된 사회를 만들었다. 건국의 주체는 지역에 바탕을 둔 세력들이었다. 왕은 이들의 대표자였기에, 초기 왕위 계승을 둘러싼 경쟁도 심했다. 고려는 당·송의 제도를 수용하면서 새로운 국가 운영의 틀을 만들었다. 그리고 관료 선발에 새 제도인 과거 시험을 처음 도입했다. 제도와 법이 만들어지고, 운영에 따른 관례를 중요하게 생각했다. 각 지역의 통치는 자율성을 어느 정도 용인하면서 이루어졌다. 그렇다면 이러한 국가 운영의 틀은 어떠했으며, 무엇을 기반으로 만들어졌을까?

분열에서 다시 통일로

I 호족의 시대와 후삼국 통일

10세기 초, 우연히 당성唐城, 지금의 경기도 화성에 들른 최치원은 전부터 알고 지내던 궁중 악사를 만났다. 그는 퉁소의 명인으로, 최치원처럼 당唐에서 명성을 날리다가 꿈을 안고 신라로 돌아온 사람이었다. 하지만 신라의 속 좁은 지배층은 이들을 배척했다. 낙담한 최치원은 승려가 되어 세상을 떠돌고, 궁중 악사는 중국으로 돌아가려고 당성으로 왔지만 갈 곳이 없었다.

이처럼 신라는 이들과 같은 인재를 수용하기는커녕 진골 귀족들이 패거리를 지어 권력 다툼만 벌이다가 나라를 통째로 잃을 위기를 맞았다. 그러나 고통과 혼란 속에서도 새로운 시대가 준비되고 있었다.

후삼국시대를 이끈 호족들

892년 신라의 서남해안을 지키던 장군 견훤이 반란을 일으켰다. 이후 견훤은 무진주武珍州, 지금의 광주와 완산주完山州, 지금의 전주를 점령하고, 900년에 후백제를 세웠다. 후백제가 건국되자, 원주의 양길 휘하에서 명주溟州, 지금의 강릉를 점령해 장군이 된 궁예도 901년에 철원에서 후고구려를 세웠다. 한반도가 다시 세 나라로 나뉘는 '후삼국시대後三國時代'가 시작된 것이다.

전국의 군현들에는 스스로를 '장군將軍' 또는 '성주城主'라고 부르는 실력자들이 등장해 자치적으로 지배하기 시작했다. 이들을 '호족豪族'이라고 한다. 호족은 보통 지방의 세력가나 촌주 같은 그 지역의 전통적인 유력자 출신이 대부분이었다. 하지만 떠돌이 승려였던 궁예처럼 혜성같이 나타난 인물도 있었다. 호족들은 토지를 버리고 유랑하는 농민이나 도적들을 모아 독자적으로 세력을 키워 신라에 맞섰다. 천 년 왕국 신라는 이미 국가가 아니었다.

신라가 붕괴되면서 호족들과 함께 최치원 같은 새로운 인재들이 사회의 전면에 등장했다. 최치원은 오래전부터 이런 사태를 예견해 개혁안을 올렸지만, 신라의 지배층은 이것을 받아들이지 않았다. 신라는 진골들의 세상이라는 것이 가장 큰 문제였다. 진골

| 후삼국시대의 호족 세력 분포

후백제의 왕궁 터 동고산성
견훤은 상주 호족 아자개의 아들로, 전형적인 호족 출신이었다. 전라북도 전주에 있는 동고산성에서 '전주성'이라는 글씨가 새겨진 수막새가 발견되어 후백제의 왕궁 터로 추정하고 있다.

이 아니면 제아무리 능력이 뛰어난 인재라도 그들의 휘하에서 부림을 당할 뿐, 중앙정부나 군대의 최고 지휘관이 될 수 없었다.

한편 난세가 계속되자 유능한 호족들은 주변 세력을 정복하거나 위협해 자기 세력을 확산시켰고, 더 강한 세력과는 협상을 벌였다. 그중에서도 두드러진 인물이 바로 견훤과 궁예였다. 지방 세력가들 사이에 벌어진 치열한 경쟁은 점점 후백제와 후고구려를 중심으로 세력 판도가 바뀌었다. 하지만 견훤과 궁예가 세운 나라는 아직 내부적으로 호족들의 연합체였다. 이들은 경쟁적으로 다른 호족들을 끌어들이거나 자신의 심복들을 정복지에 파견하여 세력을 확장해나갔다.

왕건의 등장과 고려의 건국

궁예가 후고구려를 세우자, 송악松嶽, 지금의 개성의 호족인 왕륭이 아들 왕건을 데리고 궁예의 휘하로 들어왔다. 왕건의 선조는 신라의 성골장군聖骨將軍이었다고 하지만 신라에는 '성골장군'이라는 직위가 없었다. 오히려 왕건의 가계 전설에 따르면, 대대로 무역과 상업에 종사해온 송악의 호족 집안으로 알려져 있다. 궁예는 왕륭의 도움으로 수도를 송악으로 옮겼다. 왕건은 강력한 수군을 이끌고 금성錦城, 지금의 나주을 점령해

안성의 궁예 미륵불과 철원의 도성 모형
송악에서 철원으로 도읍을 옮긴 궁예는 관제를 마련하고 궁궐과 누대를 새로 지어 나라의 모양을 갖추고 스스로 미륵불이라 부르며 민심을 수습하려 했다. 하지만 이 과정에서 조세의 수탈이 늘어났고, 자신에게 거슬리는 관료들을 숙청해 호족들의 반감을 샀다.

서 후백제에 치명타를 안겼다. 이후 왕건은 여러 차례 전공을 세워 시중侍中으로 승진했다.

궁예는 왕이 된 후 현실에 안주하는 모습을 보였다. 젊은 시절에는 병사들과 생사고락을 같이하고 공정한 처신으로 인심을 얻었지만, 왕이 되자 의심이 많아졌다. 905년 수도를 철원으로 다시 옮긴 궁예는 후백제와 대결을 자제하고, 스스로 미륵불이라고 칭하며 자신을 신비화하기 시작했다. 궁예는 미륵관심법을 터득해 사람들의 마음을 들여다볼 수 있다고 하면서 부인과 아들마저 죽이고, 부하들을 숙청했다.

918년 홍유, 배현경, 신숭겸, 복지겸 같은 군 지휘관들이 참다못해 반란을 일으켜 왕건을 왕으로 추대했다. 궁예는 궁성을 간신히 탈출했지만, 며칠 후 부양斧壤, 지금의 평강에서 백성들한테 살해되고 말았다. 새로 왕이 된 왕건은 나라 이름을 '고려高麗'로 바꾸고, 수도도 송악으로 다시 옮겼다. 송악이 자신의 근거지기도 했지만, 수도로서 충분한 조건을 갖춘 곳이었기 때문이다.

태조 왕건은 궁예와는 달리 자신을 낮추면서 지방 호족들을 합리적인 방식으로 회유해 내정의 기반을 다졌다. 우선 조세와 부역을 면제해 백성들의 민심을 안정시킨 후 본격적으로 후백제와 대결을 벌이기 시작했다.

| 궁예가 폭정을 한 까닭은?

궁예의 폭정에 대해 왕건의 정변을 미화하려고 조작한 것이라는 시각도 있지만, 궁예가 왕이라는 지위에 걸맞은 처신을 하지 못했다는 것만큼은 사실이다. 철원으로 수도를 다시 옮긴 것이 그 예다.

철원은 고립된 분지여서 지방 세력이 웅거하기에는 좋은 곳이지만, 수로가 없고 교통이 불편해 수도를 삼을 수는 없는 곳이다. 하지만 궁예는 수도의 조건을 갖춘 송악을 포기하고 철원을 고집했다. 수도란 사람과 물자가 모이는 곳인데, 교통이 불편하다 보니 물가가 오르고 수송비용이 늘어 조세액도 세 배로 증가했다. 백성들의 불만이 커지자 불안해진 궁예는 더욱 포악해지고 신비주의에 기울었던 것이다.

연도	국호	연호
901	후고구려	
904	마진	무태
905		성책
911	태봉	수덕만세
914		정개

궁예는 나라 이름과 연호를 자주 바꾸었는데, 통치에 대한 불안감의 소산이었다.

용과 호랑이의 싸움

영토만 보면 고려는 후백제보다 훨씬 유리했다. 고려는 경기도와 충청도 북부, 강원도, 황해도, 평안남도 일대를 차지했고, 후백제는 전라북도와 전라남도, 충청도 남부를 차지했다. 그런데 후백제는 고려에 귀속한 금성錦城, 지금의 나주 때문에 남북으로는 고려에, 동쪽으로는 신라에 포위된 상태였다. 고려는 신라와 우호 관계를 맺고, 북쪽으로 영토를 더욱 확장하려고 애썼다.

그런데 군사력은 고려가 후백제보다 우세하지 않았다. 영토는 넓지만 통제력이 약해 김순식의 세력 근거지인 명주처럼 군대 동원을 명령할 수 없는 지역도 있었다. 고려는 왕건의 직할부대와 황해도 평산 같은 몇몇 지역의 우호적인 호족에게 의존하고 있었다. 견훤도 사정은 마찬가지였지만, 장군 출신이기에 왕건보다 우세한 정규 부대로 고립을 타개하기 위해 신라 정복에 사활을 걸었다.

공산 전투
경주를 약탈한 견훤은 공산 전투에서 고려의 왕건마저 물리침으로써 후백제의 힘을 과시하고 후삼국시대의 주도권을 잡기 시작했다.

927년 견훤은 경주를 기습해 함락했다. 견훤은 신라의 경애왕이 행차한 포석정으로 군대를 이끌고 들이닥쳤다. 그곳에서 경애왕을 살해하고 왕비와 후궁들을 모욕하고서 보물과 무기를 약탈했다. 뒤늦게 왕건이 신라를 구원하려고 달려와 공산公山, 지금의 대구광역시 팔공산 일대에서 견훤과 대치했다. 하지만 이 전투는 고려 장수 김락과 신숭겸이 전사하고, 왕건만 간신히 살아서 도주할 만큼 견훤의 대승리로 끝났다.

이로부터 2년간 후백제는 전성기를 맞았다. 그동안 고려를 지원하던 금성錦城, 지금의 나주까지도 후백제에게 약탈당했다. 그러나 왕건에게는 두 가지 행운이 따랐다. 먼저 견훤이 경애왕을 죽이고 신라 지역을 약탈하자, 신라의 호족들이 왕건에게 기울었다.

신숭겸을 모신 표충사
신숭겸은 공산 전투에서 견훤의 군대에게 포위되자, 왕건과 옷을 바꿔 입고 최후까지 싸우다가 전사했다. 표충사는 왕건이 신숭겸의 죽음을 애통히 여겨 세운 순절단과 지묘사가 있던 자리에 복원되었다.

| 고려의 후삼국 통일 과정

또한 926년에 발해가 거란에게 멸망하면서 유민들이 고려로 들어오기 시작했다. 왕건은 실력을 키워 반격의 채비를 갖추었다.

930년 마침내 왕건은 고창古昌, 지금의 안동 전투에서 견훤을 격파하는 데 성공했다. 이 승리에는 주변 호족들의 가세가 결정적인 요인이었다. 왕건이 승리하자 무려 110여 성이 단숨에 고려에 복속했고, 신라의 경순왕도 고려로 마음이 기울었다.

한편 935년 견훤의 아들 신검이 정변을 일으켜 견훤을 금산사에 가두었다. 견훤이 넷째 아들 금강에게 왕위를 물려주려고 하자, 이복형제들이 단합하여 반발한 것이다. 3개월 후 금산사를 탈출한 견훤은 고려로 망명했다. 왕건은 견훤을 상보尙父라고 부르고, 식읍으로 양주를 주는 등 극진히 대접했다. 그러자 후백제 세력들이 동요했다. 견훤의 사위로 승평군昇平郡, 지금의 순천을 장악한 박영규가 고려에 투항했고, 신라의 경순왕도 고려에 항복했다.

936년 8월, 고려와 후백제의 마지막 전투가 일선군一善郡, 지금의 구미시 선산읍의 일리천에서 벌어졌다. 고려는 말갈군까지 동원해 8만 7500명이라는 대군을 모았다. 후삼국 시대에 1만 명을 동원한 전투가 드물었던 사실을 감안하면 엄청난 병력이었다. 지금까지 눈치를 보던 호족들이 적극적으로 고려군에 가담했기에 가능했다. 게다가 견훤마저도 고려군 진중에 있었다. 세계사 속에는 병력의 열세에도 불구하고 승리한 전투가 무

금산사 미륵전
견훤은 맏아들 신검의 반란으로 금산사 대웅전 마루 아래에 감금되었다. 후백제는 왕권을 둘러싼 내분으로 붕괴의 조짐이 나타나기 시작했다.

동아시아의 분열과 통일

907년 동아시아 세계의 중심이던 당이 멸망하자, 중국 대륙과 만주, 한반도에서는 크고 작은 나라가 들어서는 분열과 통일의 시대를 맞았다. 특히 중국은 5대10국五代十國이 난립하는 극심한 내란에 빠졌다. 주변 이민족들이 중원中原, 중국의 황허 강 중류의 남쪽 지역으로 쳐들어와 나라를 세웠기 때문에 혼란과 약탈이 극심했다. 이 와중에 신라인들이 세운 도시와 무역 기지들도 초토화되었다.

이처럼 중국 대륙이 혼란에 빠지자, 이를 틈타 만주 지역에서는 거란족이 일어나 926년에 발해를 멸망시키고, 동아시아 세계의 새로운 강자로 떠올랐다.

중국 대륙에서는 통일을 이루려는 움직임이 계속 나타나다가, 960년에 송이 마침내 중국을 통일하면서 건국되었다. 이러한 동아시아의 정세 변화 속에서 후삼국시대를 마감하고 통일 국가를 수립한 한반도의 새 나라, 고려는 앞으로 동아시아의 패권을 둘러싸고 벌이게 될 새로운 다원적 국제 질서의 한가운데에 서게 되었다.

10세기 동아시아

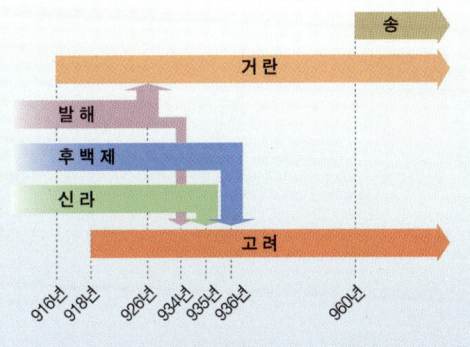

5대10국

당이 멸망한 뒤부터 송이 중국을 통일할 때까지 중원을 중심으로 후량, 후당, 후진, 후한, 후주의 다섯 왕조와 중원 이외 지방의 전촉, 오, 남한, 형남, 오월, 초, 민, 남당, 후촉, 북한의 열 나라가 이끈 시대를 일컫는다. 이때 주변에는 거란, 탕구트, 토번, 대리, 안남 등이 있었고, 한반도는 후백제, 후고구려와 함께 신라가 경쟁하는 후삼국시대였다.

수히 많지만, 일리천 전투에서 후백제는 거의 가망이 없었다.

전투가 시작되자마자 후백제 장군의 일부가 즉시 투항했고, 일부는 후백제군을 오히려 공격했다. 이 전투에서 승리한 왕건은 신검을 용서하고 유배했다고 하지만, 살해했다는 설도 있다. 이후 견훤도 황산의 어느 절에서 사망했다. 45년간 계속된 후삼국시대가 이렇게 끝이 났다.

후삼국시대는 고려로 다시 통일될 때까지 45년이라는 짧은 기간 동안 지속되었지만, 단순한 정치적 혼란기가 아니라 한국 고대사회의 해체기를 마무리 짓는 시대였다. 이 기간 동안 지방의 실력자인 호족 세력이 신라의 진골 세력을 대체하고 새로운 사회의 주인공으로 대두한 것이다.

왕건의 호족 통합 정책

최후의 승자가 된 왕건의 장점은 정치력과 포용력이었다. 견훤은 뛰어난 장군이었지만 궁예와 마찬가지로 왕으로의 자기 변신에 성공하지 못했다. 반면 왕건은 뛰어난 정치력과 장기적인 안목을 지니고 있었다. 왕이 되자마자 왕건은 후백제와의 싸움이 어려운 가운데도 북방 개척과 서경西京, 지금의 평양 개발을 추진했다. 이것은 후백제와의 전

개태사의 무쇠 솥
왕건이 개국 사찰로 세운 개태사에는 주방에서 쓰던 커다란 무쇠 솥이 있는데, 지름이 약 2.9미터나 된다고 한다. 견훤이 죽은 황산의 어느 절이 개태사라는 전설도 있다. 개태사는 충청남도 논산에 있다.

쟁은 물론 나중에 고려 왕실의 세력을 강화하는 데도 크게 기여했다.

왕건은 호족 세력의 포섭에도 탁월한 능력을 발휘했다. 그는 자신을 낮추고 호족들을 후대했다. 또 호족과의 동맹을 위해 결혼 정책과 왕씨 성을 하사하는 사성 정책, 사심관제도와 기인제도를 활용했다.

사심관제도는 호족에게 지방의 통치권을 위임하는 제도로, 투항한 신라의 경순왕을 경주 사심관으로 임명한 것이 처음이었다. 기인제도는 호족의 아들을 상경시켜 근무하게 하는 제도로, 처음에는 인질의 성격과 함께 그들을 등용하고 우대하는 제도였다. 하지만 나중에는 사역使役제도로 변질되었다.

한편 왕건의 부인은 기록된 사람만 29명이다. 모두가 정략결혼은 아니지만, 경순왕과 박영규, 황보 씨 등 주요 호족 세력과 홍유, 박수경, 유금필 같은 부하 장수의 딸을 부인으로 맞았다. 이것은 정치적 동맹을 이루고 왕실을 확대하는 효과를 거두었지만, 왕건이 사망한 후에는 왕위 쟁탈전을 격화시키는 폐단도 낳았다.

| 29명을 왕비로 맞은 태조 왕건

지금까지 왕건은 호족의 딸과 정략결혼을 했다고 알려졌지만, 왕이 되기 전에는 나주 출신의 장화왕후 오씨처럼 그렇지 않은 경우도 있다. 그러나 왕이 된 이후에는 모두 정략결혼이었다. 특히 신라의 경순왕이 항복하자, 왕건은 딸을 경순왕에게 주고 자신은 경순왕의 사촌 누이와 결혼했다. 왕건은 부인이 많은 만큼 자식도 많았는데, 왕자 25명과 공주 9명을 두었다. 왕건은 이복 남매 사이인 이들을 서로 결혼시켰다. 이것은 왕실의 특권이 외부로 빠져나가는 것을 막는 동시에 신라의 골품제처럼 핏줄의 순수성을 지키는 방법이었다. 하지만 근친혼은 왕실 구성원의 숫자를 늘린 동시에 왕위 쟁탈전을 낳게 한 원인이었다.

고려 태조의 청동상

새 나라를 건설한 용의 후손

● 고려 왕실의 '용손 의식' ●

고려왕조는 왕실의 혈통이 용과 관련되어 있음을 매우 강조했다.『고려사高麗史』에는 태조의 혈통을 전하는 기록으로「고려세계高麗世系」가 있다. 그 내용 중에는 태조의 조부모인 작제건과 용녀의 이야기가 나온다. 용녀는 나중에 황룡으로 변해 용궁으로 돌아갔지만, 둘 사이에 네 아들이 있었다고 한다. 그중 장남이 용건이며, 다시 용건의 장남이 왕건이라는 것이다. 결국 왕건은 용녀의 피를 받은 셈이다.

이외에도 왕건이 용의 혈통임을 보여주는 내용은『고려사』의 여러 군데에서 찾아볼 수 있다. 왕건이 탄생할 때에는 신기한 빛과 자색의 기운이 하루 종일 서리어 있는 것이 마치 교룡과 같았고, 왕건의 모습은 '용안일각龍顔日角', '방이광상方頤廣顙'이라는 제왕의 상을 가졌다고 한다. 태조 왕건의 비이자 혜종의 어머니인 장화왕후는 용꿈을 꾼 뒤에 금성으로 내려온 왕건을 만났다고 한다.

수창궁 용머리 조각상
고려시대 용손 의식은 궁궐 건축에서도 엿볼 수 있다. 개성에 있는 성균관 대성전 앞뜰에는 수창궁에서 나온 수룡 조각상이 있다.

그래서 아들 혜종은 용의 아들이므로 항상 잠자리에 물을 뿌리고 잤으며, 큰 병에 물을 담아 팔꿈치를 씻었다고 한다.

이처럼 태조를 비롯한 고려 왕실의 핏줄은 신료와 백성들 사이에서 용의 후손, 즉 '용손龍孫'이라고 불리면서 신화가 되었다. 범접하지 못하는 신성함이 있는 혈통이라 인식한 것이다. 특히 불교와 연관되면서 고려의 왕은 황제이자 부처라는 인식으로까지 발전했다. 고려 왕의 업적을 찬양하는 노래로「풍입송風入頌」이 있는데, 여기서 해동천자를 '제불帝佛'이라고 노래했다.

이러한 용손 의식은 도참圖讖에까지 적용되었다. 궁예 정권 때 상인 왕창근이 시장에서 이상하

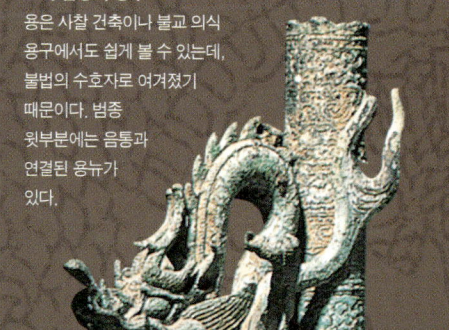

고려 범종의 용두
용은 사찰 건축이나 불교 의식 용구에서도 쉽게 볼 수 있는데, 불법의 수호자로 여겨졌기 때문이다. 범종 윗부분에는 음통과 연결된 용뉴가 있다.

청동거울 속의 용
청동거울에 새긴 용무늬를 통해서도 고려 사람들의 마음속에 자리 잡은 용손 의식을 느낄 수 있다.

게 생긴 사람한테서 산 옛 거울에 써어진 도참의 글이 그것이다. 여기에는 "사년 巳年 중에 두 용이 나타날 것인데, 한 용은 청목靑木 중에 몸을 감추고 한 용은 흑금黑金 동쪽에 몸을 나타낸다"라는 내용이 있는데, 청목에 몸을 감춘 용이 바로 왕건이라는 것이다. 또 무신 정변 때 이의민은 옛 예언에 "용손이 12대로서 다하고, 다시 십팔자十八子가 있다"라는 말을 믿어 신라 부흥 운동을 꾀하려 했다.

이같이 고려 왕실의 용손 의식은 혈통 의식의 핵으로 자리 잡으면서 500년 동안 고려왕조를 지켜주는 하나의 신화적 장치였다. 고구려가 일월지자日月之子라는 천손天孫 의식을 통해 왕실의 혈통을 신성화한 것처럼, 신라가 성골 혈통을 강조해 왕위 계승을 이은 것처럼, 고려도 용손이라는 혈통 의식으로 왕실의 위엄을 높였다.

또한 용손 의식은 거란과의 전쟁, 이자겸의 난, 여몽 전쟁 같은 국난의 위기에 처했을 때에 왕실을 지켜주는 주문 역할을 했다. 심지어 새로운 왕조를 열고자 했던 조선의 태조 이성계조차도 용의 도움을 드러냈는데, 이는 고려 왕실의 용손 의식의 또 다른 반향이었다.

❋ 한국사 속의 '용' ❋

한국사 속에서 용은 지배자, 즉 '군주'를 상징한다. 『삼국사기三國史記』를 보면, 신라의 시조 혁거세의 비인 알영 부인이 우물에서 나온 용의 옆구리에서 태어났으며, 혁거세가 죽기 한 해 전에는 두 마리의 용이 금성金城, 지금의 경주의 우물 가운데 나타났다고 했다. 이처럼 용은 건국 시조와 관련되거나 국가의 흥망을 예언하는 존재였다.

또한 용은 왕 자체를 상징하기도 했다. 대표적인 예가 조선시대의 「용비어천가龍飛御天歌」다. 조선왕조에서도 고려 왕실의 혈통을 용손으로 상징화하여 이해했다. 1405년 10월, 이궁離宮의 완성을 축하하는 연회에서 권근이 올린 글에는 "용손은 천명이 다하고 선리仙李는 부창하여 영화하도다"라고 했다. 이처럼 용은 상상 속의 신성한 동물이지만 조화와 지배의 상징물이었다.

용두보당
사찰의 문 앞에 세우는 당간을 본뜬 청동보당의 끝을 용머리로 장식했다.

왕실의 위엄을 드러내다

왕위 계승전과 의례의 정비

태조는 왕으로 즉위하면서 천명을 받은 제왕의 정치를 펴고자 연호를 '천수天授'라 했다. 송악산 남쪽에 궁궐을 짓고, 하늘의 덕을 펴는 곳이라는 뜻으로 정전의 이름을 '천덕전天德殿'이라고 했다. 936년 마침내 일통삼한一統三韓을 이루자, 위봉루에 올라 문무 관료와 백성들의 성대한 조하朝賀를 받았다. 이듬해 5월에는 신라로부터 제왕을 상징하는 천사옥대天賜玉帶, 즉 성제대聖帝帶를 받아 신라의 정통을 계승한 신성한 군주임을 재확인했다.

이러한 일들이 의미하는 것은 무엇인가? 태조는 신성한 제왕이며, 고려왕조는 천명을 받고 제불帝佛의 호위로 이루어진 하늘의 덕이 자리하는 나라라는 것이다.

새 왕조의 청사진

태조 왕건은 궁예의 실패가 폭정과 사치, 군신 간의 불신, 백성에 대한 가혹한 수탈 같은 폐해에서 비롯된 것이라 보았다. 따라서 새로운 고려왕조는 검소함을 숭상하고, 현량한 인재를 등용하며, 관제를 새로이 마련하려고 애썼다.

태조는 부세와 역역을 가볍게 하며, 참소가 통하지 않도록 할 것이라고 했다. 또한 상벌을 엄격히 구분해 공로에 대한 충분한 보상을 약속했다. 신료들에게 역분전役分田을 지급해 적절한 경제적 대우를 해주고, 「정계政戒」와 「계백료서誡百僚書」로 신하의 도리를 이해시켜 예의와 염치를 알도록 했다. 그리고 참언과 요설, 청탁 따위가 통하지 않도록 했다.

한편 태조는 중국이 5대10국이라는 혼란기를 맞고 거란이 득세하는 국제 정세의 변화를 주시했다. 거란과 여진 같은 북방 세력의 남하를 막고 국경 안정과 함께 북방 진출을 꾀하고자 서경西京, 지금의 평양 지역을 중시했다. 해동의 독자적 천하를 구축하고, 그 세계를 넓혀가려 한 것이다.

고려왕조가 초기에 추구한 이러한 시도의 원동력은 무엇일까? 고려왕조는 후삼국을

고려 성균관 부근의 개성
개경은 풍수지리적으로 수도로서 충분한 조건을 갖춘 곳으로, 광종은 개경을 황도(皇都)라고 했다.
고려는 수도를 개경에 정함으로써 경주 중심에서 벗어나 외곽의 지방 사회가 발전하는 계기를 마련했다.

자주적으로 통일했다는 '일통삼한'의 자부심을 가졌다. 그 같은 힘의 원천은 천명이 정한 용손인 태조의 신성함에 따른 것이라고 여겼다. 또한 신라를 계승한 정통 왕조임을 자임하면서도 북방을 지배했던 고구려의 정신을 계승하고 영토를 회복하려고 꾀했다. 그리고 왕업은 제불帝佛의 가호와 풍수의 힘에 따른 것이라 여겼다. 국제적으로 볼 때에도 고려는 해동천자海東天子이자 제불인 신성한 황제가 다스리는 천하라는 인식을 했던 것이다.

이 같은 사실은 고려가 중세 왕조를 지향했음을 뜻한다. 왕조의 안정과 왕실의 신성화를 동시에 추구한 것이다. 이를 위한 통치 이념으로 불교를 수신의 도로, 유교를 치국의 도로, 풍수지리를 왕실과 왕업을 위한 도로 설정했다. 이를 통해 왕실의 신성함과 통치의 합리성을 추구했다. 「훈요10조訓要十條」는 이러한 내용을 담고 있는 고려의 대헌장이기도 했다.

흔들리는 왕권을 튼튼히 하고

왕위 계승은 왕조의 운명을 좌우하는 문제였다. 그래서 태조는 후대의 제왕들에게 백성의 고통을 충분히 이해하고 끊임없는 노력으로 왕도 정치를 실현할 것을 요구했다.

| 중세 사회의 열쇠, 「훈요십조」

태조의 통치 철학을 상징할 뿐만 아니라, 고려왕조의 성격을 압축한 대헌장이 「훈요10조」다. 여기에 실린 내용을 보면, 태조는 먼저 불교에 주목했다. 호국 및 기복에 대한 역할을 기대하고 불교 신앙을 통해 민심을 수습하기 위해서였다.

두 번째는 풍수도참風水圖讖이다. 태조는 산수순역론山水順逆論에 따른 사원 건설과 서경을 중시하고, 공주강公州江, 지금의 금강 이남은 배역背逆의 형세이므로 이들 지역민에 대한 차별 등용을 말하고 있다. 당시 유행한 음양오행과 풍수도참을 빌려 왕조 개창의 당위성 및 왕조의 안녕과 왕업 연장을 추구한 것이다.

세 번째는 전통문화의 수호와 화이론華夷論에 따른 차별적 문화 수용이다. 4조와 6조를 보면, 전통과 민족 문화에 대한 자존 의식이 뚜렷이 나타나고 있다.

네 번째는 왕위 계승의 원칙이다. 후백제 견훤이 실패한 중요한 원인이 후계자 조정에 있었음을 하지만 태조가 죽자, 그동안 잠재되어 있던 후계자를 둘러싼 갈등이 나타났다. 바로 왕권이 흔들린 것으로, 태조의 결혼정책에 따른 역효과는 만만치 않았다.

태자는 장자인 무(나중에 혜종이 됨)로 정해졌다. 무의 어머니 장화왕후는 '측미'한 집안이던 나주 오씨 출신이었다. 하지만 태조의 지낭智囊이라 할 박술희의 도움으로 무가 열 살의 나이에 책봉되었다. 이후 태조는 태자를 보호하려고 정략결혼을 택했다. 진천 출신 병부령 임희의 딸과 태조에게 이미 두 딸을 바친 광주 출신 왕규의 딸, 청주 출신 김긍률의 딸을 차례로 맞이했다.

태조 말년과 혜종 때 왕실의 주요 세력으로 떠오른 것은 충주 세력과 왕규를 중심으로 한 광주 세력이었다. 대광 왕규는 태조의 둘째 아들 요와 셋째 아들 소를 모함했는데, 이들은 충주 호족 유긍달의 딸인 신명순성왕태후의 자식으로 전한다. 나아가 왕규는 혜종을 시해하려고까지 했다. 그러나 혜종은 자신의 딸을 이복동생인 소(나중에 광종이 됨)의 둘째 부인으로 맞게 하여 충주 세력을 달래는 한편, 왕규에게는 죄를 묻지 않았다. 945년 9월에 34세의 나이로 혜종이 죽자, 왕규는 난을 일으켜 광주원군을 왕위에 앉히려 알았다. 따라서 적장자 중심의 계승을 제시함으로써 왕실의 안정을 추구했던 것이다.

마지막은 왕도 정치에 입각한 유교 정치사상이었다. 7조, 8조, 9조, 10조에 걸쳐 제시했다.

이처럼 태조의 「훈요10조」는 다양성을 인정한 위에서 통합의 원리를 제시한 것이었다. 「훈요10조」는 중세 왕조로의 본격적인 진입을 알리는 키워드이기도 했다.

> **훈요10조**
> 1. 우리나라의 대업은 부처님의 호위 덕분이다. 그러니 불교를 장려하라.
> 2. 모든 절은 도선이 도참설에 따라 개창한 것이다. 함부로 짓지 마라.
> 3. 왕위는 적장자에게 물려준다.
> 4. 당의 문물과 예악을 따르되 구차스럽게 같게 할 필요는 없다. 거란은 짐승의 나라이므로 제도를 본받지 마라.
> 5. 평양은 우리나라 지맥의 근본이 되니 1년에 100일은 머물도록 하라.
> 6. 연등회와 팔관회를 성대히 하라.
> 7. 신하의 의견을 존중하고 백성의 부역을 경감하라.
> 8. 차령산맥 이남과 공주강 밖의 지세가 나쁘고 인심도 그러하다.
> 9. 제후와 관료들의 녹봉은 공평하게 하라.
> 10. 옛일을 거울삼아 오늘을 경계하라.

했다. 하지만 서경의 왕식렴 세력을 끌어들인 요와 소에게 제거되었다.

흔들리던 왕권은 정종과 광종을 거치면서 강화되었다. 정종은 큰 불교 행사를 자주 열었고, 서경으로 천도할 계획을 세워 이를 추진했다. 또한 광군光軍 30만 명을 조직해 거란의 침략에 대비했다. 이는 고려 초기 왕실의 군대 장악력이 확대되었음을 뜻한다.

25세의 나이로 즉위한 광종은 혜종이나 정종과는 달리 26년간 재위하면서 고려 왕실의 기틀을 다지는 데 공헌했다. 광종이 초기에 펼친 정치는 태조와 더불어 가장 이상적인 정치로 손꼽힌다. 예를 들면 외척 및 호족 세력에 대한 규제와 왕권 강화를 위한 정치 개혁을 추진하면서, 쌍기 같은 귀화 세력과 과거로 신진 세력을 등용하는 기반을 만들어 정치 세력을 양성했다. 또한 중국과의 관계가 공백에 처했을 때 반포하기는 했지만, '광덕光德'이나 '준풍峻豊'이라는 연호를 사용하고 개경을 황도皇都로, 서경을 서도西都로 부르며 운영했다. 이는 결국 고려의 국가적 위상과 왕권을 나라 안팎으로 과시한 것이었다.

그러나 재위한 지 11년이 되면서부터 광종은 개혁과 숙청으로 얼룩지는 정치를 펼쳤다. 평농서사 권신의 참소로 시작된 호족 세력의 숙청을 계기로, 간신들의 무고와 참소가 계속 이어졌다. 결국 광종이 죽고 경종이 즉위할 때 "태조의 신하로 살아남은 자는 40여 명뿐이었다"라고 할 만큼 왕권 강화에 방해되는 외척 세력과 공신, 호족 세력들을

| 광군

고려시대에 거란군의 침입에 대비한 군사 조직으로 947년에 설치되었으며, 병력은 30만 명이었다. 이에 앞서 후진에 유학 갔다가 거란에 붙잡혀 그곳에서 벼슬하던 최광윤이 장차 고려를 침략하려는 거란의 야심을 알아차리고 고려 조정에 상주한 일이 있다. 이것을 계기로 군사를 모집하고 '광군'이라 했으며, 광군사를 설치해 이를 통할하게 했다. 광군사는 광군도감으로 변경되었다가 1011년에 다시 광군사가 되었다.

| 고려의 군사 조직

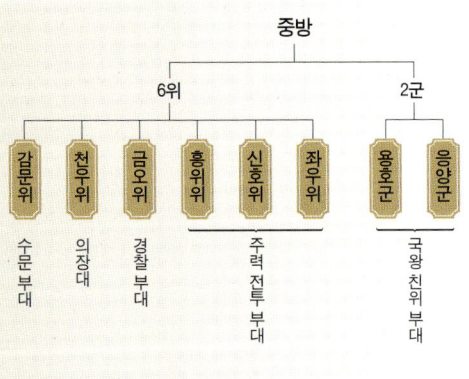

광종, 제국의 아침을 열다

광종은 외척과 개국공신 세력을 누르고 왕권을 강화했다. 먼저 광종은 노비안검법과 과거제를 실시했다. 노비안검법은 노비를 조사해 원래 평민이었던 사람들에게 그 신분을 되찾아주는 법률로, 호족 소유의 노비를 평민으로 해방시켜 호족의 경제적, 군사적 기반을 축소시켰다. 또한 시험으로 관리를 선발하는 과거제를 시행해 관리를 뽑고, 이들을 왕권 강화의 기반으로 삼았다.

나아가 광종은 왕권 강화에 방해가 되던 외척 세력과 개국공신들을 많이 숙청했다. 이 과정에서 광종은 균여의 성상융회性相融會를 받아들이는 한편, 탄문을 왕사와 국사로 책봉하면서 점차 불교로 기울었다.

한편 중국에 송이 건국되자 광종은 송의 연호와 책봉을 받고, 서희를 중심으로 한 사절단을 보내 두 나라의 외교 관계를 돈독히 했다. 점차 강성해지는 거란을 견제하기 위해서였다. 그리고 위화진을 비롯해 북방에 성을 쌓아 거란과 여진의 침입에 대비해나갔다.

천 년 역사의 용두사지 철당간
962년에 세운 뒤 1000여 년 동안 제 모습을 잃지 않고 있는 용두사지 철당간은 지름 43센티미터, 높이 65.3센티미터의 철통 20개를 이은 것으로, 높이가 13.1미터에 달하며 양 옆에는 화강암으로 된 지주 두 개가 세워져 있다. 충청북도 청주시 상당구 남문로2가에 있다. 건립 연대가 준풍(峻豊) 3년, 곧 광종 13년 3월 29일이라는 것을 명확히 알 수 있는 점에서 매우 중요한 유물이다.

거의 제거했다. 이후 목종 때 천추태후와 김치양 사건으로 한 차례 왕권이 흔들리면서 현종이 즉위했으나, 더 이상 왕권을 위협할 세력은 없게 된 셈이었다.

근친혼으로 신성한 왕실을 지키다

고려 왕실에서는 왕권을 안정시키고 강화하려면 신성한 왕실 핏줄을 보존하고 확대해야 한다고 보았다. 왕실세계표를 보면, 태조 이래 3대 정종까지 왕실에서는 한 가문과 이중 삼중으로 혼인을 맺고 있다. 하지만 광종에서 성종까지를 보면 또 다른 양상이 보인다. 바로 근친혼近親婚 또는 족내혼族內婚이다. 왜 이런 현상이 나타났고, 그 목적은 무엇이었을까?

광종은 태조의 딸과 혜종의 딸을 왕비로 맞이한다. 본격적인 근친혼이 시작된 것이다. 경종은 즉위한 지 5개월 후 경순왕의 딸(헌숙왕후 김씨)을 왕비로 맞은 후 근친혼을 거듭했다. 그리고 경종이 죽은 후 성종이 왕위에 올랐는데, 그 까닭은 경종의 비인 헌애왕후와 헌정왕후가 모두 대종의 자녀였기 때문이다. 즉, 광종의 제1비가 대목왕후 황보씨로 신정왕태후의 딸이라는 점과 그 아들 경종의 제3비와 제4비가 신정왕태후의 아들인 대종의 딸이라는 점, 그리고 경종의 뒤를 이은 성종 역시 대종의 둘째 아들이었

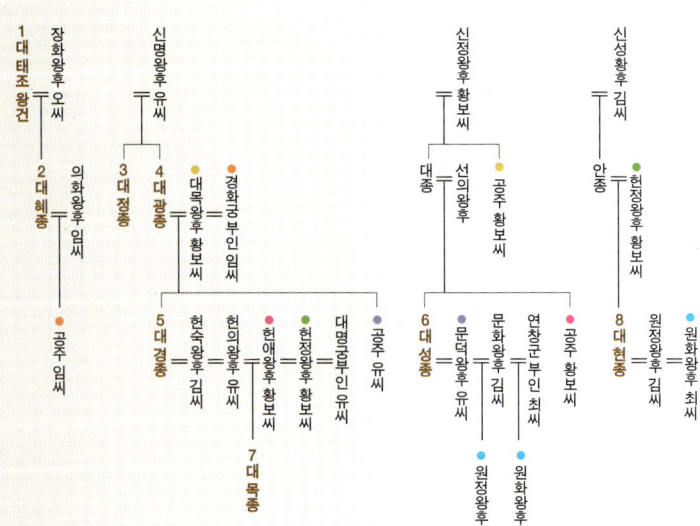

| 고려 초 왕실세계표

태조의 아들로서 왕위를 계승한 왕은 2대 혜종, 3대 정종, 4대 광종이다. 혜종은 장화왕후 오씨의 소생이며, 정종과 광종은 신명왕후 유씨의 소생이다. 5대 경종의 헌애왕후와 헌정왕후는 태조와 신정왕후 황보씨의 아들인 대종의 딸들이다. 6대 성종은 대종과 태조의 딸 선의왕후가 낳았고, 8대 현종은 태조와 신성왕후 김씨의 아들인 안종과 대종의 딸인 헌정왕후 황보씨가 낳았다.

● 같은 색점은 동일인을 나타낸 것임

다는 사실이다.

이처럼 광종-경종-성종을 거치면서 고려 왕실의 특징적인 면이 두드러졌다. 바로 충주 유씨와 황주 황보씨를 중심으로 왕실이 재편된 것이다. 이는 '왕-왕후족 연합' 형태와도 연결된다. 여기에 경주 세력이나 정주 유씨와도 제휴가 이루어졌다. 이처럼 신라 왕실의 근친혼에서 비롯된 고대의 전통이 중세 왕조를 지향한 고려왕조에서도 시도되었다는 것은 무엇을 의미하는 것일까?

한편 성종은 왕실 또는 종실이 아닌 가문에서도 배필을 맞이했다. 하지만 목종은 성종의 딸만 왕비로 맞이한 채 단명하고 말았다. 이때 경종의 비이자 목종의 어머니인 천추태후(헌애왕후)의 추문 사건이 터지면서 황보씨 세력은 크게 퇴락하게 된다. 이후 고려 왕실은 성종이 취한 방식을 따르는 현상을 보인다.

현종 때에는 그동안 관행이던 근친혼이 약화되고, 이성혼異姓婚이 늘어나기 시작했다. 그러나 이것은 또 다른 문제를 낳았다. 바로 새로운 외척 세력의 형성이자 집권 세력의 등장인데, 경원 이씨 세력이 대표적이었다. 고려 왕실의 근친혼처럼 여타 가문과 병행으로 맺는 혼인은 고려 말에 원 황실 출신의 공주와의 혼인과 근친혼의 비인륜성이 제기되면서야 금지되었다. 그동안 왕은 최소 한 명 이상과 족내혼을 했던 것이다.

왕실에서 근친혼을 유지했던 것은 사실 고려 왕실이 인륜을 몰랐거나 단순한 가법家

| 왕실의 사생아, 왕위에 오르다

성종은 딸만 둘을 남긴 채 38세의 젊은 나이에 죽었다. 그는 죽기 직전에 경종의 아들 개령군 송을 불러 왕위를 물려주었는데, 바로 18세의 나이로 즉위한 목종이었다. 하지만 목종은 자녀를 두지 못한 채 병약했다. 이때 어머니 천추태후가 김치양과 사통하여 아들을 낳아 목종의 후계자로 키우려 했다.

하지만 목종은 한양의 삼각산 신혈사에 은신해 있던 대량원군(나중에 현종)을 불러 왕위를 물려주려고 했다. 이를 위해 서북면도순검사로 있던 강조를 불러 호위하려 했으나, 강조는 목종이 이미 죽고 김치양이 집권한 것으로 오해하여 그를 죽였다. 그리고 목종을 양국공으로 봉하고 천추태후와 함께 충주로 떠나도록 했으나, 후환이 두려워 결국 목종마저 시해했다.

결국 현종이 왕위에 오르게 되었다. 현종은 경종의 왕비인 헌정황후가 과부로 있다가 숙부뻘에 해당하는 안종과 사통하여 낳은 아들이었다.

法으로 여겼기 때문이 아니다. 여기에는 왕실 권력의 분산을 막으면서 동시에 세력 유지를 꾀한 면이 있다. 또 왕실이 혼인을 통해 혈통 의식을 강화하고 왕권 안정을 도모했음을 뜻한다. 그만큼 왕실의 정치 기반이 약했음을 반증하는 것이기도 하다. 그러나 이는 왕실세계표에 나타나듯 성종을 거치면서 새롭게 변했다. 성종과 현종 이후 왕실은 왕실 및 여타 가문에서 맞이하는 혼합 형태를 취하여 왕실의 안정과 여타 정치 세력과의 제휴를 다시 꾀했다. 그것은 또 다른 단계의 혼인 형식이라 할 수 있다.

체제 정비와 다양한 국가 의례 시행

광종을 거치면서 고려왕조는 안정을 위한 체제 정비에 노력을 기울였다. 이는 유교 정치사상을 수용하면서 구체화되었다. 먼저 재변災變과 정치의 상관관계를 살펴 왕의 잘못된 통치와 상하 소통의 막힘을 경계하고자 했다. 또한 과거제를 시행해 유학적 소양을 갖춘 관리들을 등용하고, 중국 문사文士들의 귀화를 적극 유도했다. 쌍기 같은 인물이 대표적이다. 그들에 대한 대우가 지나쳐 서필 등은 광종에게 자제할 것을 요청하기도 했다.

주현州縣의 세공액 제정이나 양전量田 사업이 시행되면서 고려왕조의 경제적인 기

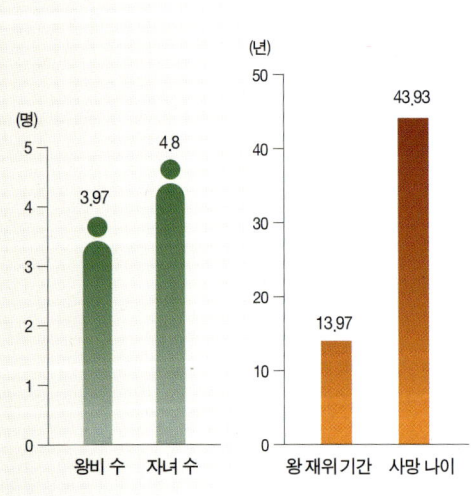

| 고려 왕실의 출산율이 낮은 까닭은?

고려의 왕들은 평균 3.97명의 왕비에 5.5명의 자녀를 두어, 1명의 왕비가 1명의 자식을 낳은 셈이었다. 이것은 당시 관료들의 평균 자녀 수 3.97명보다 매우 낮은 출산율이었다. 이처럼 고려 왕실의 출산율이 낮았던 까닭은 근친혼 때문이었다. 고려의 왕은 34명 가운데 19명이 같은 왕족 출신과 혼인을 했다.

초가 마련되었다. 여기에 자삼·단삼·비삼·녹삼의 4색 공복 제도가 마련되고, 문반·무반·잡업 등이 나누어짐에 따라 관인에 대한 전시田柴 지급의 기준이 세워졌다. 이에 따라 경종 때부터는 관품적 요소와 인품을 아울러 관료들에 대한 토지 지급 규정이라 할 전시과田柴科를 처음으로 정하게 되었다.

송宋이 건국된 후 동북아시아의 국제 관계는 고려-거란-송으로 정립되었다. 광종은 송의 연호를 따르면서 국교를 펴 문물 교류의 물꼬를 텄지만, 거란에 대한 강경 노선은 태조에서 성종 때까지도 유지되었다. 거란에 대한 경직된 강경 대응은 유연한 국제 관계의 형성에 도움이 되지 못했다. 다만 고려는 동북아시아의 질서를 다원적으로 보았으며, 이 속에서 고려의 위치를 '외왕내제外王內帝'이기는 하지만 동북아시아의 한 축으로 설정함으로써 자주성을 높이고자 했다.

유교에 대한 이해가 깊어지면서 통치 체제 전반에 대한 재검토가 이루어지기도 했다. 바로 유학을 공부한 사람들에게 시무時務에 대한 진단과 건의를 요청한 것이다. 성종이 즉위할 때 최승로는 태조에서 경종까지 다섯 임금의 정치적 성과에 대한 평가를 '오조정적평五朝政績評'으로 정리했고, 다양한 분야에 걸친 개혁 시안이라 할 「시무28조時務二十八條」를 올렸다. 이때 최승로는 불교를 수신의 도로, 유교를 치국의 학문으로 나누어 유교 중심의 '유불병존儒佛竝存'을 지향했다.

광종, 중국 귀화인을 등용하다

광종의 정치 목표는 강력한 왕권의 기반을 닦고, 합리적이면서도 객관적인 인재 교육과 선발의 틀을 마련하는 것이었다. 이를 위해 광종은 국내의 지식인층만이 아니라 국제적 안목을 갖춘 인재의 경우 특채를 통해서라도 선발하려 했다. 과거제의 첫 시행을 시작으로 3회의 과거를 주재한 후주 출신 쌍기와 광종에서 성종까지 모두 11회의 과거를 주재해 과거제 운영을 안착시키는 데 공헌한 오월 출신의 왕융이 대표적인 중국 귀화인이었다.

하지만 중국 귀화인들에 대한 비판의 목소리도 컸다. 거란과의 외교 담판으로 유명한 서희의 아버지인 서필은 광종이 신료의 저택과 딸을 주어 중국 귀화인들을 후대하자, 자신의 처소 역시 가져가서 그들에게 줄 것을 청했다. 그러자 광종이 이를 듣고 반성했다고 한다. 또 최승로는 지혜나 재주가 없는 중국 귀화인들을 대접하느라 국정이 제대로 이루어지지 않는다고 비판했다.

이를 계기로 성종 때에는 유교적인 체제를 서둘러 정비했다. 그래서 팔관회와 연등회 같은 불교 행사가 현종 때 다시 열리기까지 잠시 중지되었다. 반면에 왕의 생일을 '천춘절千春節'로 정해 기념하고, 제천 의례라 할 원구의圜丘儀와 농경의례라 할 적전의籍田儀를 실시했다. 왕조 시대에 왕 및 왕실의 위상을 중심으로 하는 길례를 필두로 이러한 유교 의례가 자리 잡기 전부터 불교 의례는 매우 중시되었다. 고려 초에 왕실 및 국가에서는 개경과 그 주변에 법왕사 같은 10대 사찰을 세우거나, 태조를 위한 봉은사나 불일사 같은 원당을 지었다. 그리고 연등회와 팔관회, 경행이나 도량 등을 정기적으로 치렀다.

왕은 이러한 불교 의례로 국태민안國泰民安과 장수를 빌었으며, 왕이 곧 황제이자 부처라는 '제불의식'을 강화했다. 하지만 사찰이 지나치게 많이 세워지고 백성의 고혈을 짜는 많은 불사가 치러지기 시작하자, 불교에 대한 비판이 일어나기도 했다.

정종은 불교 의례와 유교 예제를 종합적으로 정비해 국가 의례화했다. 고려왕조의 국가 의례는 이후 지속적으로 갖춰져, 인종과 의종 때 활동한 최윤의에 의해 마침내 『고금상정례古今詳定禮』 50권으로 정리되었다. 왕실과 왕조의 안녕을 빌기 위한 제사의 성격이 짙은 길례 정비에는 유교 의례만이 아니라 잡사雜祀까지 포함되었다. 원구의에는 태조의 신위가 모셔지기도 했다. 축하 의식이 담긴 가례에서도 마찬가지였다.

| 최승로의 「시무28조」

최승로는 종교와 정치를 구분하고, 과중한 불사로 국력을 낭비하지 말고 유학의 이념으로 정치를 바로잡을 것을 건의했다.

	내용		내용
1	강역의 경계를 정하고 방수에 힘쓸 것	13	연등·팔관회에서 우인 등을 만드는 것을 금지할 것
2	군왕의 체통을 지키고 번거로운 불교 행사 같은 무익한 일은 하지 말 것	14	성상께서는 교만하지 말고 공손함을 생각하고 죄수에 대해서는 법대로 논할 것
3	날래고 용감한 시위군만 남기고 나머지는 돌려보낼 것	15	태조 제도에 의해 궁의 노비와 말의 수를 정하고 나머지는 내 보낼 것
4	사람들에게 음식으로 보시하는 일을 파할 것	16	승도들이 백성을 징발하여 노역에 종사하게 하는 것을 제거할 것
5	교빙 때만 무역을 겸하게 하고 무시 매매는 금단할 것	17	예관에게 명해 가사(家舍) 제도를 정하고 넘는 것은 헐도록 할 것
6	불보(佛寶)의 전곡으로 이자를 늘리고 백성을 번거롭게 하는 것을 금지할 것	18	사경과 불상 만들 때 사치함을 금하여 폐단을 고칠 것
7	외관을 순차적으로 보내도록 할 것	19	삼한공신의 자손에 대한 처우를 개선할 것
8	승려 여철을 내쫓아 보낼 것	20	정사와 공덕을 때에 따라 행하고 시령에 순응할 것
9	조회 때는 중국과 신라의 제도에 의거하여 복식을 갖출 것	21	임금이 별도로 기도하거나 제사하는 일을 중지하고 스스로를 책망할 것
10	승도가 관(館)과 역(驛)에 유숙하는 것을 금지시킬 것	22	노비송사 판결 때 상세하고 분명하게 할 것
11	중국의 제도를 받아들이되 지방의 풍속에 따라 사치와 검약을 알맞게 할 것		
12	섬에 사는 사람들에 대해 주군의 예에 따라 공역을 균평하게 할 것		

마애약사불에 새겨진 고려의 '황제'
경기도 하남시 교산동에 있는 이 약사불 옆에는 27자의 글자가 새겨져 있는데, '태평 2년 정축 7월 29일'이라는 글을 통해 977년, 즉 고려 경종 2년에 만든 것임을 알 수 있다. 특히 왕의 만수무강을 축원한다는 '황제만세원(皇帝萬歲願)'이라는 글은 경종이 황제를 칭하고 대내적으로는 천자국 체제를 지향했음을 보여주고 있다.

983년 정월, 하늘과 땅과 농사 신에게 빌다

사직단
땅과 곡식의 신에게 제사를 지내던 곳으로, 조선시대에 만들어진 것이다.

『고려사』에는 983년 정월 신미일과 을해일, 정축일에 걸쳐 행해진 원구에서의 기곡과 적전에서의 친경과 신농 제사, 그리고 천덕전에서 잔치가 이어졌다는 짤막한 기록이 전한다.

원구 의례는 하늘에 제사를 올리면서 풍년을 기원하는 의례였다. 또한 적전에서의 친경 의례는 왕실에서 동교에 적전을 설치한 뒤 임금이 친히 밭을 갈아 왕이 농업을 권장하는 의례였는데, 토지와 농사의 신이라 할 신농과 후직을 제사하는 것이었다.

천덕전에서의 잔치는 신미일과 을해일에 있은 의례가 성대히 끝난 후 군신이 그 노고를 서로 위로하는 자리로 의례 과정에서는 노주勞酒라 불렀다. 이 의례는 고려의 역사에서 최초의 일이었고, 한국 역사 속에서도 이러한 명칭으로는 처음이었다.

그런데 이 기록의 내용은 짧으나 그 의미는 매우 남다른 것이었다. 성종은 자신이 갖고 있는 혈통의 부족한 부분을 채우면서 민본에 기초한 위민의 정치, 천명에 바탕한 왕도정치를 실현하고자 하는 의지를 드러낸 것이었다. 바로 이러한 목적을 수식하는 의례를 마련하여 치름으로써 지금까지 군사력에 기반한 왕권이 아닌, 의례를 통해 자연스럽게 형성될 수 있는 왕실과 군주의 권위를 세운 것이다.

잡의雜儀를 따로 두어 상원上元, 음력 1월 15일 연등회와 중동仲冬, 음력 11월 팔관회의 의전을 실었다.

이처럼 길례·흉례·군례·가례·빈례 같은 오례를 갖춘 왕실 의례이자 국가 의례는 왕권을 상징화하는 것이었다. 고려는 여기에 유교(길례 같은 오례)나 불교(연등회 및 재와 도량, 경행 등), 도교(초제), 민간신앙(팔관회 및 성황 등)을 아우르는 의례를 다양하게 정비해 함께 운영했다. 이러한 의례는 체제 정비 과정에서 추진되어 고려왕조의 안정과 발전에 기여했다.

축제의 정치학이 담긴 팔관회
● 의례의 미학을 담다 ●

만월대 돌계단과 궁궐 터에서 나온 잡상들
연등회가 전국적으로 열린 데 반해, 팔관회는 개경과 서경에서만 개최되었다. 팔관회는 11월 14일 소회일(小會日)과 15일 대회일(大會日)로 나뉘어 행해졌다. 대회 당일과 전후를 포함해 사흘은 관리들에게 휴가였다.

넓은 뜰에 새벽부터 재촉하여 문·무반을
정렬시키자
제왕께서 옥련을 타시고 구중궁궐에서
천천히 내려오시니
일월은 바로 황도 위에 임하옵고
성신은 높이 자미 사이를 향하고 있는데,
하늘을 흔드는 아악은 삼청의 곡이요
산호만세의 환성은 땅을 뒤흔듭니다.

위의 글은 의종 때 팔관회에서 임종비가 올린 '팔관치어八關致語'다. 팔관회는 고려에서 가장 큰 축제이자 조하 의례였다. 의봉루 위에서 곤룡포를 입고 용좌에 앉은 왕을 중심으로 신민臣民·번국藩國과 천지·일월성신이 조화되는 대표적인 국가 의례임이 글 속에 잘 나타난다. 이러한 팔관회는 과연 어떻게 치러졌을까? 또 그 의미는 무엇일까?

918년 11월, 태조는 즉위 후 가장 성대한 의식을 올렸다. 해마다 중동에 팔관재를 크게 베풀어 복을 빈 의식을 시행하자는 건의에 따른 것이었다. 사선악부四仙樂府와 용봉상마거선龍鳳象馬車船

궁궐 배치도와 의장용 깃발

팔관회의 첫날인 소회일 행사는 자황포를 입은 왕이 3276명이나 되는 위장의 삼엄한 호위와 교방악대의 음악 연주를 받으면서 의봉문에 나온 후, 태조 진영에 술을 올리면서 본격적인 의식이 시작되었다.

을 옛 신라 때의 것과 같이 실시하면서 신민이 이를 구경하고 즐겼다. 이러한 팔관회에 대해, 태조는 부처를 공양하고 신을 즐겁게 하는 모임〔供佛樂神之會〕이라고 했다. 또 「훈요10조」의 5조에서는 연등은 부처를 섬기는 것이고, 팔관은 천령天靈과 오악五嶽, 명산대천名山大川, 용신龍神을 섬기는 것이라고 했다. 풍년 기원과 추수 감사의 계절 축제이자 허수아비 인형[偶人]을 활용한 위령제, 불교와 선풍의 성격이 반영된 것이다.

이처럼 틀을 잡기 시작한 팔관회는 송 사신 서긍이 유교적 국가 의례 중 제천 행사인 동지원구사冬至圓丘祀라고 볼 정도까지 성대해졌다. 최승로는 「시무28조」에서 "봄에는 연등을 실시하고, 겨울에는 팔관을 연다"라고 했다. 그러나 많은 비용이 들고 백성들의 고역, 번잡함이 생기자 이를 조정해야 한다는 의견이 대두되어 성종 때 중지되기에 이르렀다.

팔관회가 그 면모를 회복하고 의례로서 기본 틀을 확립한 것은 거란과 치른

❶ 팔관회를 알리는 선랑의 행진
팔관회 행사 전에 개경 시내에서 벌어진 거리행렬의 모습이다.

❷ 태조 어진에 대한 참배
황제는 의봉루에 나아가 태조 초상화에 절을 올렸다.

    전쟁이 끝난 뒤에 고려가 자신감을 회복한 1034년 11월 팔관회에서였다. 팔관회에서는 신성한 황제의 행차를 뜻하는 황토가 깔리고, 황룡기가 세워졌다. 금오산액에는 '성수만년聖壽萬年'이 쓰였으며, 태자와 신료들은 성궁만복을 아뢰었다. 또한 치어致語 중에는 "일인에게 경사가 있으면 팔방에서 표문表文이 이르고 천하가 태평하다"는 글도 있었다.

    고려 왕실은 이처럼 팔관회를 세련되고 장엄한 의례이자 화려한 축제의 장으로 만들어 자부심과 국가 의식을 고취했고, 정치적 권위 역시 강화시킬 수 있었다. 신라와 고구려의 전통을 이으면서도 고려는 태조 신앙과 제왕을 중심으로 한 일원적 체제를 확립해나갔던 것이다.

    그러나 팔관회의 황제를 뜻하는 내용은 원 간섭기에 제후국의 지위로 조정하거나 없애게 된다. 또한 고려 말에는 팔관회가 문화의 구심적 역할을 상실한 채 난잡한 난장 요소만이 남게 되었다. 더 나아가 조선의 건국 직후 국가 제사 등 정비가 이루어지면서 일원적 유교 제례가 편제되고, 팔관회는 더 이상 설 자리를 잃게 되었다. 고려 왕실 문화의 상징이자 민족문화였던 팔관회는 이렇게 사라지면서 문헌으로만 남게 되었다.

❸ 구정에서 벌어진 공연
무용수들과 사선악부 악사들이 무용과 노래 공연을 시작한다.

❹ 궁궐 밖 거리 축제
팔관회는 궁궐의 안팎에서 고려 사람들이 맘껏 즐기며 공동체 의식을 느낄 수 있는 축제 한마당이었다.

✤ 팔관회의 역사 ✤

팔관회는 신라 진흥왕 12년인 551년에 개설된 이래, 궁예 정권 때까지 주기적으로 시행되었다. 본래 팔관회는 신자들이 지켜야 할 여덟 가지 계율을 지키는 불교 행사였다. 그런데 신라 팔관회는 여기서 그치지 않고 불교의 미륵하생彌勒下生에 따른 용화龍華 세계 구현을 시도했다. 게다가 전몰장병에 대한 위령제의 성격이 가미되고, 국선國仙을 중심으로 화랑과 낭도로 조직된 4부의 악대가 참여하면서 불교와 화랑의 풍류, 즉 선풍仙風이 합쳐지게 되었다.

궁예는 899년 10월 도읍인 송악에서 처음으로 팔관회를 열었다. 고구려 유민들을 포섭하고 공동체 결속이라는 팔관회의 사회 통합 기능을 받아들인 것이라 여겨진다. 고려는 이를 수용하면서 10월에 서경에서 팔관회를 열었다. 이러한 고려의 팔관회는 궁예를 거치면서 신라의 전통만이 아니라 고구려의 추수 감사 축제이자 제천 의례라 할 동맹東盟의 성격도 받아들였던 것이다.

3 새 나라의 기틀을 다지다

I 국가의 통치와 자율의 확립

차약송이 기홍수와 같이 중서성에서 일을 마친 후, 기홍수에게 기르고 있는 공작의 안부를 물었다. 기홍수는 생선을 먹이다가 목구멍에 가시가 걸려 죽었다고 대답했다. 뒤이어 기홍수가 모란 기르는 방법을 물으니, 차약송이 자세히 설명해주었다. 무신 집권기에 벼락출세해 재상이 된 두 사람이 중서성에서 나눈 대화였다.

그런데 당시 두 사람의 얘기를 들은 사람들은 재상이 도의와 나랏일이 아닌 새나 화초를 기르는 이야기를 주고받으니, 관리들의 모범이 될 수 없다고 비난했다. 중서성은 정치와 정책을 논의하고 집행하는 3성三省 가운데 하나였으며, 상서성은 여섯 개의 부서로 나뉘어 행정을 처리하는 곳이었다. 그리고 이를 움직이는 사람들이 재상이었다. 그렇다면 고려의 재상들은 과연 어떻게 나라를 운영했을까?

3성6부가 정치의 중심이 되다

고려의 재상들은 왕과 함께 정치를 운영하는 사람들이었다. 김부식이 지은 『삼국사기』에는 신라의 상대등이라는 벼슬이 재상과 같다고 기록하고 있다. 그런 신라의 상대등들이 모여 회의를 하던 곳이 정사당이었다. 신라의 이 방식이 고려시대에도 이어졌다.

고려왕조는 신라와 태봉의 제도를 이어받았다. 고려 초기 광평성, 내봉성, 내의성 같은 관서가 대표적이다. 광종은 관서의 서열을 내의성, 내봉성, 광평성으로 고치는 한편, 태자에게 내사령이라는 명예직과 군사권을 몰아주었다. 광종은 혁신적인 개혁을 하지는 못했지만, 왕권을 강화하기 위한 관제 개편을 시도했다.

이후 성종은 당의 3성6부제를 받아들였다. 정치는 주로 문하성과 중서성, 상서성을 중심으로 이루어졌는데, 그 가운데 문하성과 중서성처음에는 내사성은 정책을 수립하여 결정하고, 상서성은 행정으로 이를 실천했다. 어떤 현안이 올라오면 재상 회의에서 결정하고, 왕의 재가를 받았다. 왕 역시 문제가 되는 것은 재상 회의에 보내서 논의하도록 했다.

성종은 관서를 재정비하면서 당의 제도만 받아들인 것이 아니었다. 3성 이외에 왕의 권력을 유지할 부서를 만들었는데, 그것이 송의 제도를 본뜬 중추원이다. 중추원에서

당의 정치제도

당은 수 왕조의 제도를 이어받아 재상을 두었다. 재상은 3성의 장관과 좌복야, 우복야 등 2명의 관료로 이루어졌다. 3성은 문하성, 중서성, 상서성이었다. 중서성에서 황제의 명인 조칙 초안을 마련해 문하성으로 보내면 문하성의 시중은 이를 심의해 상서성에 전달했다. 상서성은 이吏·호戶·예禮·병兵·형刑·공工의 6부로 나뉘어 있어 조칙의 집행을 실시했다. 조당朝堂 기구인 정사당에서는 황제와 재상 등이 모여 국가의 정책을 논의했다.

당 왕조의 중앙 정치기구는 3성과 6부가 핵심이었으며, 실제 운용은 어사대와 9시寺, 태상시·광록시·위위시·종정시·사농시·태복시·대리시·홍려시·태부시, 5감監, 국자감·소부감·군기감·장작감·도수감이 담당했다. 이외에도 전중성, 내시성, 비서성 같은 내조의 관청이 있었다.

는 왕에게 올리는 보고, 왕의 명령, 왕궁 호위와 군사에 관한 일을 맡아하는 국왕의 비서 기관이었다.

귀족들이 중서문하성을 중심으로 모였다면, 중추원은 왕과 관련된 일을 처리했다. 이로써 권력의 핵심이 되는 군사권을 왕이 장악하여 귀족들을 견제할 수 있게 되었다.

그렇지만 중추원의 고위 관직도 재상이었으며, 이들도 중서문하성의 재상들과 함께 회의에 참여했다. 다만 중추원의 하위직은 왕의 비서 격인 승선承宣이었다. 여기에는 뛰어난 문신 관료를 배치하여 일찍부터 왕과 가까워질 기회를 갖도록 했다.

고려의 왕은 최고 통치자이자 귀족 가문들의 대표로, 정치 세력들의 이해관계를 조정하는 역할을 해야만 했다. 하지만 왕이 인사권을 갖고 있다 해도 임명할 때는 대간臺諫들의 서명을 받아야 했다. 왕이 관례에 어긋난 인사를 할 때는 서로 충돌했다. 가령 환관 정함은 의종의 유모를 아내로 둔 덕에 출세해서 문관직을 임명 받으려 했다. 그러나 대간들이 이것에 반발하여 출근하지 않자, 조정에서 커다란 문제가 되었다.

귀족들은 고위직인 재상에 많이 진출했다. 재상직은 많지 않았지만 다른 관직을 겸할 수 있었다. 이들은 회의를 통해 사안을 결정했다. 특히 국방이나 군사상의 문제가 발생하면 재상들이 도병마사都兵馬使에 모여 회의를 했다. 도병마사는 원래 임시 회의 기구였으나 몽골이 침입한 이후 자주 열리게 되면서 점차 그 역할이 중요해졌다. 그 결

| 고려의 중앙 정치기구표

고려는 7세기 이후 달라진 당의 정치기구와 비슷하게 중서성과 문하성이 하나였다. 재상들의 회의는 각 지역의 호족이나 중앙 귀족들의 이해관계를 조절하기 위한 것이었다. 지역 사회는 자율적인 통치 운영 방식을 가지고 있었기 때문에 국가적으로 중요한 사안을 중심으로 논의하면 되었다.

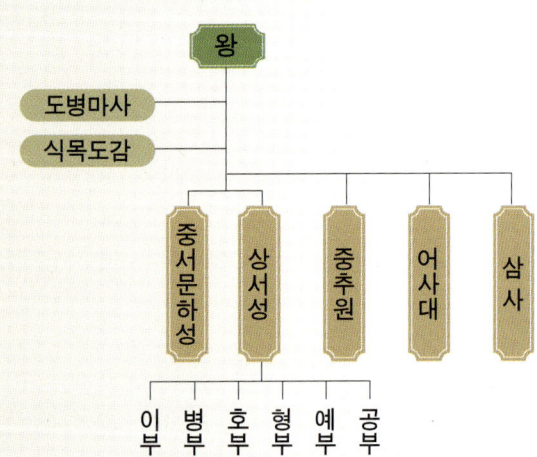

과 나랏일이 대부분 도병마사에서 다루어짐에 따라 임시 회의 기구에서 상설적인 기구로 바뀌게 되었다.

도병마사는 원 간섭기 이후에 도당都堂으로 불리게 되었다. 고려 말에는 여기에 참여하는 재상이 70명이 넘을 정도였기 때문에 문제가 심각했다. 재상이 늘었다는 것은 예전과 다르게 몇몇 문벌이 정치를 좌우하기 어렵게 되었음을 뜻한다. 따라서 문벌 간 이해관계의 통합을 어렵게 했고, 특히 부서 간의 행정 계통을 더욱 혼란스럽게 했다.

법과 형벌로 다스리다

법은 통치의 기준이다. 마음대로 통치하는 것을 막으려면 법이 필수적이다. 그런 법은 법전으로 발표되어야 하나, 고려에는 공식적인 법전이 없었다. 법전이 없으므로 그만큼 관례나 관행 등이 중요했다. 그래서 각 정부 부서의 관례나 관행, 그리고 정책으로 정해진 것들을 모아서 관리할 필요가 있었다. 결정된 정책은 국왕의 명령으로 발표되었다. 국왕의 명령을 담은 조칙 등은 곧 법이었다. 또한 각 행정과 사법 처리의 관례도 모았다. 식목도감이 이를 맡아서 했다. 도감은 요즘 국가기관의 위원회와 비슷한 임시 기관이었다. 고려시대에는 많은 도감이 있었는데, 일이 끝난 다음에도 계속 남았다.

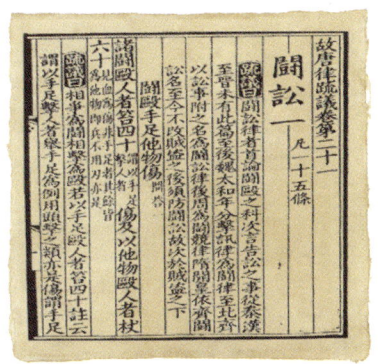

『당률소의唐律疏議』
737년 당의 이림보가 7세기 중엽에 정리된 영휘율소를 개수한 것으로, 12편 502조로 구성되었으며 모두 30권이다. 이 책은 동아시아에서 가장 오래된 법전으로, '태(笞)·장(杖)·도(徒)·유(流)·사(死)'의 5단계 형벌 제도를 다루고 있다.

대대로 국왕의 명령이 계속 나오게 되면 이전의 것과 모순되는 경우가 발생했다. 또한 각 행정 부처의 관례가 서로 충돌하기도 했다. 이런 경우에는 국왕과 재상들이 논의해서 처리했다.

그러나 시간이 지날수록 문제는 커져갔다. 특히 사람들을 규제하고 처벌하는 형률이 문제였다. 정치제도와 운영 방식은 타협점을 찾거나 관례를 새로 만들면 되지만 형률은 달랐다. 대체로 형률은 성종 때 처음 정리되었다. 형률은 당의 것을 빌려왔지만, 고려만의 고유한 것도 있었다. 특히 관리가 범죄를 저질렀을 때에는 고향으로 돌려보내는 형벌이 있었다. 이때 그가 받은 토지를 몰수하여 관료의 자격을 박탈하기도 했다.

그런데 원 간섭기에는 원과 고려의 법이 서로 충돌하는 경우가 많았다. 문벌이나 권력자들이 행정명령이나 판결에 관여하면서, 유리하게 법을 적용하거나 판례를 무시하는 경우도 늘었다. 1377년 정부는 형법 처리를 원의 법전인『지정조격至正條格』에 따르도록 했다가, 이후 1388년에 명의『대명률大明律』을 쓰자는 방안이 나왔다. 결국 정몽주는『대명률』과『지정조격』, 그리고 고려의 법을 참고해서 새로『신정률』을 만들었다. 국가권력이 중앙집권화될수록 지역이나 사람을 막론하고 동일한 법을 적용하려는 노력이 강해진다. 고려는 왕조의 마지막에 가서야 법의 통일성을 기하려는 노력을 했다.

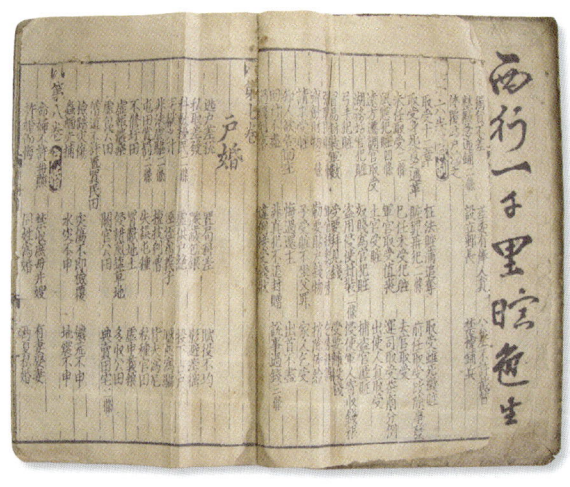

원의 법전 『지정조격』
1346년에 발간된 원의 법전 『지정조격』의 「호인」편으로 세계에서 유일한 판본이다. 2003년 초에 경주 손씨 종가에서 발견되었다.

지방을 자율적으로 다스리다

고려왕조는 후삼국을 통일한 후 처음부터 지방을 직접 통치할 수는 없었다. 반면에 호족들은 여전히 자기 지역을 지킬 수 있는 군사상의 힘을 가지고 있었다. 따라서 이들의 권리를 인정하지 않으면 반란으로 이어질 여지가 컸다. 중앙정부는 이들을 안정화시킬 필요가 있어 유력한 지방 세력이 지닌 지역 통치의 자율성을 인정했다. 그 가운데 고려왕조에 공로가 있는 사람들을 공신으로 책봉하고 성씨와 관작을 주었다.

한 예로 태조 왕건이 신라로 들어올 때 경상북도 안동을 거쳤는데, 이때 안동 호족인 김행은 태조에게 항복했다. 이에 태조는 그에게 '권'이라는 성씨를 내려주고 안동 지역의 통치를 맡겼다. 이처럼 유력한 지방 사람들은 자신의 성씨가 속한 본관을 갖게 되어 지역과 사람의 출신을 하나로 묶게 되었다.

중앙정부는 우선 임시로 지방에 관리를 보내 세금 등을 걷는 일에 힘썼다. 단 군사적인 요충지에는 도호부와 도독부를 두고, 중앙에서 관리를 파견해 국가 방위나 반란에 대비한 군사적인 준비를 중앙 정부에서 직접 처리해야만 했다. 성종 때에 이르러 중앙의 정치제도를 개편하면서 지방관을 본격적으로 파견하기 시작했다. 이때 지방에 12개의 '주목州牧'이 생겼고, 이곳에 목사牧使를 파견했다. 그럼에도 지방의 자율성이 없어지

| 고려의 형벌 : 귀향형

고려의 지배층들은 주로 정치·경제·문화 등이 집중되어 있는 개경을 중심으로 생활권을 유지했다. 그래서 지배층들에 대한 형벌 중에는 고향으로 돌아가게 하는 '귀향형'이라는 명예형이 있었다. 그들은 지방 임지에서 사망하더라도 다비를 한 후 유골을 다시 매장하는 복장復葬을 통해 사후에도 개경 인근 지역이라 할 경기 지역에 묘소를 정하는 것이 일반적이었다. 이는 고려시대 지배층의 중앙 지향성을 잘 보여준다.

불교식 사리갖춤구
고려시대 사람들은 불교의 영향으로 화장을 많이 했다.
화장은 산속이나 사찰 주변에서 이루어졌다.
며칠이 지난 후에 유골을 수습하고,
이를 절에 봉안했다.

지는 않았다.

11세기 초반 현종이 거란의 침입을 피해 지방으로 내려갈 때, 향리들에게 크게 모욕을 당한 적이 있다. 향리는 현종에게 자신의 얼굴을 모른다고 박대했고, 심지어 왕의 행렬을 습격하기도 했다. 현종은 이러한 경험을 통해 대폭적인 지방 제도 개편을 추진했다. 그 결과 4개의 도호부, 8개의 목, 56개의 지주군사, 28개의 진장, 20개의 현령을 두었다.

지역 통치를 담당한 향리는 호장戶長이 최고 지위였는데, 수령이 없는 곳에서 그 역할을 대신했다. 호장은 호족과 같이 해당 지역을 맡았던 집안에서 나왔다. 유력한 지방 세력들은 자신의 집안에 대해 우러러본다는 뜻으로 '망족望族'이라고 했다. 고려의 향리는 조선시대와 달리 나라에서 토지를 지급받았다. 이들은 과거 등으로 중앙 정계에 진출하면서 중앙과 지방에 거주하는 계층으로 차츰 나뉘어갔다.

고려의 지방 통치에서 조선시대와 또 다른 것이 향鄕·소所·부곡部曲이다. 향·소·부곡 중에서 가장 분명하게 설명되는 것이 '소'다. 소는 각 지역의 특산물을 국가가 직접 거둬들이기 위해 만들었다. 상업이 발달하지 않은 상태에서 정부가 필요한 물건을 확보하기 위한 결과였다.

향과 부곡은 전쟁 포로의 집단 수용지, 반역이나 적에게 항복하는 등의 범죄로 생겨

▲ **경주의 역대 향리들을 정리한 문서**
경주의 향리들이 그들의 대표 격인 수호장(상호장)을 지낸 사람들에 대해 정리한 문서다. 향리들의 지위가 점차 낮아지던 13세기에도 수호장이 특정 집안에서 거의 독점되고 통혼권마저 매우 제한적이었음을 보여주고 있다.

▼ **지방 유력자의 벼루**
향리층에서 사용했을 것으로 짐작되는 벼루로, '풍(風)'자 모양으로 생겼다.

고려의 행정구역

고려의 행정구역은 점차 지방관이 나가 있는 주군현과 그 아래 속해 있는 속군현으로 바뀌어갔다. 그럼에도 속군현의 통치는 여전히 향리들의 손에 맡겨졌다. 지방관도 그 지역의 세력과 향리들의 도움 없이는 통치하기가 쉽지 않았다.

이후 지방행정은 5개의 도양광도, 경상도, 전라도, 서해도, 교주도와 양계북계, 동계로 나뉘게 되었다. 5개의 도에는 안찰사라는 지방장관이 파견되었다. 안찰사는 순찰을 하면서 지방관이나 향리 등을 감시하거나 민생과 형법, 세금 납부와 군사에 대한 여러 가지 일을 처리했다. 안찰사는 중앙 관직을 겸하고서 파견되었다.

양계는 여진, 거란과 맞닿을 수 있는 북쪽과 동쪽 변경에 설치한 군사 지역이다. 따라서 군 지휘관인 병마사가 그 지역의 통치를 맡았다. 이 지역은 군사적인 방어를 위해 군인 관직으로 지방관을 구성했지만, 중앙정부는 반란을 막기 위해 병마사의 임기를 6개월로 정했다.

고려의 행정구역

안동대도호부 관아
영가헌은 고려시대부터 안동대도호부의 행정 중심부 역할을 한 관아 건물을 복원한 것이다. 정면 7칸, 측면 4칸의 팔작지붕 건물이다. 안동이라는 지명은 고려 태조 왕건이 후삼국을 통일하는 데 결정적인 도움을 받고 나서 하사한 '안어대동(安於大東)'에서 따온 것이다. 『고려사』의 「병지」 기록을 보면, 안동대도호부의 도내 주현군으로 보승 591명, 정용 953명, 일품 1018명을 두었다고 한다.

난 사람들의 거주지였다. 정상적인 군현이 되기에는 인구가 적은 지역의 경우에도 향과 부곡이 되었다. 이곳 사람들의 신분은 천민은 아니지만 일반 사람들에게 천하게 여겨졌다. 결혼이나 부역 동원에서 주변 마을과는 차별을 받았다. 이곳 주민들은 소와 달리 주로 농사일을 했다. 때로는 전쟁 포로를 각 고을에 나눠 보내 빈 땅에 거주하게 했는데, 이를 '장場'이라고 불렀다. 여진 사람들이 귀화했을 때에도 이들을 한곳에 집단으로 거주시켰다.

고려시대의 지방 사회는 지방관이 파견된 곳이 행정적으로 높은 지위를 가진 것으로 여겨졌다. 그러나 충과 효에 관련된 범죄를 저지르는 사람이 생기면 그 지역의 행정적인 지위가 떨어졌다. 반면에 국가에 공을 세우면 지위가 올라가기도 했다. 가령 전라도 고흥현은 원래 고이부곡이었다. '고이'란 말은 사투리로 고양이를 뜻하는데, 이곳 출신이 벼슬을 하면 나라가 망한다는 예언이 있었다. 그런데 원 간섭기에 이곳 출신 유청신이 통역관으로 원에 가서 공을 세웠다. 1285년에 고려 정부는 부곡에서 현으로 행정적인 지위를 올려주었다.

이처럼 고려시대의 지방 사회는 조선시대처럼 일원적인 행정 체계로 이루어지지 않고 지역 출신들의 활동에 따라 행정적인 지위가 바뀌었다. 또한 그만큼 자율성이 있으므로 중앙정부에 반감이 있을 때에는 반란도 쉽게 일어날 수 있었다. 이와 같은 복합적

청동 도장과 원숭이 모양의 청자 도장
관료들이 사용한 것으로 여겨지는 청동 도장(왼쪽)과 원숭이 모양 청자 도장(오른쪽)으로, 개성에서 나왔다. 이런 도장들은 주로 손잡이가 사자나 원숭이, 물고기 같은 동물 모양을 하고 있는 것이 특징이다.

인 지방 사회는 고려시대의 역사적인 특징을 가장 잘 보여준다.

현종의 피란길을 따라 지방으로!
● 고려의 지방 사회와 교통로 ●

1009년 고려에서는 강조의 정변이 일어나 목종이 살해되고 현종이 즉위하는 사건이 벌어졌다. 다음 해 겨울, 거란은 이 정변을 응징한다는 구실로 고려를 침략했다. 거란 황제인 성종이 참여한 이 원정은 40만 명의 대군을 동원한 거란 전쟁 사상 최대 규모였다.

서경이 공격받자 많은 관료들은 항복을 주장했지만, 강감찬이 남쪽으로 피란을 권했다. 현종은 거란군의 침략을 피해 피란길에 오를 수밖에 없었다. 그러나 막상 현종이 피란길에 오르자, 많은 관리들이 도망치고 따르는 호위대는 50여 명 정도였다. 현종 일행이 경기도 적성에 있는 단조역에 도착했을 때 그곳 군인들과 역을 관리하는 사람들이 왕에게 활을 쏘기 시작했다. 현종을 따르던 지채문이 이들을 물리쳤지만, 그들은 산에서 매복했다가 다시 나타났다.

현종이 경기도 양주에 도착했을 때 그곳 아전이 현종에게 자신의 이름과 얼굴을 아냐고 물어보았다. 현종이 못 들은 척하자, 아전은 화가 나서 난리를 일으키려 했다. 밤에는 도적들이 나타났다. 그나마 따라오던 신하와 환관, 궁녀들이 대부분 도망갔다. 새벽에 왕후들과 왕이 몰래 그곳을 빠져나가야 했다.

거란군은 개경에 들어와 태묘太廟와 궁궐 등에 불을 질렀다. 현종은 경기도 광주에서 다시 충청도 공주로 향했다. 왕후들도 고향으로 돌려보냈다. 전라도 익산에 도착하자, 군인들이 도망갈 태세라서 벼슬을 내려주었다. 현종 일행이 전라도 전주로 가려 했지만, 이곳은 옛 후백제의 땅이라는 이유로 가지 못했다. 전주절도사는 왕을 협박했고, 주변의 관료들을 없애고 자신들이 권력을 차지하려 할 정도였다. 결국 현종은 장화왕후 오씨의 고향인 전라도 나주로 갔다. 그의 피란은 이곳에서 끝이 났다.

이처럼 고려시대에는 왕이 개경을 벗어나자 향리에게 모욕을 당할 정도로 왕의 힘이 지방에 제대로 미치지 못했다. 적성의 군인들이나 양주의 아전이 그렇게 행동한 것에는 쫓겨난 목종의 정통성을 인정하고 현종을 부인했기 때문일 수도 있다. 그러나 전주절도사가 왕을 협박하며 권력을 독차지하려 했다면, 현종의 권위는 없는 것이나 마찬가지였다. 그럼에도 현종은 이들을 죽일 수 없었다. 전주는 후백제의 영향이 깊은 곳이었지만, 나주는 고려 왕실과 깊은 인연이 있는 곳이었다. 현종은 다른 곳을 선택할 수 없었다.

지방 사회의 주인은 그곳 호족의 후예들이었다. 이들은 향직을 맡아 지방행정을 완전히 장악했다. 중앙정부는 처음에 임시직을 보내 세금을 걷는 정

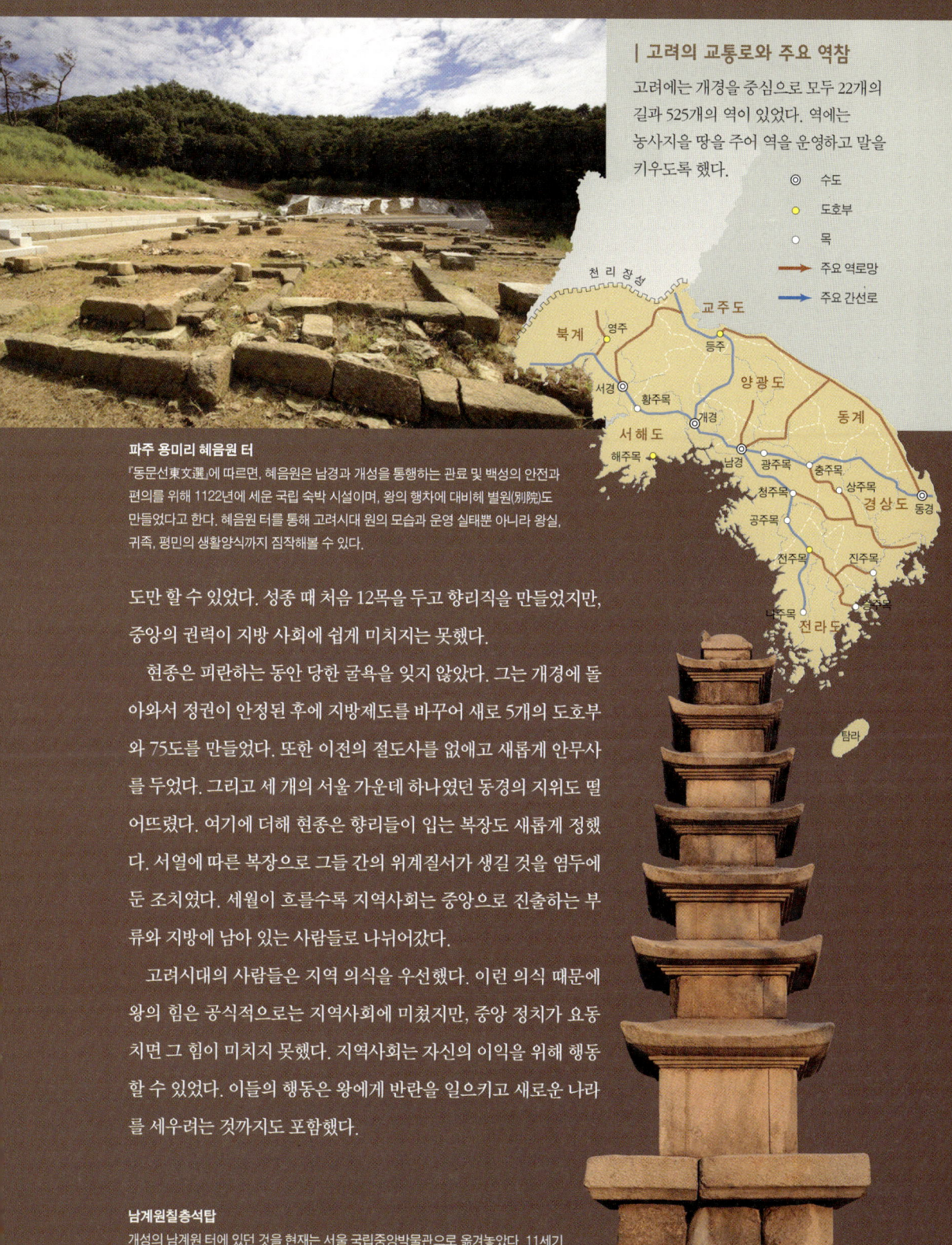

파주 용미리 혜음원 터
『동문선東文選』에 따르면, 혜음원은 남경과 개성을 통행하는 관료 및 백성의 안전과 편의를 위해 1122년에 세운 국립 숙박 시설이며, 왕의 행차에 대비해 별원(別院)도 만들었다고 한다. 혜음원 터를 통해 고려시대 원의 모습과 운영 실태뿐 아니라 왕실, 귀족, 평민의 생활양식까지 짐작해볼 수 있다.

| 고려의 교통로와 주요 역참

고려에는 개경을 중심으로 모두 22개의 길과 525개의 역이 있었다. 역에는 농사지을 땅을 주어 역을 운영하고 말을 키우도록 했다.

도만 할 수 있었다. 성종 때 처음 12목을 두고 향리직을 만들었지만, 중앙의 권력이 지방 사회에 쉽게 미치지는 못했다.

현종은 피란하는 동안 당한 굴욕을 잊지 않았다. 그는 개경에 돌아와서 정권이 안정된 후에 지방제도를 바꾸어 새로 5개의 도호부와 75도를 만들었다. 또한 이전의 절도사를 없애고 새롭게 안무사를 두었다. 그리고 세 개의 서울 가운데 하나였던 동경의 지위도 떨어뜨렸다. 여기에 더해 현종은 향리들이 입는 복장도 새롭게 정했다. 서열에 따른 복장으로 그들 간의 위계질서가 생길 것을 염두에 둔 조치였다. 세월이 흐를수록 지역사회는 중앙으로 진출하는 부류와 지방에 남아 있는 사람들로 나뉘어갔다.

고려시대의 사람들은 지역 의식을 우선했다. 이런 의식 때문에 왕의 힘은 공식적으로는 지역사회에 미쳤지만, 중앙 정치가 요동치면 그 힘이 미치지 못했다. 지역사회는 자신의 이익을 위해 행동할 수 있었다. 이들의 행동은 왕에게 반란을 일으키고 새로운 나라를 세우려는 것까지도 포함했다.

남계원칠층석탑
개성의 남계원 터에 있던 것을 현재는 서울 국립중앙박물관으로 옮겨놓았다. 11세기 고려시대의 석탑이지만 통일신라의 양식을 따르고 있다.

4 동아시아의 균형추, 고려

거란 전쟁

1010년 11월, 지금의 평안북도 선천읍의 서북쪽 통로에 위치한 동림성(통주성)에서 고려와 거란의 군사들이 대치하고 있었다. 거란군은 40만 명, 고려군은 30만 명. 거란군은 황제 성종이 직접 지휘하는 정예군이었다. 그러나 고려군 사령관 강조는 자신만만했다. 고려군은 유리한 지형을 차지하고서 병서에 적힌 대로 포진해 기다렸다. 드디어 전투가 시작되었다. 강조는 사령부에서 장기를 두며 군사들에게 여유와 자신감을 과시했다.

그때 갑자기 함성과 말발굽 소리가 크게 울렸다. 고려군이 눈앞의 거란군만 상대하는 사이 또 다른 거란군이 강조의 막사까지 치고 들어온 것이다. 순식간에 사령부가 궤멸되고, 강조는 적에게 사로잡혔다.

고려와 거란의 악연

934년 7월, 발해의 왕자 대광현이 수만 명의 유민과 함께 고려로 망명했다. 왕건은 이들을 포용하고, 거란에 대한 적대적인 정책을 펼쳤다. 938년경에는 5대10국의 하나인 후진의 고조에게 거란에 대한 연합 공격을 제의했으며, 942년에는 거란이 보낸 사신을 섬에 유배 보내고 가져온 낙타 50마리를 만부교 아래에서 굶겨 죽였다. 만부교 사건 「훈요10조」에도 "거란은 짐승이나 다름없는 나라"라고 기록했다.

이러한 고려의 적대감에도 불구하고 거란은 별다른 행동을 보이지 않았다. 947년에 거란의 태종이 사망하면서 내정이 혼란스러웠기 때문이다. 그사이에 발해의 옛 땅에는 동단국東丹國, 정안국定安國, 후발해 등이 일어났으며, 이들과 고려 사이에 여진족까지 끼어들었다. 이제 고려는 거란에 대해 방심하게 되었다.

982년 거란은 역사상 가장 위대한 군주로 꼽히는 성종이 즉위하면서 안정을 되찾았다. 거란은 중원 침공을 목표로 다시 군사력을 정비하기 시작했는데, 이에 앞서 먼저 동쪽의 여진과 고려를 공략해 배후를 안정시키려고 했다.

한편 중국에서는 960년에 송이 천하를 통일했다. 거란의 움직임에 위협을 느낀 송은

| 동아시아 정세도

중국 대륙의 송과 만주 지역의 거란이 각축하던 11세기 후반에 한반도의 고려는 어느 한쪽과 일방적인 관계를 맺지 않은 채 영토적으로나 문화적으로 독자적인 실리를 추구했다. 고려의 이러한 대외 정책은 등거리 실리 외교의 전형이라고 할 수 있다.

◀ 응현목탑
1056년에 세워진 이 목탑은 세계에서 가장 오래된 요의 대표적인 탑이다. 원래 이름은 불궁사석가탑으로, 현재 중국 산시성 다퉁시 남쪽 약 70킬로미터에 있는 잉쉬앤성(應縣城)의 불궁사라는 사찰 안에 있다.

985년에 거란에 대한 연합 공격을 고려에 제의했다. 송은 거의 협박까지 하며 강경하게 공동작전을 요구했지만, 고려는 마지못해 응하는 척하면서 끝내 출병을 거부했다. 당시 고려는 983년에 겨우 12목에 목사를 파견했을 정도로 국가 행정망도 제대로 갖추지 못한 형편이었다. 이런 상황에서 해외 원정은 무리였다. 그러나 거란에 대한 방심도 무시할 수 없는 원인이었다.

서희의 외교 담판과 강감찬의 귀주대첩

993년 8월 동경東京, 지금의 랴오양 태수 소손녕이 지휘하는 거란군이 고려 침공을 위해 출발했다. 여진족이 거란군의 출동을 알려왔지만, 고려는 여진족의 이간책이라고 생각하고 첩보를 무시했다. 10월에 소손녕의 군대가 고려로 진입했다.

거란군은 자신의 병력이 80만 명이라고 허세를 부렸다. 전쟁 준비가 되어 있지 않던 고려는 자비령 이북을 떼어 주고 강화를 맺으려 했다. 서희는 이에 결사적으로 반대했다. 그리고 거란의 요구를 살피고자 소손녕과의 강화 회담을 시도했다. 이 회담에서 서희는 거란의 1차 목표가 고려가 아닌 여진임을 간파하고, 거란과 강화를 맺는 동시에 여진에 대한 협공을 구실로 압록강 남쪽 6개군(강동 6주)까지 획득하는 데 성공했다.

거란족의 말과 안장
요의 벽화에 거란인과 붉은색 말 위에 얹은 안장이 보인다. 요는 마구로 가장 유명한 북방 민족이었다. 요의 정교한 안장 제조 기술은 서하의 검과 촉의 비단과 함께 천하제일로 알려졌다.

강동 6주를 획득한 고려는 재빨리 이곳에 성을 쌓고 주민을 이주시켜 방어망을 보강했다. 그사이에 거란은 송으로 치고 들어가 1005년에 '전연의 맹약'을 맺었다. 이때부터 송은 거란을 아우 국가로 모시게 되었다. 한편 거란은 송을 완전히 정복하기에 앞서 대대적인 고려 원정을 시도했다.

1011년 1월 1일 개경이 함락되었다. 현종은 멀리 나주까지 고단한 피란길을 떠났다. 그런데 거란군은 개경을 점령하고도 아무런 소득을 얻지 못했다. 게다가 흥화진을 지키던 명장 양규가 대담한 기습으로 통주성과 곽주성을 탈환했다. 그 바람에 함락 직전이던 서경까지도 안전하게 되었다. 퇴로가 완전히 끊긴 거란군은 할 수 없이 귀국길에 올랐다. 분노한 그들은 개경을 불태우고, 수만 명의 포로를 잡아갔다.

양규를 비롯한 고려의 장수들은 지친 거란군을 습격해서 엄청난 피해를 입히고 포로를 구출했다. 이후 1017년까지 거란군은 세 차례나 더 침공을 감행했으나 단 한 번도 흥화진을 함락시키지 못했고, 강동 6주를 벗어나지도 못했다.

1018년의 6차 침공을 지휘한 거란 장수는 2차 원정에도 참전한 소배압이었다. 그는 20년 넘게 진행되는 지루한 공방전을 끝내려고 대담한 계획을 세웠다. 황제의 친위군으로 구성된 10만 명의 정예군으로 보급로와 중간 도시를 무시하고 개경으로 직공한다는 작전을 세운 것이다.

| 전연의 맹약

요의 성종은 어머니인 승천태후의 섭정 아래 야율휴가 같은 명신의 보좌를 받아 국력을 강화하여, 대군을 이끌고 송의 영토 안으로 들어가 황하 강변의 북성을 포위했다. 송의 3대 황제 진종은 재상 구준의 권유에 따라 몸소 군대를 이끌고 남성으로 출진했다. 이러한 송의 강경한 태도에 요는 다음과 같은 내용의 화의를 맺었다.

첫째는 송을 형으로 하고 요를 아우로 하는 대등한 조약을 맺고, 둘째는 송에서 해마다 은 10만 냥, 명주 20만 필을 세폐로 요에 보내며, 셋째는 양국의 국경은 현상을 유지한다는 맹약을 성립시켰다. 그 후 송과 요 사이에는 오랫동안 평화가 지속되고 통상이 개시되어 요는 크게 번영했다.

거란 동경

| 거란군의 전투 방식

| 거란의 침입

요(거란)
여진
압록강
강감찬의 귀주 대첩 (1019년)
흥화진
귀주
용주
철주 통주
곽주
도련포
안융진
서경
고려
개경

— 거란의 1차 침입
— 거란의 2차 침입
→ 거란의 6차 침입
✹ 격전지

거란 병사의 투구와 물병

귀주대첩과 강감찬
거란의 마지막 침입을 물리치고 승리한 귀주대첩을 기념해 그린 민족 기록화(위)와 강감찬(오른쪽)의 영정이다.

거란은 몽골족과 선비족의 혼혈로 유목 민족에 가까운 생활을 했다. 경기병의 속도를 살린 속전속결과 교란, 양동작전에 능했으며, 보급선을 최소화하려고 현지 조달에 주력했다. 기병 한 명마다 타초곡기라는 보조 기병 한 명을 붙여서 현지 조달의 임무를 전담시켰다. 이러한 기병 중심의 전투 방식은 몽골족에게도 계승되었다.

고려의 무기
고려의 군사들이 사용했던 검과 마름쇠, 창끝, 활촉이다.

1차	2차	3차	4차	5차	6차
993년 10월	1010년 11월 ~ 1011년 1월	1014년 9월 ~ 1015년 1월	1015년 9월 ~ 1016년 1월	1017년 8월 ~ 1017년 9월	1018년 12월 ~ 1019년 2월
약 6만	40만	미상	미상	미상	미상

새 나라 고려, 기틀을 다지다

하지만 이때는 고려도 달라져 있었다. 현종은 전국의 지방행정망을 완성하고 지방관을 성공적으로 파견했다. 개경도 복구하고 성벽을 쌓았다. 고려라는 국가가 비로소 원활하게 움직이기 시작한 것이다. 6차 침공의 징조가 보이자, 고려는 신속하게 강감찬과 강민첨의 지휘 아래 20만 명의 병력을 징발해 북계에 배치했다.

소배압은 고려군을 우회해서 저돌적으로 개경으로 남하했다. 그는 간신히 개경 북쪽 40킬로미터 지점까지 진출했지만 개경의 방어 태세를 보고는 공격할 수가 없었다. 무리한 진격으로 지친 거란군은 추격하는 고려군을 피해 필사적으로 북상했지만 귀주성 앞에서 고려군에게 따라잡히고 말았다. 1019년 2월 2일, 두 나라 군대의 결전이 시작되었다. 당황하고 지친 거란군은 유리한 지형을 스스로 포기하고 평지로 내려와 결전을 벌이는 결정적인 실수를 했다. 고려군은 거란군을 앞뒤에서 공격해 완벽하게 몰살했다. 생존자는 겨우 수천 명이었다. 이 전투가 귀주대첩이다.

거란 전쟁이 남긴 것들

거란 전쟁은 고려의 군사력을 대외적으로 증명하는 계기가 되었다. 거란은 고려 정벌을 포기하고 중원으로 진출해서 요遼를 세웠다. 그러나 고려 정복의 실패로 간도 지방

| 귀주대첩의 숨은 진실은?

귀주대첩에서 고려군이 강물을 막았다가 터뜨려 승리했다는 전설이 있다. 이와 비슷한 전설은 고구려군이 수의 군대를 몰살한 살수대첩에도 있다. 하지만 이러한 전설은 사실이 아니다. 당시 공학 기술로는 강물을 막았다가 제시간에 터뜨리는 것이 불가능했고, 역사책에도 그런 이야기는 없다. 또 하나의 오해는 거란과의 전쟁에서 공을 세운 강감찬과 강민첨을 무관으로 생각하기 쉬우나, 두 사람은 모두 과거에 급제한 문관이었다.

강민첨 초상화

의 여진족을 방치한 것이 끝내 약점이 되어 여진족이 세운 금金에 멸망하고 말았다. 한편 금은 거란의 전철을 피하려고 중원으로 진출하면서 고려를 공격하지 않았다.

거란 전쟁은 고려에 수많은 거란인 포로를 남겼다. 이들 가운데 일부는 고려군에 편입되었으며, 정착한 거란인은 고려의 사회와 문화에 여러 가지 영향을 끼쳤다. 천민 집단인 양수척楊水尺은 거란 포로의 후예라고도 한다. 한편 고려에서는 거란의 침략을 물리치기 위한 기원을 담아 1011년에 대장경을 만들었는데, 이것이 초조대장경이다.

고려는 미증유의 국난을 극복하기 위하여 군사와 조세, 지방 제도를 정비했다. 그런데 군사제도에서 지역 단위의 신분 질서와 인연을 기초로 군대가 편성되는 것을 용인할 수밖에 없었다. 결국 이것은 군대 내부에 사적인 질서를 형성해 쉽게 군벌화하게 되었고, 나중에는 무신 정권이 성립하는 하나의 요인이 되었다.

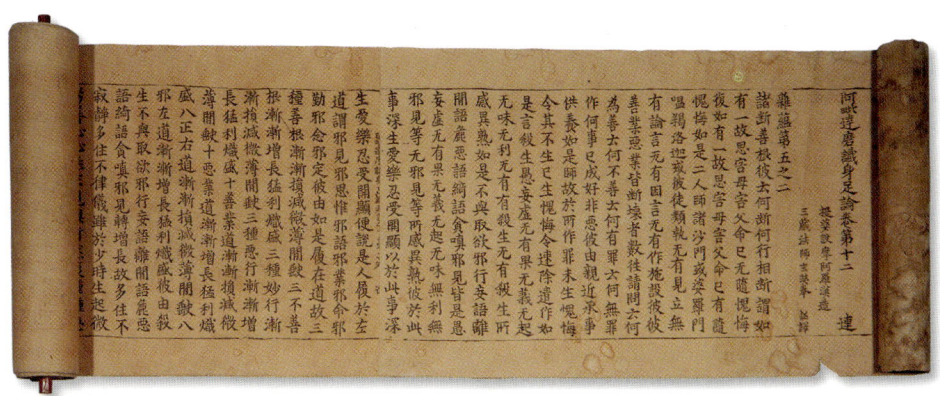

초조대장경
고려에서는 거란의 침략을 물리치기 위한 기원을 담아 1011년에 대장경을 만들었는데, 이것이 초조대장경이다.

우리는 고구려를 계승했다

● 서희의 외교력과 강동 6주 ●

소손녕 : 고려는 신라를 계승했으므로 고구려의 옛 땅은 우리 것이다. 그런데 어째서 침범하는가?

서 희 : 고려는 고구려의 후손이다. 그래서 이름도 '고려'이고 서경에 도읍했다. 따라서 거란의 동경도 사실 우리 땅이다.

소손녕 : 땅이 우리와 연접해 있는데, 왜 바다 건너 송을 섬기는가?

서 희 : 압록강 연안도 다 우리 땅이었는데, 여진이 강점하여 거란과의 교통을 차단했다. 만일 여진을 쫓아내고 우리의 옛 땅을 회복하여 거기에 성과 보를 쌓고 길을 통하게 한다면 어찌 국교를 통하지 않겠는가?

거란 장수 소손녕은 고려와 강화 회담을 하기 전에 보낸 문서에서 거란이 고구려를 계승했다고 주장했다. 따라서 옛 고구려의 영토는 모두 거란 땅이라는 것이다. 여기에 대해 서희는 고려는 신라가 아닌 고구려의 후손이며, 만주의 옛 영토까지 고려의 소유라고 주장한다. 이 회담에서 서희가 제시한 고구려의 옛 영토에 대한 계승 의식은 오랫동안 각광을 받았다. 특히 오늘날 중국이 동북공정을 앞세우며, 고구려조차 중국의 지방 정권이라고 내세우는 시기에 서희의 주장은 특별한 의미를 지닌다.

그러나 이날 회담을 돌이켜보면, 영토 계승 의식이 회담의 결과를 좌우할 만큼 핵심 사안은 아니었다. 사실 이러한 명분론에 밀려 거란이 군대를

서희 동상과 비석
서희는 거란과 회담이 끝난 다음 해에 고려군을 이끌고 강동 6주로 진격해서 이 땅을 탈환했다. 그리고 요충지마다 서둘러 성을 쌓아 방어망을 강화했다. 거란의 다음 목표는 분명 고려라고 예측했기 때문이다. 이러한 서희의 예상은 후에 적중했다.

철수한다는 것은 생각하기 힘들다. 오히려 회담의 핵심은 두 번째 문답에 있다. 당시 거란과 고려 사이에는 여진족이 있었다. 거란의 눈앞에 닥친 목표는 여진이었고, 고려와 여진, 송이 연합해 거란에 맞서는 것을 우려하고 있었던 것이다. 서희는 이 사실을 간파하고, 소손녕이 놀랄 만한 제안을 거꾸로 내놓는다. 거란과 고려가 여진을 남북으로 협공하자는 것이다. 두 군대가 만나는 지점은 압록강이었다. 소손녕은 너무나 기뻤는지 이 제안을 흔쾌히 받아들였다. 그래서 새로 획득한 땅이 흥화진(의주), 용주(용천), 귀주(구성), 통주(선천), 철주(철산), 곽주(곽산)로 상징되는 강동 6주다. 실제로는 청천강에서 압록강 사이에 있는 땅 전체다.

오늘날 서희의 공적은 고구려 계승 의식의 성공이라든가, 송과 단절하고 거란과 국교를 맺는다는 명분을 주고 실리(강동 6주)를 얻은 실리외교의 성공 사례라고 평가되고 있다. 그런데 이러한 평가와 함께 보다 주목해야 할 점이 있다. 서희가 명분에 집착했다면 이러한 성공을 거둘 수 없었다. 그의 성공은 철저하게 현실적인 사고에 기초한 냉철한 분석과 판단의 결과였다. 그리고 그가 획득한 강동 6주가 고려가 거란 전쟁에서 승리하는 결정적 요인이 되었다. 서희의 통찰력이 거란의 1차 침공을 물리쳤을 뿐 아니라, 거란 전쟁에서 고려가 승리하는 결정적인 요인이 되었다.

서희는 어떻게 강화 회담의 주인공이 되었는가?

993년 10월, 서경에 모인 고려의 성종과 신하들의 표정은 비통했다. 고려의 선봉대가 봉산 전투에서 거란군에게 패배했다는 소식을 듣고, 거란과 싸울 자신감을 잃었기 때문이다. 고려 정부는 항복 방안을 놓고 토의했다. 그냥 항복하자는 주장과 최소한 자비령 이북의 땅을 떼어 주어야 항복을 받아주지 않겠느냐는 주장이 맞섰다. 성종은 후자의 의견을 선택했다.

그 때 이러한 결정에 끝까지 반대한 사람이 있었다. 바로 서희였다. 하지만 80만 대군이라는 소손녕의 말에 겁을 먹은 사람들은 서희의 주장에 아무도 동조하지 않았다. 이때 소손녕이 안융진을 공격하다가 패배했다. 이 소식을 들은 성종과 신하들은 비로소 서희의 의견에 귀를 기울였다. 고려는 소손녕에게 강화 회담을 제안했고, 서희가 회담 대표로 선정되었다.

서희가 얻은 강동 6주

거란은 여진 정복 후 고려를 침략하고 보니, 강동 6주의 할양이 엄청난 실수였음을 깨달았다. 강동 6주가 가장 통과하기 힘든 요새 지역이었기 때문이다. 유명한 귀주대첩을 비롯해서 거란의 여섯 차례에 걸친 침략은 대부분 이 지역에서 전투가 벌어졌다. 만약 강동 6주의 방어선이 없었다면 개경이 몇 번 더 함락되고, 고려의 전쟁 수행 의지마저 달라졌을지도 모른다.

▲「아집도」, ▶청자 동녀 모양의 연적

귀족의 시대
1023 • 1169

고려의 법적인 사회 편제의 기본은 양천제였으나 실제로는 다양한 계층이 존재했다. 그 가운데 문벌 귀족이 사회를 이끌어갔다. 문벌 귀족은 과거와 음서를 축으로 한 관료제를 토대로 형성되었다. 그들은 왕실 및 여타 귀족과 혼인망을 구축했고, 사회적으로나 경제적으로 차별화된 계층이 되어갔다. 고려의 전성기는 경제·외교·문화·교육·종교에서 안정과 화려함을 자랑했으나, 차별의 이면에 있는 불안 요소는 폭발의 위험성을 안고 있었다.

1 관료와 문벌 귀족의 길
과거와 교육, 그리고 문벌

문종 때 국로國老를 위해 베푼 연회에서 최유선과 최유길이 아버지 최충을 부축하고 연회장에 들어가자, 어느 한림학사는 "상서령이 중서령을 모시고 을乙 장원이 갑甲 장원을 부축하는구나!"라며 부러움의 찬탄을 보냈다.

　최충의 가문은 문장으로만 본다면 고려 전기의 최고 가문이었다. 최충의 자손들 가운데에는 문장과 덕행으로 재상에 오른 사람이 수십 명에 달할 정도로, 가히 꿈에나 그릴 수 있는 '가문의 영광'을 누리고 있었다. 그리고 대대손손 고위직을 지냄에 따라 꼭 과거가 아니더라도 음서를 통해 관직에 진출하는 경우도 있었다. 게다가 사학 12공도 十二公徒의 최고 가문으로서 많은 문생門生을 두고 있었다. 그런 최충의 집안과 혼인 관계를 맺으려는 다른 가문이 줄을 서는 것은 당연한 일이었다.

관리가 되는 다양한 길

고려왕조는 국정 운영의 기반을 유교 정치 이념의 실현에 두었다. 그에 따라 천명을 대신하는 왕을 중심으로 정치기구를 짜고, 여기에 선발된 관료들이 봉사하는 형태였다. 이는 중앙만이 아니라 지방도 마찬가지였다. 그런데 여기서 이전 시대와 다른 점은 관료의 선발 방식이었다. 즉, 행정의 효율성을 높이려고 일정한 신분 자격과 경학經學에 대한 이해, 문장의 유려한 제술製述, 전문 분야에 대한 지식 따위를 갖춘 인재들을 다양한 방법으로 선발했다.

특정한 혈통이나 가계 출신만이 관료가 되는 골품제와 달리 능력주의에 기초해 관리를 등용했다. 물론 그 목적은 지방 세력 및 공신 세력을 약화시키면서 왕권을 강화하려는 데 있었으며, 나아가서 왕권 및 체제 유지라는 틀에 기반을 둔 군신 관계를 지속하기 위해서였다. 덧붙여 지방 세력을 흡수하고 통제하기 위한 수단이었다. 그 결과 관료들은 때로 지배 세력으로서 위상을 강화하고 그 역할을 확대하고자 했으나, 큰 틀에서 본다면 군신의 조화를 통한 왕도 정치의 실현을 추구했다.

고려의 관리 등용 방식은 여러 가지였다. 『고려사』의 「선거지選擧志」 서문을 보면, "비록 이름난 경대부卿大夫라 할지라도 반드시 과거를 거쳐 벼슬에 나아간 것이 아니었"

고려의 관리와 옷차림
경기도 파주시 진동면 서곡리에 있는 고려시대의 벽화무덤에는 관모 위에 십이지신상을 나타낸 인물이 홀을 들고 있는 관리의 모습이 그려져 있다. 왼쪽 사진은 경상북도 안동의 삼태사 묘에서 나온 관모와 허리띠, 가죽신으로 고려 관료들의 옷차림을 짐작해볼 수 있다. 삼태사 묘는 고려의 건국 공신인 김선평과 권행, 장정필의 위패를 모신 사당이다.

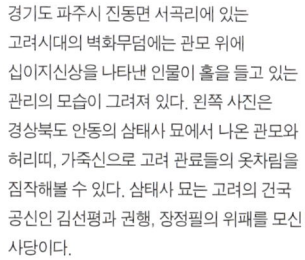

라면서 과거 외에도 숨은 인재의 천거, 문음에 의한 서용, 성중애마成衆愛馬의 선발 배치, 남반南班을 통해 벼슬에 나아가는 길이 있었다고 한다. 그리고 왕이 직접 발탁하거나 재능과 공이 있는 경우에는 연공年功으로도 관료가 될 수 있었다.

하지만 관리 등용 방식에서 가장 일반적인 것은 과거와 음서였다. 고려의 지배층은 이를 통해 형성되었고, 그 결과 과거와 음서는 문벌 형성의 기반이 되었다. 즉 고려는 문벌 귀족이 지배하는 사회가 된 것이다.

왕조를 떠받친 기둥, 과거제

광종 때를 기점으로 중앙 관리나 지방 세력의 자제가 중앙에 자리 잡는 길은 일차적으로 과거를 통하는 것이었다. 958년 5월 한림학사 쌍기의 주관으로 시詩, 부賦, 송頌, 시무책時務策을 처음으로 시험하여 최섬 등을 진사로 선발했다. 더불어 명경明經과 의복醫卜에 대한 과거도 실시했다. 과거 시험은 광종 때 이미 관료의 등용문이 된 것이다. 성종 이후 관료는 대부분 과거를 통해 관직에 올랐다.

과거는 시험 과목에 따라 제술업製述業과 명경업明經業, 잡업雜業으로 크게 나뉘었다. 제술업은 시부송책 같은 문학적 재능을 시험했고, 명경업은 유교 경전에 관한 지식을

| 중국의 과거제

중국의 과거제는 수隋 때 처음 시행되었다. 이때 과거는 수재, 명경, 진사 등으로 나뉘어 치렀다. 수재과는 정책적인 안목을 묻는 것이어서 매우 어려워 당唐 중엽 이후에는 없어진다.

'과거'란 말은 당 때 등장했다. 과거 시험을 위한 경쟁은 어린아이가 배 속에 있을 때부터 시작되었다. 어머니들은 태교를 하면서 『시경詩經』을 보았다. 그리고 아이가 다섯 살만 3세 정도이 되면 천자문부터 시작해 유교 경전을 공부했다. 유교 경전인 사서오경은 모두 합쳐 글자 수가 43만 1286자인데, 이를 모두 암송한다. 암송 후에는 다시 주석을 읽고, 시험문제의 해답 작성법도 배운다. 따라서 많은 시간이 걸리고, 그에 따라 요즘과 비슷한 부정행위도 많았다. 예를 들어 시험장은 독방이기 때문에 경전과 주석 내용이 작은 글씨로 적힌 하얀 속옷을 입고 들어가기도 했다. 이처럼 과거 시험은 입시 경쟁을 낳는 산물이면서 등용문이었다.

송의 과거 시험 장면
송의 과거 시험 장면을 그린 것이다. 시험을 통해 관리를 선발하는 과거제는 수·당 때부터 시행되었다. 송에서는 문인·관리·정치가가 삼위일체를 이루면서 지식인들이 크게 우대받는 분위기가 나타났다. 이러한 과거는 신분이 미천한 사람들까지도 응시해 공평하게 경쟁할 수 있는 출세의 길이었다.

시험했으며, 잡업은 법률·산수·의학·점복 같은 실용 기술을 시험했다. 이외에도 승려에 대한 시험을 승과라 했고, 무과는 공양왕 때 처음 실시되었다. 이 가운데 제술업과 명경업을 가장 중요하게 여겨 '양대업兩大業'이라 했는데, 특히 제술업이 우위에 있었다. 문학적 능력을 중요하게 여긴 고려 과거제도의 특징이다.

또한 과거 시험에서는 지공거知貢擧와 동지공거同知貢擧라는 고시관考試官을 두었는데, 왕융은 광종과 성종에 걸쳐 11번이나 지공거를 역임하는 영광을 누렸다. 이러한 고시관 제도가 운영되면서 고려의 과거제는 좌주座主·문생門生과 동년同年 모임, 용두회龍頭會 같은 특별한 모임이 활성화되는 관행이 생겼다.

과거의 응시 자격을 보면, 양대업의 경우 신분 제한을 두었다. 부호장副戶長 이상의 손자나 부호정副戶正 이상의 아들로 제한했으나, 규정은 점차 완화되었다. 하지만 제술업의 경우 양인은 제외되어 일정한 신분층 이상만 응시할 수 있었는데, 시험지에 쓴 이름이 드러나지 않게 하는 봉미법封彌法이 시행되었다.

과거는 대체로 2년에 한 번 실시하는 경우가 많았다. 가장 중요한 예부시 제술업의 경우 성적을 갑과·을과·병과·동진사로 나누고, 잡업의 경우는 1과·2과·3과로 구분했다. 급제자 가운데 성적이 아주 뛰어나거나 특별한 사람은 왕의 내시로 발탁되기도 했다. 제술업에서는 갑과가 폐지되면서 보통 을과 3명, 병과 7명, 동진사 23명을 뽑았다.

고려의 관료는 몇 명이었을까?

고려시대 관료는 정1품에서 종9품까지 18품계로 그 지위가 구분되었다. 『고려사』의 「백관지」에 따르면, 11세기인 문종 때 동반문반은 1품에서 9품까지 정원이 532명이고, 서반무반은 3867명으로, 모두 4399명이었다. 특히 서반의 경우 하위 관직인 정9품의 정원이 987명이고, 종9품은 1974명으로 모두 2961명이었다. 따라서 이 숫자를 빼면 동반과 서반 모두 합쳐도 1438명밖에 되지 않는다. 당시 고려의 인구는 『송사宋史』의 「고려전」에 200만 명이라고 했으나, 실제로는 400~500만 명으로 추산된다. 이로 볼 때 고려의 관료는 그 수가 매우 적었으며, 그만큼 관료가 되는 길은 오늘날 행정고시 못지않게 매우 험난했다는 것을 알 수 있다.

관료들이 쓰던 도장들

과거 급제자는 홍패를 받았으며, 왕이 실시한 친시 합격자에게는 황패를 주었다. 고려 시대를 통틀어 제술업 급제자는 6300여 명 정도였다.

과거는 초기에 예비시험 단계를 거치지 않고 본과에 응시할 수 있었다. 때로 왕이 직접 복시覆試를 실시했으나 기반이 약해 상례화되지는 않았다. 하지만 과거는 유학 교육이 확대 심화되는 것과 궤를 같이하면서 차츰 정비되어 갔다. 1024년인 현종 15년에는 주현의 크기에 따라 향공鄕貢을 제한하여 계수관이 주관하는 계수관시界首官試를 거친 후, 다시 국자감시國子監試를 치러 합격하면 본 시험이라 할 예부시禮部試에 응시하는 제도가 갖춰졌다. 이로써 과거 시험은 계수관시-국자감시-예부시-[복시 및 친시]로 단계화되었다. 국자감시는 덕종 때 처음 실시되었다.

예부시에 합격한 급제자들은 대체로 이부와 대간의 서경署經을 거쳐 관직에 진출했는데, 처음에는 지방 군현의 관료로 발령받았다. 이렇게 한 목적은 신진 관료들이 지방의 실정을 파악하고 지방 세력을 통제하는 일을 처리함으로써 중앙과 지방의 유기적인 조화를 꾀하고자 한 것이다.

과거제는 국정 운영을 가능케 한 가장 중요한 축이었다. 특히 제술업 중심의 예부시가 실시됨으로써 문반 중심으로 운영되었다. 무과는 없는 것이나 마찬가지였기에 최고위급 군 지휘관을 대체로 문관이 맡았다. 서희나 강감찬, 윤관, 김부식 등이 모두 그러

고려의 과거 합격증 '홍패'
1205년에 치른 진사 시험에서 장양수가 병과에 급제해 받은 홍패다. 홍패에는 응시자의 이름과 지위, 성적, 고시관의 명단이 기록되어 있다. 이 홍패에는 지공거 대신 재신들이 기록된 것으로 보아 국자감시 합격 증명서로 짐작된다.

했다. 이것은 고려왕조의 특징임과 동시에 지배 세력 간의 갈등을 야기할 빌미를 제공했다.

한편으로 몇몇 가문에서 형제들이 함께 급제하거나 대를 이어 급제자를 배출하는 현상이 나타나기도 했다. 그 결과 폐단이 잇따르면서 국자감시의 경우에는 세력가의 어린 자제들이 급증하자 '분홍방粉紅榜'이라고 부르면서 희롱했다고 한다. 능력에 따른 것이지만 다른 요소들도 반영되었음을 짐작케 한다.

경학과 문장 중심의 유교 교육

고려의 과거제가 확대되고 심화되는 데에는 그만한 기반을 갖추어야만 했다. 바로 중앙과 지방을 아우르는 교육제도와 교육 내용인데, 과거가 양대업인 명경업과 제술업을 중심으로 운영되었기에 경전에 대한 이해, 즉 경학과 문장 서술 능력을 중요하게 여겼다. 교육의 기본 내용은 이것을 중심으로 이루어졌다.

고려에서는 인재 양성 및 화민성속化民成俗을 위해 태조 때부터 서경 등에 학교를 세

워 운영하면서 교육에 큰 관심을 기울였다. 그리고 원봉성·한림원·광문원 같은 문한文翰 기관에 학생들을 받아들이면서 중앙 교육기관의 역할을 맡았다. 성종은 지방의 12목에 경학박사와 의학박사를 내려보내 지방 교육에 힘쓰기 시작했고, 1127년에는 각 주에 향학鄕學을 세워 지방 학교를 운영했다.

중앙의 학교 교육으로는 이미 성종 초에 여러 주군현의 자제를 선발해 개경에서 학업을 닦도록 하는 조치가 내려졌다. 992년에 국자감을 세우고, 서경에도 도서관에 해당하는 수서원을 세우면서 학교 교육을 본격적으로 실시했다. 고려에서는 송 상인이나 사신 교환을 통해 중국의 경전과 문집 등을 많이 수집했는데, 11세기 말 선종 때는 송 황제가 구입할 도서 목록을 작성해 고려에 도움을 요청할 정도였다고 한다.

국자감은 국자학·태학·사문학 같은 수학처기숙사를 나누어 운영했는데, 입학 자격의 차등에 따른 것이었다. 재학 연한은 유생의 경우 9년, 율생의 경우 6년으로 제한해 성과가 없을 경우에는 퇴학시켰다. 기본 교과목은 『논어論語』와 『효경孝經』이었다.

한편 11세기 중엽 해동공자海東公子라 불린 최충은 생도들의 학업 습득 능력에 따라 수준별 교육을 실시하고자 9개의 전문 과정으로 나눈 9재학당九齋學堂을 두었다. 그런

고려 최고의 국립학교, 국자감
국자감에서는 유학 교육뿐만 아니라, 율학·서학·산학 같은 기술 교육도 실시했다. 992년에 설치된 국자감은 충선왕 때 성균관으로 이름이 바뀌었다가 공민왕 때 다시 국자감으로, 그 후 또다시 성균관으로 바뀐 후 조선시대까지 이어졌다. 사진은 개성에 있는 고려의 국자감(성균관)이다.

국자감의 조직

국자감	국자학: 3품 이상의 자제 입학	시·서·역·예·춘추·효경·논어·산술·시무책
	태학: 5품 이상의 자제 입학	
	사문학: 7품 이상의 자제 입학	
	율·서·산학: 8품 이하 및 서민	잡학

데 9재학당이 효과를 거두기 시작하자, 사학 교육이 점차 확대되기 시작했다. 특히 과거 시험에서 지공거를 지낸 사람들이 후학 양성을 목적으로 연 학당이 12곳이나 되었는데, 이를 '사학 12공도'라고 불렀다.

이처럼 사학이 성행하고 관학이 후퇴하자, 예종은 관학을 부흥시키려고 애썼다. 사학처럼 수준별, 과목별 전문 교육이 이루어지도록 국학을 7재七齋로 나누는 한편, 스스로 유교 경전에 대한 이해를 위해 궁궐 안팎에 청연각과 보문각을 설립해 경연經筵을 열었다. 또 학사들이 모여 강론하는 공간으로 정의당을 설치하고, 국학생들을 지원하려고 양현고를 두어 제도적으로나 경제적으로 지원을 아끼지 않았다. 인종 때는 『논어』와 『효경』을 저잣거리의 아이들에게까지 나눠줄 정도였다.

가문의 음덕, 문음

고려시대에는 과거제 외에도 음서를 통해 관료로 진출할 수 있었다. 과거가 실력과 능력에 기초한 것이라면, 음서는 가문을 배경으로 한 관리 등용 제도로 일종의 사회적 차별의 상징일 수도 있었다. 하지만 이에 대한 비판이 두드러지지 않은 것을 보면, 고려 초부터 사회적 합의가 있었던 것임을 짐작할 수 있다. 즉, 태조 때 이미 국가유공자

| 고려시대의 사학 열풍

과거 급제자가 늘면서 12공도는 더욱 활성화되었다. 12공도 학생들은 다른 공도로 옮기는 것이 거의 금지되다시피 해 학벌이라 할 만한 파벌이 형성되었음을 짐작할 수 있다. 그만큼 과거를 위한 교육이 중심이었으며, 그것은 동시에 고려의 유학 수준이 이미 궤도에 올랐음을 보여주는 것이다. 12공도는 사학이지만 정식 관학의 체계 안에서 고려 말까지 존속했다. 고려 말 유학자인 이색은 공민왕에게 지방의 향교와 서울의 학당에서 재능을 심사해 12공도에 올려 보내고, 12공도에서는 이를 종합 심사해 성균관에 보내 수학한 뒤 예부에 추천하여 시험을 보도록 하자고 상소했다.

공도 명칭	설립자	지공거 경력	설치 년대
문헌공도	최충	현종 17년 정종 7년	문종 9년
홍문공도	정배걸	문종 1년	문종 중기
광헌공도	노단	문종 34년 선종 2년	선종
남산도	김상빈	문종 3년 감시시관	문종 중기
서원도	김무체		문종 후기
문충공도	은정		문종 말 이후
양신공도	김의진	문종 19년	문종 중기
정경공고	황영	숙종 2년	숙종대
충평공도	유감		
정헌공도	문정	문종 32년	
서시랑도	서석		
구산도			

의 자손을 관리로 뽑았으며, 성종 때부터는 고위 관료의 자손에 대해서도 음서가 실시된 것으로 보인다.

음서는 시험을 거치지 않고서 왕족 후손이나 공신 자손, 5품 이상의 고위 관료 자손임을 확인해 관리로 뽑는 제도다. 『고려사』의 「선거지」를 보면, 왕족 후손이나 공신 자손 등에 대한 음서의 범위는 내외 원손遠孫까지 미쳤으나, 문음의 경우에는 아들과 손자까지였다. 보통 문음은 5품 이상 고급 관료의 자제에 대한 관직 수여를 뜻했다. 음서는 한 명이 한 자손에게 주는 것만이 아니라, 두 명 이상이 혜택을 누릴 수도 있었다.

음서는 해마다 정규적으로 시행되는 것이 일반적이었지만, 왕의 즉위나 왕태후 책봉, 태묘 친향, 서경 및 남경 순행 후 귀경하거나 한재旱災 같은 어려운 때처럼 특별한 경우에도 행해졌다. 음서로 처음 받는 관직을 '초음직初蔭職'이라 했는데, 대개 18세 이상이지만 적게는 5세부터 많게는 33세일 경우도 있었다. 이때 받은 음직은 대체로 실무와 관계없는 산직散職에 해당하는 동정직同正職이었다. 동정은 품관동정과 이속동정으로 나뉘는데, 정8품 군기주부동정에서 이속인 영사동정까지를 말한다. 하지만 실제로는 실무 이속직이나 품관실직을 받는 특혜도 있었다. 그리고 음서 출신자들은 과거 출신자들과 마찬가지로 5품 이상의 재상직에도 오를 수 있었는데, 이것은 음서 출신자가 다시 그 자손에게 음직을 줄 수 있다는 것을 의미한다.

| 『고려사』 「열전」 속의 급제자와 음서출신자

『고려사』의 「열전」에는 모두 650명의 인물 이야기가 실려 있다. 이 가운데 과거에 합격해 관료가 된 사람은 340명에 달하며, 음서 출신자는 40명, 나머지 270명은 재능, 연공, 국왕의 은총 등이나 불확실한 경우에 해당했다.

한편 태조부터 의종까지 관료는 2500명이 확인된다. 이 가운데 출신이 불분명한 사람은 2000여 명이고, 500명의 출신은 알 수 있다. 이들은 과거 출신이 330명, 음서로 출신한 사람이 84명에 달했다.

하지만 『고려사』의 「열전」에서 음서 출신자 40명 가운데 다시 과거를 치러 급제하는 경우가 많았다. 확인되는 수만 해도 9명이 되므로 순수하게 음서로 출신한 자는 30명밖에 안 된다. 그렇다 하더라도 상당수의 관원들은 제도적으로 보장되고 손쉬운 음서로 출신했을 가능성이 높다.

이처럼 음서는 고위 관직을 차지한 귀족들에게 문벌을 이어 나가는 중요한 수단이었다. 예를 들면, 이자겸으로 유명한 경원 이씨 가문에서는 4대에 걸쳐 여섯 명이 음직을 받았고, 음서 출신자는 모두 11명에 달했다. 또 최충으로 유명한 해주 최씨 집안도 증손에 이르기까지 네 명이 음직을 받았다. 이외에 고려의 유명한 문벌인 철원 최씨나 수원 최씨, 남평 문씨, 안동 김씨, 언양 김씨, 경주 김씨 등도 그러했다. 이러한 사실은 음서가 기록에 드러난 것보다도 훨씬 더 문벌 귀족 사회를 유지해간 중요한 동력이자, 고려의 관료제 운영에 중요한 기반이었음을 말해준다.

문벌 귀족을 만든 혼인의 정치학

고려의 문벌 귀족 사회는 늦어도 문종 때 이르면 어느 정도 그 모습을 완성한다. 성종 이후 관료의 대부분은 과거와 음서를 통해 관직에 나아갔으며, 이들 가운데 일부는 왕실과 다시금 혼인 관계를 맺어 외척 가문을 형성했다. 또 일부는 예부시 과거 급제자를 2대 또는 3대 이상 배출함으로써 문명文名을 떨치기도 했다. 이때 외척 가문이 고려 초기와 다른 점은 대부분이 과거를 통하거나 일부가 문음으로 관직에 나아갔다는 사실이다. 이처럼 왕실의 외척 가문과 일부 가문이 혼인 관계를 맺음으로써 점차 광범위

고려의 관료들
『고려사』의 「열전」에 실린 650명의 인물 가운데 과거에 합격한 사람은 340명이고, 음서 출신자는 40명이다. 하지만 음서의 기회나 여러 자손이 음직의 혜택을 누렸다는 것을 생각해보면, 음서 출신자는 더욱 많았으리라고 짐작된다. 하지만 과거 급제자들끼리는 동년(同年)이라 하여 각종 모임과 소식을 주고받으며 집단을 이루는 매개체가 있었으나, 문음의 경우에는 그런 모임이 없어 다시 과거를 치러 관직에 나아가는 경우가 있었다.

「아집도」
고려시대 관료들이 정원에 모여 시를 짓거나 그림을 감상하면서 풍류를 즐기던 모습을 담은 그림으로, 14세기 작품으로 추정된다. 고려 문인 관료들이 이상으로 삼은 생활상이다.

하게 그 지위를 세습하는 문벌 귀족이 되었다.

인종 때 고려를 방문한 송 사신 서긍은 『고려도경高麗圖經』에서 소수의 문벌 귀족 가문이 요직을 차지한 데 대해 "고려는 족망族望을 숭상해서 국상國相은 대개 훈신, 척신이 되었다"라고 했다. 이렇게 족망이 중시되다 보니 유력 가문들은 가세를 확장하고 지위를 세습하려고 노력했는데, 이들을 '벌열閥閱·대족大族·세족世族·갑족甲族' 등으로 불렀다.

고려의 대표적인 문벌 귀족으로는 이자연과 이자겸 등의 경원 이씨, 최충을 배출한 해주 최씨, 윤관과 윤언이 등을 배출한 파평 윤씨, 김부식 등을 배출한 경주 김씨, 김은부를 배출한 안산 김씨, 인종의 왕후인 공예태후를 배출한 정안 임씨 등이 있다. 이 가운데 경원 이씨 가문은 10여 대에 걸쳐 다섯 명의 수상과 20명에 이르는 재상을 배출해 '해동갑족海東甲族'이라고 불렸으며, 문종-선종-순종-예종-인종에 걸쳐 아홉 명의 딸을 후비로 들여보낸 외척이 되었다. 해주 최씨의 경우에도 10여 대에 걸쳐 여섯 명의 수상과 10여 명의 재상을 배출해 "문장과 덕행으로 재보宰輔에 오른 자가 수십 명이었다"는 평을 들었으며, 당시 해주 최씨의 문벌은 극히 성하여 비할 데가 없다고 할 정도였다.

또 경주 김씨 가문도 대표적인 문벌 귀족으로 성장했는데, 김근은 국자좨주 좌간의 대부를 지냈고, 그 자식들인 김부필·김부일·김부식·김부의 등은 모두 과거에 급제했다.

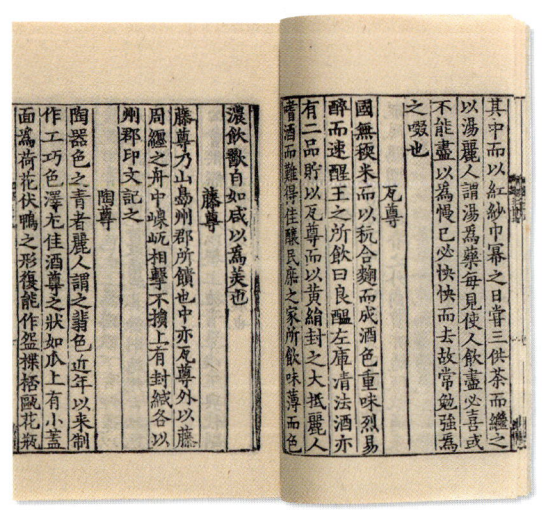

송 사신의 고려 출장 보고서, 『고려도경』
『고려도경』은 1123년에 국신사 일행으로 고려에 온 서긍이 지은 사행보고서로, 원래 제목은 『선화봉사고려도경』이다. 책 내용을 보면 고려의 건국, 세차, 성읍, 문궐, 궁전, 관복, 인물로부터 해도, 동문에 이르기까지 29가지로 나누어 모두 40권으로 정리했다. 본래는 그림도 직접 그려 실었지만, 지금 전해지고 있는 책에는 그림이 없다.

또한 김부식의 아들 김돈중도 괴과魁科, 문과의 갑과를 이르던 말로 급제했으며, 그의 아들 김군수도 마찬가지였다. 이처럼 선종 때부터 의종 때까지 경주 김씨 가문은 문명을 빛내면서 문벌 귀족 가문으로 성장해갔다. 윤관을 필두로 한 파평 윤씨도 7대에 걸쳐 과거 급제자를 배출했다.

한편 문벌 귀족들이 정치적인 성장을 하는 데에는 혼인이 매우 중요한 역할을 했다. 예를 들면, 경원 이씨나 해주 최씨는 최고의 명문답게 다른 문벌 귀족 가문과 혼인 관계를 맺었다. 또 남평 문씨의 문공인은 시중 최사추의 딸을 맞이해 출세하기 시작했는데, 이때부터 그의 가문도 문벌로 성장했다. 그는 수상을 지냈으며, 그 집안은 5대에 걸쳐 세 명의 수상과 여러 명의 재상을 배출했다. 또 문벌끼리 대대로 혼인을 하는 경우도 있어서 문벌 귀족 사이의 계급내혼階級內婚이라 할 만했다.

하지만 이후 문벌 귀족 사이에 집권을 둘러싼 갈등이 생기고, 이들에게서 차별 대우를 받던 무신들이 난을 일으켰다. 또한 문벌 귀족들의 폐쇄성으로 서경 세력 같은 다른 정치 세력의 도전을 받기도 했다. 특히 무신 정권 이후 '능문능리能文能吏'의 새로운 문사들이 진출하는 경우가 많아지고, 무장 출신의 집안이 득세하면서 문벌 귀족 사회는 새로운 변화를 맞았다. 가세를 유지한 일부 문벌 가문도 있지만, 무신 정권을 거치면서 큰 타격을 받아 고려 전기의 사회를 풍미했던 문벌 귀족이 해체되는 위기를 겪는다.

고려 귀족 사회를 읽는 키워드

● 좌주와 문생 ●

과거는 흔히 등용문登龍門이라고도 불린다. 잉어가 황하 상류의 용문이라는 급류를 타고 올라서면 용이 될 수 있다는 전설에서 유래된 말로, 그만큼 어렵다는 것을 뜻한다. 고려시대에는 대략 2년에 한 번 실시된 과거에서 33명 미만을 관료로 뽑았는데, 11세기 무렵 고려의 전성기라 할 문종 때에는 문관의 정원이 532명 정도였다. 오늘날 3대 고시라 할 사법·행정·외무 고시의 합격보다도 어렵다면 더 어려웠던 것이다. 그러나 여기에는 간과할 수 없는 하나의 사회적인 효과가 담겨 있었다. 바로 과거 급제만 하면 환골탈태라 할 정도로 출셋길이 열렸던 것이다.

고려의 과거제는 분명 고대사회와 달리 다양한 시험 방식으로 관료를 선발하는 제도다. 그만큼 혈연과 세습에 기초해서 운영된 골품제 사회의 폐해를 극복한 것으로, 분명 진일보한 관료 선발 방식이었다. 특히 과거는 경학과 문장으로 시문詩文과 시무時務 등을 모두 시험하는 것인 만큼 많은 준비가 필요했다. 따라서 과거 공부를 위한 사학의 발달은 우연이 아니었다. 사학의 흥성과 그에 자극을 받은 관학 진흥의 노력은 결국 고려의 유풍儒風을 크게 진작시켰다.

이러한 과거제의 운영에는 고려만의 특징이 있었다. 바로 시험 문제를 출제하고 관리하는 지공거와 동지공거를 두는 고시관 제도다. 고시관들은 '좌주' 또는 '학사'라고도 불렸는데, 그 권한이 매우 컸다. 특히 인종 때부터 왕이 과거 시험을 직접 치르는 복시가 폐지되면서 더더욱 그러했다.

고시관의 주관으로 시행된 과거에 급제한 사람들을 '문생'이라고 한다. 문생은 좌주학사들을 은문恩門이라고 부르며 평생 스승으로 모시면서 공경했다. 이러한 좌주·문생 관계는 공공연한 의례 풍속을 만들기도 했는데, 학사에게 부모나 좌주가 있으면 과거 급제자 명단에 적힌 이름을 발표하는 것(방방放榜)을 마치고, 반드시 공복을 갖추고 가서 예를 올렸다. 이때 학사는 앞에서 절하고

문생은 그 뒤에서 절했는데, 중빈衆賓은 비록 존장尊長이라도 모두 당堂에서 내려와 뜰에 서서 예가 끝나기를 기다려 읍양揖讓하고 다시 올라가 차례로 배하拜賀했다.

특히 같은 해에 특정 고시관의 주관으로 치러진 예부시나 국자감시에서 급제할 경우, 급제자들은 나이를 불문하고 서로 '동년'이라 부르며 모임을 만들었다. 동년 모임은 장원 급제자가 이끌었다. 또한 그 고시관을 좌주로 모시면서 동년들은 동년들끼리, 그리고 좌주와 문생들은 그들 간의 성대한 문화를 만들었다. 이러한 풍속은 고려의 문풍文風이 갖추어진 것을 상징한다.

좌주·문생 관계가 확대되자, 이제현의 장인이기도 한 권부는 아예 좌주·장원의 이름을 모아 『계원록桂苑錄』을 만들었다. 여기에는 '부-자-손' 3대가 고시관을 역임한 경우와 좌주가 살아 있을 때 그의 문생이 또다시 좌주가 된 인물들을 모아서 싣고 있는데, 다음 대목이 눈길을 끈다.

"문생·좌주의 은혜와 의리가 온전함은 국가의 원기를 배양하기에 충분하고, 시서詩書의 혜택과 사한詞翰의 아름다움은 비록 오랜 세월이 지나도 바뀌지 못하리라."

이 글은 고려인들이 생각한 '명예의 전당'의 최고 기록이라 할 만한 것이었다.

좌주는 문생들 가운데 뛰어난 실력을 보인 사람을 사위로 삼기도 했다. 때로는 문생들에게 정치적 결단을 따를 것을 주문하기도 했다. 예컨대, 최씨 무신 정권 때 집정 최항의 고시관을 지낸 정안은 문생들을 불러 모아 최항에 대한 비판을 했고, 이를 따라 문생들은 다시 최항을 제거하려는 음모를 세웠다가 발각된 적이 있다. 공민왕의 개혁 정책에 중용된 신돈은 "유자儒者는 좌주와 문생이라 칭하고, 중외中外에 늘어서서 서로 간청하여 그 하고자 하는 바를 자행하고 있습니다"라며 그 폐해를 꼬집었다. 비록 정적이라 할 이제현의 세력을 비난하는 가운데 나온 말이기는 하지만, 고려 사회의 잘못된 관행을 적절하게 지적한 것이었다.

이처럼 고려시대 좌주·문생 관계의 확대는 독특한 고시관 제도의 운영에 기인한 바가 컸는데, 인종 이후 왕권이 약화된 것이 그 요인이었다. 물론 고시관이 유능한 급제자를 배출하게 되면 고려의 문풍은 크게 일어나기도 했다. 하지만 좌주·문생과 동년의 정치·사회적 유대와 결속은 과거를 넘어 혼인 등으로 연결되었고, 결국 정치 세력화하여 기득권을 형성하기에 이르렀다. 개혁을 추구하는 강력한 왕권이 탄생할 경우, 공민왕이 지적한 것처럼 그 폐해는 장점보다 왕권 운영에 더욱 부담이 될 수밖에 없었다. 이 때문에 조선시대에는 고려시대와 같은 지공거 제도가 폐지되고, 왕이 최고의 지공거 역할을 하게 된 것이다.

고려 귀족 사회의 주인공들
좌주·문생 제도는 고려의 과거제 및 관료제 운영에 큰 역할을 했다. 그만큼 좌주·문생 관계에 대한 이해가 고려 귀족 사회의 성격을 파악하는 열쇠다. 하지만 고려 관료 사회의 뿌리 깊은 폐단은 좌주·문생, 동년 모임 등에서 비롯된 사익 추구와 세신대족의 친당 같은 정치 세력화 때문이었다.

고려 사람들은 어떻게 살았을까

| 고려의 신분과 가족

7세기에 살았던 설계두는 신라에서 사람을 쓰는 데 골품을 먼저 따지므로 큰 재주와 공이 있어도 신분의 한계를 넘지 못한다고 한탄했다. 그는 자신의 포부를 펼치기 위해 결국 신라를 떠나 당으로 향했다. 신라 말 최치원 역시 당에 가서 과거에 합격했다. 그러나 귀국한 후 그는 고위직에 오를 수 없었다. 신라는 그를 포용할 수 없는 골품제를 갖고 있었다.

신분은 한 개인의 사회적 지위와 역할로 정해진다. 눈에 보이지 않는 신분은 어느 시대나 존재한다. 그렇지만 중세 사회는 제도적으로 신분을 정했다는 점에서 근대 이후의 사회와 다르다. 고려왕조는 중세 사회이기에 신분제가 있었다. 그러나 고려 사회는 신라와 달랐다. 고려는 어떻게 골품제의 모순을 극복했을까?

골품제에서 양천제로

신라의 골품제 사회에서는 왕실 출신만이 고위직에 오를 수 있었다. 신라 왕실의 특권을 지켜가는 독특한 방식이었다. 결혼 역시 같은 골품 내에서 이루어졌다. 신라 말에 접어들자 골품제는 점차 힘을 잃어갔다. 각지에서 일어난 호족들은 자신의 능력과 힘으로 지역을 다스려갔다. 이들은 스스로 '성주'나 '장군'이라고 불렀다. 궁예처럼 신라의 왕자 출신이라고도 하고, 왕건처럼 자신의 조상을 성골장군이라고 부르기도 했다. 신라가 망해가고 있음에도, 이들은 아직 신라 왕실과 골품의 권위를 빌렸던 것이다. 그렇지만 이들 간의 생존 경쟁에서 '골품'은 하나의 장식이 되어갔다.

후삼국의 경쟁에는 능력 있는 사람들이 필요했다. 이들은 진골 귀족이 아닌 사람들로 채워져 갔다. 성씨가 없는 사람들도 많았다. 도적 집단의 우두머리, 바다의 해적, 군인, 장사꾼, 떠돌이 승려들은 혈통을 따질 이유가 없었다. 또한 당에 유학 갔던 지식인들은 대개 진골 출신이 아니므로 골품제를 주장할 까닭이 없었다. 따라서 이들은 신분에 대해 좀 더 개방적이었다.

그러나 신분 자체는 포기할 수 없었다. 각 지역의 유력자들은 자신의 가문을 '우러러볼 집안[망족望族]'이라고 높였고, 부처의 가호를 받는 집안이라고도 했다. 고려 사회가

고려의 귀족과 시종
귀족은 보통 3대 이상 고위직을 거치면서 만들어졌고, 그들에게 중요한 것은 '문벌'이었다. 가문의 번성과 유지는 귀족들에게 지상 과제였다. 그 결과 나름대로 귀족 의식이 만들어졌다.

안정되면서 중앙 정계에서 고위직을 계속 역임하는 집안들이 생겨났다. 힘이 있는 사람들은 지역의 이름을 딴 본관을 성씨에 붙였다. 때로는 왕이 이들에게 왕씨 성을 내려주기도 했다. 귀족은 보통 3대 이상 고위직을 거치면서 만들어졌고, 그들에게 중요한 것은 '문벌'이었다.

귀족들의 지상 과제는 가문의 번성과 유지였다. 그리고 그들에게 나름대로 귀족 의식이 만들어졌다. 무신 집권기에 철원 최씨인 최온은 유배를 가면서도 자신의 신분을 과시했다. 그는 자신을 잡으러 온 사람들이 곧바로 집 안으로 들어오자, 도적이 아닌 재상의 집이라고 이들을 꾸짖었다. 또한 그는 유배를 가는 도중에 강을 건너려고 배를 타려 했을 때, 배가 너무 작고 장막이 없어서 탈 수 없다고 했다. 최온은 귀족의 특권과 자기 과시 의식을 보여주는 전형이었다.

고려 사회는 법적으로 양인良人과 천인賤人만이 있었다. 보통 사람들은 모두 양인 신분으로 편입되었다. 귀족 역시 신분상으로는 양인이었다. 그러나 법적 신분을 떠나면 사회 내부에 무수한 계층이 존재했다.

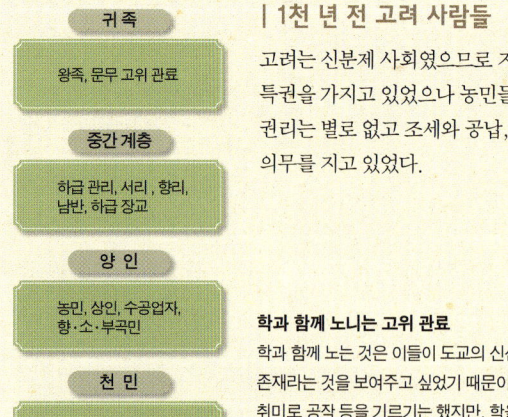

| 1천 년 전 고려 사람들

고려는 신분제 사회였으므로 지배층은 특권을 가지고 있었으나 농민들은 사회적 권리는 별로 없고 조세와 공납, 요역 같은 의무를 지고 있었다.

귀족: 왕족, 문무 고위 관료
중간 계층: 하급 관리, 서리, 향리, 남반, 하급 장교
양인: 농민, 상인, 수공업자, 향·소·부곡민
천민: 공·사 노비, 화척, 진척, 재인

학과 함께 노니는 고위 관료
학과 함께 노는 것은 이들이 도교의 신선과 같은 존재라는 것을 보여주고 싶었기 때문이다. 이들은 취미로 공작 등을 기르기는 했지만, 학을 길들였는지는 알 수 없다. 학은 고고함과 장수의 상징이라서 귀족들이 좋아했다고 한다.

백정은 천민이 아니다

조선시대에 도살업에 종사한 백정白丁은 천민이었다. 이들은 고려시대에 버드나무 그릇을 만들어 팔던 양수척과 비슷한 존재였다. 그러나 고려시대의 백정은 정호丁戶와 구분되는 개념이었다. 정호는 국가에 대해 군인이나 역驛 등을 담당하는 일을 하도록 지정된 백성들이었다. 백정은 이를 부담하지 않는다는 뜻으로, 조상에게서 물려받은 소규모 땅을 가꾸며 살아가는 사람들이었다. 백정에게는 당연히 세금과 특산물, 노동력 수취의 의무가 부과되었다.

정호는 대개 지방 세력의 후예들이었고, 본관을 딴 성씨를 부여받은 계층이었다. 정호 계층은 향리가 되거나 지방군의 장교, 역을 돌보는 일을 하면서 국가로부터 땅을 받았다. 이들 가운데 일부는 중앙의 관리로 뽑혀 나중에 귀족이 되는 경우도 있었다. 그러나 사회가 안정될수록 정호는 중앙에 진출해도 고위직을 얻기가 쉽지 않았다. 예컨대 경상북도 영천 근처 출신인 이탄지는 고향에서 향리가 되려다가 의학을 배워 과거에 합격했다. 그는 묘청이 반란을 일으켰을 때 김부식이 이끄는 토벌군에서 군의관으로 활약했다. 그러나 이탄지는 끝내 고위직에 오르지 못했다고 한다.

흔히 중간 계층이라고 불리는 중앙 관청의 일을 맡은 서리, 지방의 향리, 궁궐 내의

하급관리와 서리
서리는 관리와 서민 사이의 존재였다. 이들은 실무를 맡고 있었기 때문에, 나름대로 힘을 발휘할 수 있었다. 또 과거시험을 통과하면 문관이 될 수 있었다.

시종
귀족 옆에는 언제나 심부름을 해주는 시종이 필요했다. 주로 노비가 시종을 맡았다. 눈치 빠르고 재주가 있는 시종은 주인이 출세하면 자신도 힘을 발휘할 경우가 생겼다.

노비
사회의 최하층이지만, 노비라고 모두 같은 처지는 아니다. 귀족 집안에서 일하는 노비는 때로 출세가 가능했다. 권력이 급격하게 변화할 때 이들은 주인의 권력을 지켜 주는 존재로 힘을 얻을 수 있었다.

고려시대 백정들의 삶

고려시대의 백정은 군현 지역에 거주하면서 국가에 대해 조세와 역역을 부담한 일반 농민들이었다. 백정 가운데는 토지를 경작해서 가계를 꾸려가는 자영 농민들도 있고, 소유지가 부족해 남의 토지를 빌려 경작해서 가계의 수입을 보충하는 전호 농민들도 있었다.

이러한 백정은 평균 1결의 농지를 소유했는데, 보통 부부와 두세 명의 자녀로 이루어진 가족 노동력으로 경작되었다. 고려 전기에는 토지 1결의 최고 생산량이 18석으로, 쌀 18가마 정도였다.

고려시대에는 백정도 과거를 볼 수 있었지만, 가장 중요한 과목인 제술업에는 응시하기가 어려웠다. 이들은 대개 농민이었으므로 과거에 응시해 신분을 상승시키는 일은 실제로 쉽지 않았던 것이다. 그나마 군인이 되어 공을 세우는 것이 출세에 도움이 되었다.

고려의 김치
고려시대의 김치는 무를 주원료로 한 나박김치와 동치미, 짠지, 장아찌가 주를 이뤘는데, 그 이전까지는 주로 무, 오이, 박, 가지 같은 채소를 소금에 절여 만든 장아찌가 있었을 뿐이다. 지금과 같은 김치가 만들어지기 시작한 것은 결구배추가 들어와 재배되어 주재료로 사용되면서부터다

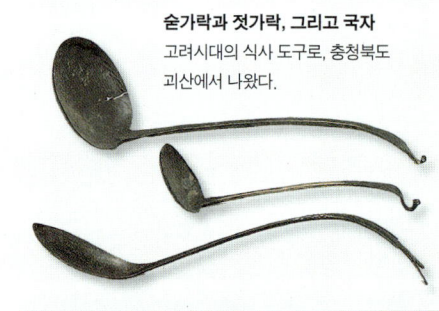

숟가락과 젓가락, 그리고 국자
고려시대의 식사 도구로, 충청북도 괴산에서 나왔다.

쇠로 만든 솥과 항아리
고려시대의 쇠로 만든 솥과 항아리로, 청주시 사직동에서 나왔다. 『고려도경』에는 "쇠로 만든 솥으로 위에 뚜껑이 있고, 바닥에 세 개의 다리가 있는 것을 죽부라고 한다"는 기록이 있는데, 죽을 끓이는 솥을 '죽부'라고 했다.

일을 맡은 남반, 하급 장교 등은 지배 계층이었다. 하지만 점차 이들은 귀족들한테서 차별받는 존재가 되었다. 1118년 어사대의 서리들이 태자부의 내시를 법에 따라 단속하려다가 오히려 감옥에 갇히는 일이 일어났다. 당시 서리들은 비록 지위가 천하지만 궁정 하인들에게 모욕을 당하니 그만큼 어사대의 규율이 떨어졌다고 호소했다. 그러나 중간 계층은 항상 애매한 존재다. 일부는 과거에 합격해 귀족이 되기도 했지만, 대개 이들의 경제적 처지는 크게 나은 편이 아니었다.

수공업이나 상업에 종사하는 사람들은 좀 더 낮은 사회적 대우를 받았다. 조선시대에도 그랬지만, 수공업과 상업은 생산하는 직업이 아니라고 생각했다. 그래도 기술자들 가운데 일부는 국가로부터 따로 곡식을 지급받는 사람들도 있었으며, 일부는 장교에게 주는 무산계武散階를 받기도 했다. 무산계는 향리나 노병, 탐라의 왕족, 여진의 추장, 공장, 악인에게 준 벼슬의 품계로서 문무 양반에게 준 문산계와 대비되었다. 또 상인 가운데에는 경제적인 부를 축적하는 사람도 있었고, 이들은 사치스러운 옷 등을 입어서 법적인 규제 대상이 되었다.

향·소·부곡 사람들은 천민 집단은 아니지만 사회적으로 천대를 받았다. 이들은 과거를 보지도 못했다. 또한 형벌을 받을 때는 노비와 동등하게 취급되었다. 일반인과 결혼하거나 승려가 되는 것도 금지되었다. 그러나 14세기에 나주로 유배를 간 정도전의 글

▶ **고려의 옷**
철릭의 허리 부분에 선을 넣어 장식한 요선철릭이다. 철릭은 원에서 들어온 것으로 웃옷과 치마를 따로 재단하여 봉제한 옷이다. 주로 서민들이 여름에 모시로 만들어 입었다.

▶▶ **고려의 비단**
고려시대에는 비단 만드는 업무를 맡은 관청인 능라점이 서경에 있었다. 또 공부(貢賦)를 상납하려고 비단을 거두어 저장한 창고가 동경에 설치되었는데, 그 이름이 '동경갑방'이었다.

에 따르면, 거평 부곡의 사람들한테서 천민 집단의 모습을 전혀 볼 수 없었다. 이들의 사회적 차별은 처음부터 집단 거주에서의 이탈을 막고 직역職役에서 빠져나오지 못하게 하는 수단이었다.

고려 사람들의 삶의 기초, 혼인과 가족

고려시대의 혼인을 보면, 왕실의 경우 신성한 용손 의식 때문에 신라의 성골과 진골이 핏줄을 유지하려고 동성근친혼同姓近親婚을 한 것처럼 족내혼을 많이 했다. 다만 고려의 동성근친혼의 경우에는 왕비가 모두 외가의 성을 따랐다. 현종 때를 계기로 족내혼과 함께 다른 성씨 가문에서 후비를 맞이하는 이성혼, 즉 족외혼을 했다. 특히 선종 때에는 태조 왕건처럼 어머니만 다른 자녀들끼리 결혼하는 것을 금지했다. 그 결과, 현종 이후부터 족내혼으로 맞은 후비에게서는 후계자를 얻지 못하고 이성혼을 한 후비에게서 주로 후계자를 얻는 경향이 나타났다.

관료들의 경우 일부일처제를 원칙으로 하고, 여러 명의 처와 첩을 두는 다처병첩多妻竝妾은 법적으로 허용되지 않았다. 하지만 처가 있는데도 다시 처를 맞이하는 중혼重婚의 사례가 있기는 했다. 이는 원의 다처제 영향을 받은 특수층에서만 존재했다. 근친혼

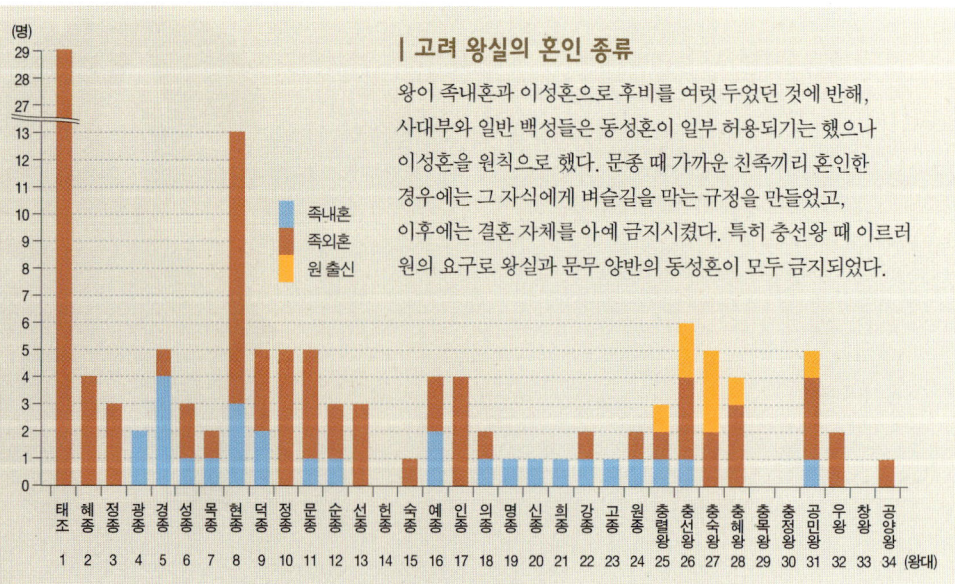

| 고려 왕실의 혼인 종류

왕이 족내혼과 이성혼으로 후비를 여럿 두었던 것에 반해, 사대부와 일반 백성들은 동성혼이 일부 허용되기는 했으나 이성혼을 원칙으로 했다. 문종 때 가까운 친족끼리 혼인한 경우에는 그 자식에게 벼슬길을 막는 규정을 만들었고, 이후에는 결혼 자체를 아예 금지시켰다. 특히 충선왕 때 이르러 원의 요구로 왕실과 문무 양반의 동성혼이 모두 금지되었다.

의 경우는 규제가 잇따랐다. 혼인제도를 정비하고 유교 윤리가 확산되면서 근친혼으로 낳은 자식은 관직에 나아가는 것을 금지시키거나 승진에 제한을 두는 등 간접 규제를 했다.

한편 신분과 지위가 다를 경우에도 혼인에 제약을 두었다. 대표적인 것이 양인과 천인 사이의 혼인, 양인과 부곡인 사이의 혼인이었다. 양인 남성이 천인 여성을 취할 수는 있었으나 처보다는 첩으로서 가능했다. 승려의 경우 공식적으로는 혼인을 할 수 없었기 때문에 부녀자들이 승려와 접촉하는 것을 제한했다. 만약 승려에게 자손이 있을 경우에는 그 자손이 올라갈 수 있는 벼슬의 한계를 두는 한품서용限品敍用 규정을 두어 통제했다.

고려시대의 가족은 보통 부부와 서너 명의 자녀를 둔 소가족 형태였다. 조선시대로 오면 이보다 가족 수도 많아지고, 한 가족 내에서 여러 세대가 같이 사는 형태로 바뀌었다. 이렇게 된 까닭 가운데 하나는 남귀녀가혼男歸女家婚 또는 서류부가혼壻留婦家婚이라는 결혼 형태 때문이었다. 말 그대로 사위가 장인의 집에서 머무르는 것으로, 남성이 '장가를 갔던' 것이다. 하지만 남성이 장가를 갔다고 해서 영원히 그 집에 머무른 것

조반 부부 초상화
고려 말 이성계를 도운 재상 조반과 그 부인의 초상화다. 조선 초기의 원본을 나중에 옮겨 그린 것이지만, 고려 말에서 조선 초 관료의 모습과 부부 초상화 연구에 중요한 자료다.

은 아니다. 결혼한 이후에 아이가 자라면 따로 살림을 차렸다. 이러한 결혼의 형태는 조선시대에 들어와서도 오랫동안 지속되었다. 고려 말에는 원에 공녀貢女를 바치는 문제로 나이 어린 신랑을 받아들여 처가에서 양육해 혼인시키는 예서제預婿制가 행해졌다. 결혼 연령은 여성의 경우 보통 15~18세 정도였지만 늦는 경우도 많았고, 남성의 경우에는 20대를 넘는 경우가 다반사였다.

이러한 혼인 및 가족 관계를 중심으로 친족이 구성되었는데, 그것은 아버지 쪽과 어머니 쪽을 모두 포함하는 것이었다. 고려 사회는 유교적인 부계 중심의 종법 의식이 미약해 남성 중심의 계보가 아니었다. 고려의 가족은 내외 친속을 고루 포함하고 있었던 것이다. 여기에 맞추어 상속도 아버지 쪽과 어머니 쪽에서 모두 이루어지는 남녀균분상속男女均分相續이었다. 다시 말해 여성이 친정에서 받은 재산을 남편에게 귀속시키지 않았던 것이다. 호적을 작성할 때도 남녀 구별 없이 태어난 순서대로 기재했고, 여자도 호주가 될 수 있었다.

이러한 사실들로 미루어볼 때, 고려시대 여성의 경우 '출가외인'이라는 관념이 거의 없었고, 친정 부모를 봉양하기도 했다. 또 조상과 부모의 제사도 남녀가 구분 없이 받들었으며, 사위가 이를 행하는 경우도 많았다. 그리고 불교의 영향으로 절에서 재를 올렸는데, 형제자매가 돌아가면서 재를 주관했다.

고려시대에도 이혼을 했을까?

고려시대에는 이혼이 비교적 자유로웠는데, 합의이혼과 남편이 처를 버리는 기처棄妻, 의절義絶 등의 유형이었다. 특히 기처의 비율이 높아 남성 위주의 성차별적인 이혼이 많았음을 보여준다. 부부가 사별을 한 경우, 여성이 재혼을 한 경우는 많지 않으나 남성은 매우 많았다. 그러나 원 간섭기 이후에는 아내를 여러 명 두는 경향이 생겨났다. 공녀나 원 풍속의 영향이었다. 그런데 아내가 여러 명이면 사회 문제가 발생했다. 즉, 사회적 지위와 특권, 재산 상속 등에서 가족이나 친족 사이에 분쟁이 생길 여지가 많았다. 자식이 받을 수 있는 음서와 토지, 그리고 재산 상속 문제는 국가의 입장에서도 골칫거리였다.

고려시대에는 조선시대에 비해 상대적으로 남녀가 평등했다. 여성들은 부모를 봉양하고, 남편을 내조하며, 자녀를 기르고 교육하는 일에 힘썼다. 가사 노동이나 경제활동도 소홀히 하지 않았다. 손님을 접대하거나 술을 빚는 일, 길쌈 등을 하면서도 상업이나 무역을 통해 이득을 취하는 활발한 상행위나 이식 활동을 하기도 했다. 고려시대 가족의 모습은 유교 논리에 매몰된 것이 아니었다.

고려 여성들은 어떻게 사랑했을까?

● 여성의 결혼과 삶 ●

고려 후기 조석견의 처인 장씨는 적극적으로 사랑을 찾아 나선 여성이었다. 장씨는 남편을 방문한 강윤충을 문틈으로 엿보고는 첫눈에 반했다. 이후 장씨는 남편이 죽자 강윤충에게 종을 보내 집으로 오라고 했다. 강윤충은 응하지 않다가 다시 종이 몇 차례 오자, 그의 집으로 찾아가 사랑을 나눴다. 하지만 결혼을 하지는 않았다. 그러다가 장씨에 대한 음란한 소문이 돌자 강윤충은 찾아가지도 않았다.

결국 장씨가 결혼한 사람은 구영검이란 사람이었는데, 장씨가 그를 억지로 꾀어 간통을 한 것이다. 구영검은 이미 두 번이나 결혼해서 자식도 일곱 명이나 있었다. 그러나 이 결혼도 잠시일 뿐, 구영검이 원의 홍건적 토벌을 도우러 원정을 가자, 장씨는 다른 사람과 또 음란한 짓을 했다가 이혼을 당했다. 그런데 구영검이 장씨와 결혼한 까닭은 조석견의 재산과 장씨 집안의 위세 때문이었다.

흔히 여성들의 사회적 지위는 남성과 비교해서 설명해왔다. 고려시대 여성의 지위는 조선시대보다 나았지만 남성과 같지는 않았다. 왜냐하면 남성들이 출세나 정치적인 이유로 재혼하기 위해 처를 버리는 경우가 많았기 때문이다.

그래서 권수평의 얘기는 모범 사례로 알려졌을 것이다. 권수평이 출세가 가능한 관직을 받자, 그의 친구들은 집이 가난하니 부잣집 딸과 재혼하라고 권유했다. 그러나 권수평은 이를 거절했다. 그만큼 출세를 위해 처를 버리는 경우가 꽤 많았던 것이다. 한 예로 무신 집권기의 송유인은 정중부가 정권을 잡아 자신이 위태롭게 되자, 처를 버리고 정중부의 딸과 결혼했다.

반대로 아내가 재혼한 남편을 싫어해서 쫓아낸 경우도 있었다. 판서 김세덕의 처 윤씨는 과부로 지내다가 재혼을 했다. 그러나 윤씨가 남편을 쫓아냈다. 사헌부가 이를 추궁하자, 윤씨는 권력자에게 뇌물을 바치고, 또 다른 사람에게 시집을 갔

염경애 묘지석
고려시대 묘지석 가운데 여성의 이름이 기록된 유일한 것으로, 1146년에 염경애가 47세의 나이로 세상을 떠나자 그의 남편 최루백이 직접 묘지명을 지었다. 묘지석의 내용은 돌아가신 시아버지를 위해 해마다 제사를 지낸 아내의 효심과 내조에 대해 고마워하는 내용, 아내에 대한 그리움이 담긴 글로 가득하다.

다. 이 경우는 남편을 버리면 처벌을 받음을 뜻한다. 재혼이 법적으로 금지되지는 않았지만, 여성들에게 '절개'는 지켜야 할 덕목이었다.

경제력이 있으면 결혼뿐만 아니라 재혼에서도 유리했다. 고려 후기 지윤은 무녀의 아들로 태어나 재상까지 올랐는데, 30명이나 되는 첩을 거느렸다. 특히 그는 첩을 얻을 때 얼굴이 아닌 부유함만 기준으로 삼았다.

여성의 경우에도 집안 경영에 힘써 과부가 된 후 여덟 남매를 키우면서 재산이 줄지 않았거나 모은 재산으로 절을 만들기도 했다. 그러나 대개는 집안일, 즉 부모를 모시고, 남편을 내조하며, 육아와 자녀 교육에 힘쓰고, 친인척의 경조사를 챙기며, 제사를 준비하고, 음식과 의복을 장만하고, 바느질 등을 하는 일에 힘써야 했다.

고려 후기 박유란 사람이 고려의 인구가 준다는 것을 이유로 벼슬에 따라 처를 여러 명 두자고 제안한 적이 있었다. 그러나 당시 재상들 가운데에는 처를 무서워하는 사람이 있어 이 논의를 중지시켰다. 그리고 박유는 거리에서 여성들의 손가락질을 받아야 했다.

이처럼 고려시대 여성들의 사회적 지위는 조선시대와 다른 면이 있었다. 특히 재산 상속에서는 남녀의 차별을 받지 않았기에 상당한 지위를 가질 수 있었다. 하지만 조선시대에는 성리학적 사회 질서가 여성의 지위를 상대적으로 더욱 낮게 만들었다. 경제적 지위가 사회적인 것을 뒷받침하기 때문이다.

❋ 고려 여성의 꾸미개들

여성의 결혼이나 재혼에 중요한 기준은 역시 미모였다. 이러한 여성의 화장 도구로 자리 잡은 거울은 중국에서 수입한 것은 물론 고려에서 직접 만들기도 했다. 또한 도금이나 은으로 상감된 거울걸이도 만들었는데, 그 형태나 기능 및 무늬가 매우 세련되고 아름다웠다.

거울걸이

3 고려 사람들의 경제

I 전시과 제도와 산업의 발달

고려왕조는 유교 덕목에 따른 왕도 정치를 기반으로 삼고자 했다. 즉, 군주와 지배층은 백성이 하늘이며 백성은 먹을 것을 하늘로 여기므로 식화食貨의 기본인 농상農桑을 장려해야 한다는 민본 사상과 중농 이념을 받아들였다.

이를 위해 군주와 지배층은 천시天時를 헤아리고 항상 덕을 쌓으면서 나라와 백성을 위하고자 했다. 가뭄 같은 재해가 발생하면 군주와 지배층은 정치를 잘못한 자신들의 책임을 통감하고 반성해 덕을 쌓으려는 자세를 더욱 갖고자 했다. 그래서 조세 감면이나 수취율 조정, 토지 개간 및 농상 권장 같은 정책을 추진했다. 동시에 지배층이 농민을 수탈하지 못하도록 관료에 대한 경제적인 보장과 염치를 기르는 조치를 취했다.

왕실 차원에서도 왕이 중심이 되어 권농 및 진휼에 대한 관심을 나타내고, 정기적으로 풍년 기도와 추수 감사를 위한 농경의례를 실시했다. 전반적으로 농민을 안정시키는 데 주력하는 소극적 측면이 강했다.

관료에게 땅과 땔감을 나누어 주다

고려는 골품제와 같은 혈통 중심의 관직 분배가 아닌 유교 지식을 시험하는 과거제를 실시해 관료의 기본적인 소양을 높였고, 이들에게는 봉사에 대한 대가로 전시과를 지급했다.

전시과 제도는 기본적으로 국가가 관료에게 조세 수취권인 수조권收租權을 일시적으로 준 것에 불과했다. 그리고 과도한 수탈을 막기 위해 10분의 1조를 거두도록 했다. 하지만 이러한 조세 수취율은 경우에 따라 달랐으므로 대략 1결 내외의 토지를 소유한 일반 농민들은 경제적으로 매우 불안한 상태였다. 농민층이 불안할 수밖에 없었던 까닭은 경제적·인신적 수탈과 자연재해 때문이었다. 이들은 고려왕조가 갖고 있는 구조적 문제에서 출발하고 있었다.

고려시대 초기부터 지배층은 건국에 기여한 공로에 따라 공신전의 성격을 갖는 훈전勳田이나 역분전을 지급받았다. 975년에는 문무백관의 지위와 직역, 인품에 따라 전지田地와 시지柴地, 임야를 받았고, 1076년에는 실직이 아닌 산관散官, 일정한 직무가 없는 벼슬을 지급 대상에서 제외하고 무반에 대한 차별을 없애는 제도적 완성을 보게 되었다. 또한 5품 이상의 고위 관료들에게는 특별히 공음전시功蔭田柴를 주어 경제적으로 보장

| 중세의 토지 소유 양태

토지는 신분에 관계없이 누구나 소유할 수 있었으나, 국가와 양반은 수조권을 통해 농민들을 지배했다. 그 지배의 형태가 제도적으로 확립된 것이 고려의 전시과와 조선의 과전법이다. 이와 같이 중세의 토지 소유는 같은 토지에 소유권과 수조권이 얽혀 있었다. 특히 고려의 전시과는 문무 관등에 따라 18관등으로 나누고 과(科)마다 지급할 전(田)과 시지(柴地)의 수량을 정한 제도였다.

소유권
- 국가(왕실·관청 등)의 소유지 → 공전
- 양반 지주의 소유지 ┐
- 농민의 소유지   ┘ → 사전

수조권
- 국가(왕실·관청 등)의 소유지 → 해당 없음
- 양반 지주의 소유지
- 농민의 소유지

국가가 조(租)를 거두는 토지 — 공전
개인(양반·관리등)이 조를 거두는 토지 — 사전

해주었다.

전시과는 원칙적으로 후손에게 상속할 수 없었다. 말 그대로 조세 수취권을 부여한 것이지, 영구적으로 소유권을 준 것이 아니었다. 왜냐하면 전시과를 상속할 경우 총 면적이 금세 전 농토를 초과할 수 있었기 때문이다. 단, 공음전은 예외로 세습이 허용된 영업전永業田이었다. 이것은 귀족 관료들의 특권적인 생활 유지를 가능하게 한 제도로, 경제적인 기득권을 보장해준 것이다. 영업전으로는 구분전口分田이 있었는데, 생산 능력이 없는 계층에게 주어졌으며, 이외에도 다양한 지목地目이 있었다.

전시과는 기본적으로 왕토王土 사상을 토대로 수조권을 분급해 10분의 1조를 거둬들여 국가재정에 충당하는 제도였다. 하지만 그 토지 소유권자가 양반 및 농민 소유의 사전이냐, 국가 소유지인 공전이냐에 따라 소작료는 각각 2분의 1 또는 4분의 1로 차이가 있었다. 그러나 현실에서는 이것이 무시되기도 했고, 때로는 아예 영업전으로 바꾸는 경우도 있었다.

한편으로는 하나의 수조권 대상지에 여러 명의 수조권자가 생겨나 농민들은 1년에 조세를 6~7회나 내기도 했다. 고려 후기에는 개간을 명목으로 특혜를 받는 사패전賜牌田도 등장했다. 결국 원 간섭기와 고려 말에 이르면 백성들과 관료들의 사전까지도 권력을 동원해 강제로 빼앗아 대농장을 소유하는 일이 발생했다. 그러자 이를 개혁하려

| **고려의 전시과**

시정 전시과(경종 1년)와 개정 전시과(목종 1년), 그리고 갱정 전시과(문종 30년)에 따라 각 등급별로 위로부터 지급 액수의 변화를 보여준다.

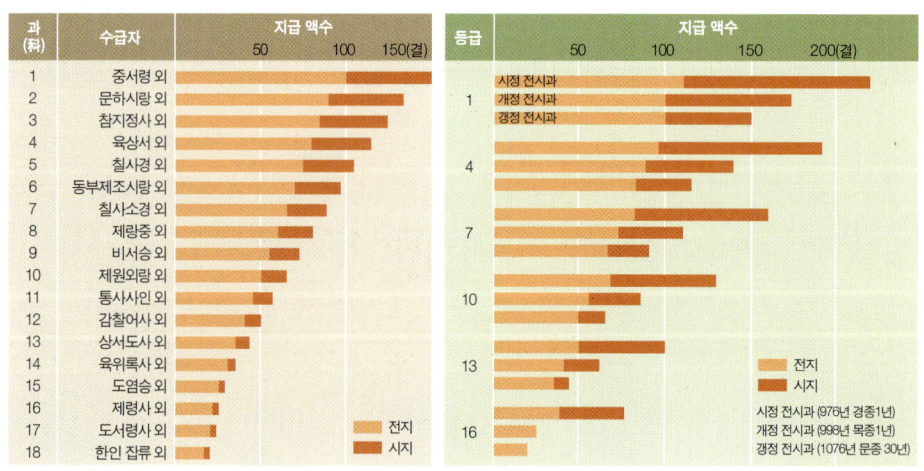

고 전민변정도감田民辨整都監을 설치하는 등 국가적 개혁 대상이 되기도 했다.

토지 개간과 농업기술의 발달

고려 정부는 조세와 공물 수취의 기준을 마련하려고 토지의 비옥함과 척박함을 측량하는 양전量田을 실시했다. 양전을 기준으로 지방 주현에는 매년 바칠 공물의 양을 정해주었는데, 이를 상공常貢이라고 했다. 때로는 별도로 공물을 지정해서 수취했는데, 이를 별공別貢이라고 했다. 묵은 땅을 개간하는 경우에는 적극적인 수확량 배분을 실시하고, 지방관의 성적 평가에 반영함으로써 농민층 및 지배층의 농지 개간을 자극했다.

토지 개간이 진전되면서 산전山田이나 평전平田, 수전水田과 한전旱田 같은 지목과 소유자가 분류되고, 이를 기준으로 지역별 상중하의 농업 생산력을 구분해 과세의 기준으로 삼았다. 개간은 농사를 짓다가 형편에 따라 쉬게 한 땅인 진전陳田에서 산곡간 및 산등성이까지 개간하는 산전으로 올라가는 제전梯田으로 확대되었고, 고려 중기 이후로는 연해지까지 개간이 확대되어 수리 관개 기술을 활용하기도 했다. 하지만 일부 지배층은 이러한 개간 장려책을 빙자해 대규모 개간을 도모한 뒤 국가로부터 사패賜牌를 받아 이익을 독점했다.

고려의 도량형

고려시대에는 미곡 같은 조세와 금·은·구리·철·소금 같은 공물의 수취에 정확성을 기하고, 물품의 가치 기준을 명확히 하여 상품 유통을 촉진하기 위해서 도량형을 정비했다.

길이의 경우 건축 공사에 쓰는 영조척, 포목 측정용 포백척, 농업용 양전척처럼 용도별로 자를 구분해 사용했다. 물품의 부피는 10작=1홉, 10홉=1승, 10승=1두, 15두=1석이 원칙이었고, 무게는 1근의 중량이 600그램 안팎으로, 당·송의 중량과 다르지 않은 것으로 밝혀졌다.

청주 사뇌사 터에서 나온 청동 기름말
고려시대 청주목의 사뇌사에서 기름의 양을 측정하는 데 썼던 말[斗]로, 안쪽 면에 새긴 선까지의 용량이 3.5리터이고, 전체 용량은 5리터다.

이 같은 경작지의 확대와 더불어 농업기술도 획기적으로 발전했다. 특히 시비 기술의 경우에는 우마분과 인분까지 그 재료로 이용했으며, 때로는 불을 질러 풀을 태운 뒤 물을 대어 개간하는 기술을 적용했다. 종자는 우량 품종이라 할 가화嘉禾를 조정에 바친 데서 알 수 있듯이 개량이 행해졌다.

고려시대의 곡물은 '오곡' 또는 '구곡'으로 불렸는데, 주로 도稻·서黍·직稷·속粟·대맥大麥·소맥小麥·대두大豆·소두小豆·마麻 등이었다. 이미 고려 초부터는 주요 곡물의 생장 주기의 차이를 이용해 쉬지 않고 계속 경작하는 상경연작常耕連作의 경지 이용 방식을 택하면서 2년 3모작의 작부 체계가 형성되었을 것으로 짐작된다.

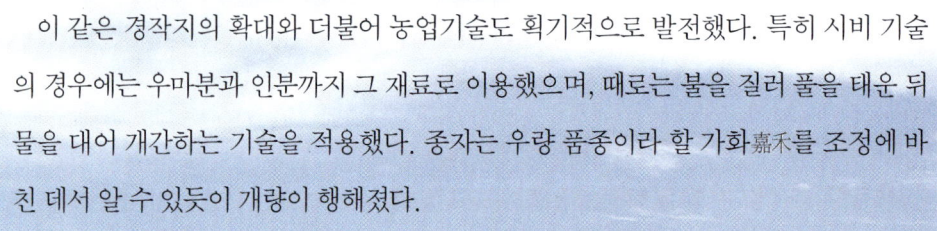

주요 곡물 이외에 과실수, 닥나무, 마, 채소 재배도 장려되었다. 특히 이규보는『동국이상국집東國李相國集』에서 오이, 가지, 무, 파, 아욱, 토란 같은 채소 재배를 소개하기도 했다. 다만 아직까지 고려시대의 독자적인 농업기술을 수록한 농서가 발견되지 않았는데, 원에서 편찬된『농상집요農桑輯要』가 전해지고 있어 중국의 농법을 수용하려 했음을 짐작할 수 있다.

고려왕조는 가뭄에 대한 대비와 수리안전답의 확보를 위해 많은 노력을 기울였다. 수리 시설로는 보洑, 제언堤堰, 하거河渠 등이 있었으며, 기본적인 수리 방법은 땅을 파서 물의 흐름을 고르게 하는 형태였다. 특히 하천의 흐름을 막아 물을 이용하는 소규모

고려의 계단식 논
고려의 농민들은 생계를 위해 밭과 논의 형태로 산전을 개발해나갔다. 이러한 고려의 산전에 대해 12세기에 송의 사신으로 온 서긍은 "산간에 농사를 많이 짓는데 오르내리며 경작하느라 매우 힘이 든다. 멀리서 바라보면 사다리나 층계와 같다"고 했다. 이 무렵 농민들에 의한 토지 개발이 그만큼 확대되고 있음을 보여준다.

의 보가 일반적으로 활용되었다. 12세기부터 지방관에 대한 권농의 독려가 강화되고 진전이나 연해 및 도서 지역 개발이 활발히 추진되면서 제언을 적극적으로 쌓아 관개하거나 방조제를 쌓아 간척하는 일도 많아졌다.

고려왕조에서는 농기구와 농우, 종자 등을 대여함으로써 농업 생산의 조건을 갖추도록 하고, 파종과 논밭갈이 시기에 적극 유의하여 무리한 공역을 피하도록 하면서 지방관의 권농 역할을 강조했다. 이것은 곧 농업 생산의 안정 기반과 농시農時의 중요성을 인식하고, 백성으로 하여금 힘써 농사를 짓도록 하는 것이었다. 이렇게 본다면 권농 정책의 기본 성격은 농민들이 영농 기반을 갖추도록 하면서 농사의 때를 국가적으로 적극 보장해 농업 생산의 구조를 안정화하는 데 있었다. 고려 시기 권농 정책은 이처럼 최대한 농민 생활을 안정시켜 농민의 유망을 막고, 새로운 토지 개간보다 경작지를 최대한 이용하면서 진전陳田의 발생을 막는 데 주력한 것이다. 그 결과 농민 중에는 고단한 농가 생활 속에서도 국가가 권장하는 권농과 나름대로 개발한 농법과 역전力田을 통해 큰 부를 쌓는 경우도 있었다.

기양과 기곡을 위한 제의는 대체로 큰 재앙을 불러오는 재변을 없애고 복을 불러오려는 목적에서 이루어졌다. 예컨대 유교의 길례, 불교의 각종 도량과 불경의 강경회, 도교의 초제, 성황신과 산천신 등에 대한 제사는 가뭄이나 태풍, 홍수, 별자리 변화, 송

호미, 낫, 작두
호미는 김을 매거나 땅속 뿌리를 캐는 중요한 농기구로, 나무 손잡이를 달아서 사용했다. 낫은 추수기에 중요한 농기구로, 주로 벼나 보리를 베는 데 사용했다. 작두는 말이나 소에게 먹일 풀, 콩깍지, 짚, 수수깡 같은 여물을 써는 데 사용했다.

충이의 발생, 지진, 바다 색깔의 변화, 외적의 침입 같은 사회 질서를 무너뜨릴 수 있는 재변을 극복하려는 다양한 노력이었다. 이러한 기곡과 기양, 기복을 통해 왕조의 가장 큰 기반인 백성들의 안정과 풍요를 빌었던 것이다. 더불어 추수감사제의 성격을 갖는 축제가 마련되었다. 팔관회는 본래 고구려의 추수감사제이자 제천 행사인 시월 동맹과 신라의 산천용신제山川龍神祭의 성격을 가진 신라의 팔관재를 계승한 것으로, 부처를 공양하고 신을 즐겁게 하는 모임으로 여겨졌다.

수공업과 상업의 발달

종이나 자기, 먹 등을 생산하는 수공업도 크게 발전했다. 종이는 질기면서 먹이 잘 스며들어 송에서도 매우 선호할 정도였다. 베나 명주 같은 옷감과 그릇 같은 일상용품도 만들어져 유통되었다. 수공업은 주로 관청과 소, 사찰, 민간에서 맡았는데, 전문 수공업자들도 따로 있었다. 이들은 평소에 일정 기간 관청 수공업자로 복무했다.

고려왕조는 수공업 재료를 생산하고 노동력을 확보하기 위해 특수 행정구역인 소所를 운영했다. 여기서는 금과 은, 철, 종이, 누에고치, 자기, 기와, 먹 등을 생산하여 바쳤다. 이들 소에서는 일정한 공물을 납부하고 나머지는 자유롭게 생산했다. 소는 일반 군

고려의 모든 물품은 '남대가'로!
고려시대에는 왕실과 관청에서 필요로 하는 물건이나 사치품을 공급하기 위해 나라에서 운영하는 시장인 '시전(市廛)'이 개경의 중심인 남대가에 있었다. 시전 행랑에는 외국에서 수입한 이국적인 물건들도 즐비해 오가는 사람들을 사로잡았다.
사진은 조선 후기의 화가 강세황이 그린 「송도기행첩」의 '송도전경'에 담긴 남대가의 모습이다.

현보다 격이 낮아 차별 대우와 수탈의 대상이 되었으며, 이곳 사람들의 신분은 잡척雜尺으로 분류되었다. 그러나 소는 무인 집권기에 신분 차별에 대한 항쟁을 계기로 점차 해체되면서 군현이나 특정 정역호定役戶에게 그 부담이 넘어갔다.

고려는 벽란도를 중심으로 해상무역을 주도하던 호족 세력인 왕건이 건국한 나라다. 따라서 고려가 '코리아Corea'로 알려질 정도로 대외 교역의 문호를 개방했다. 송과 요의 대치, 송과 금의 대치로 남북의 교역이 원활하지 않은 점을 활용해, 고려는 주로 팔관회에 참석한 상인들을 중심으로 송, 요, 금, 일본, 아라비아 등과 교역을 했다. 이들 해외 상인은 개경 근처에 있는 국제 무역항이라 할 벽란도로 출입했다. 이외에도 사절단을 중심으로 하는 조공朝貢과 회사回賜를 중심으로 한 사행使行 무역도 성대하게 행해졌는데, 무신 정권 초기에는 사절단에 들어간 무인들이 교역을 통해 일확천금을 노리기도 했다.

이처럼 농업과 수공업, 해외 무역이 발달하자 국내 상업과 시장도 변했다. 개경이나 서경을 비롯해 지방 대도시에는 농산물과 수공업 제품이 늘어났고, 상품의 유통이 활발하게 이루어졌다. 특히 개경에는 어용상점이라 할 시전이 남대가에 긴 행랑으로 설치되고 주점 등이 운영되었다. 사절단이 들어올 경우에는 임시 시장을 열어 교역을 허락했으며, 백성들은 때로 직접 물물교환을 하기도 했다. 압록강을 경계로 한 요 땅에서

는 각장榷場이 열려 양국 사이에 민간 교역이 이루어졌다.

이처럼 유통이 활발해지자 화폐가 만들어지기 시작했다. 쌀이나 저포 등이 기준이었으나 철전과 은병도 그 역할을 했다. 성종 때부터 건원중보라는 철전이 만들어졌으며, 숙종 때부터는 고려의 지형 모양을 한 은병이 만들어져 유통되었다. 이를 '활구'라고 했다. 충혜왕 때에는 그 크기를 줄인 소은병을 유통시켰다. 철전으로는 숙종 때 삼한통보와 삼한중보, 해동통보, 해동중보가 만들어졌지만 유통에는 실패했다. 이러한 철전을 주조하기 위해 주전도감을 두기도 했다.

원 간섭기에는 원의 지폐인 보초가 유통되었다. 원에서 시집온 충렬왕비 제국대장공주는 직접 잣과 인삼을 거둬들인 뒤 원의 강남 지역으로 보내 엄청난 이익을 챙기기도 했다. 또한 1291년에 기근이 들자 원으로부터 강남미 10만 석을 선박으로 들여와 나누어 주었다. 충혜왕 때에는 왕실이 대외 교역에 나설 정도였다. 하지만 원 간섭기의 경우 막대한 공물을 바쳐야 했고, 왕의 연경 행차 때 가져가는 국신國贐 물품을 마련하느라 고려의 경제는 큰 위기에 처했다.

상업으로 변화한 송의 수도
송의 화가 장택단이 그린 「청명상하도」로, 그는 배와 수레, 다리, 성곽, 길, 저잣거리 등의 그림에 뛰어났다. 북송 말 인구가 약 80만 명에 이르는 번화한 수도 변경의 성안과 근교의 생활 풍경을 묘사하면서 주로 노동자와 소시민을 대상으로 그렸다고 한다.

고려의 전기의 대외 무역

- 고려의 수입품
- 고려의 수출품
- 해상 교역로

요(거란)
은·모피·말
곡식·문방구·농기구

여진
은·모피·말
농기구·곡식·포목

송
비단·약재·자기·서적
금·은·인삼·화문석·먹·나전칠기

일본
황·수은
곡식·인삼·서적

아라비아 상인
수은·향료·산호

서경, 벽란도, 개경, 남경, 동경, 금주, 탐라, 등주, 명주, 다자이후

송의 무역선
송의 황제는 고려에 사신을 보내면서 거대한 배를 만들게 했다. 이를 '신의 배(神舟)'라고 불렀다. 또한 규모가 작은 객주(客舟)라는 배는 복건 등의 지방관이 제작했다. 길이는 10여 길, 너비가 2길 5자이고 2천여 곡(斛, 10말)의 곡식을 실을 수 있다고 한다. 신주는 객주의 세 배 규모다. 이런 배들이 사신을 태우고 고려를 방문했다.

고려시대에는 대외무역도 활발하여 송을 비롯해 요와 금, 일본과도 교역했다. 그 가운데 송과의 교역량이 가장 많아 송으로부터 비단과 약재, 자기, 서적, 악기 등을 수입했고, 금이나 은, 동, 칠기, 화문석 따위를 수출했다. 특히 11세기에는 아라비아〔대식국〕 상인들이 세 차례나 고려를 찾아왔는데, 송의 상인들을 통해 고려에 대한 정보를 얻었기 때문으로 보인다.

당시 고려의 국제 무역항은 개경 근처의 예성강 어구에 자리 잡은 벽란도였다. 『고려사』에는 중국 상인과 바둑내기에서 진 한 남자가 아내를 빼앗긴 다음에 한탄하며 지은 노래인 「예성강곡」에 대한 사연을 전하고 있다. 북송 때에는 벽란도에서 산동의 등주로 가는 무역로가, 남송 때에는 벽란도에서 양자강의 명주로 가는 무역로가 주로 이용되었다.

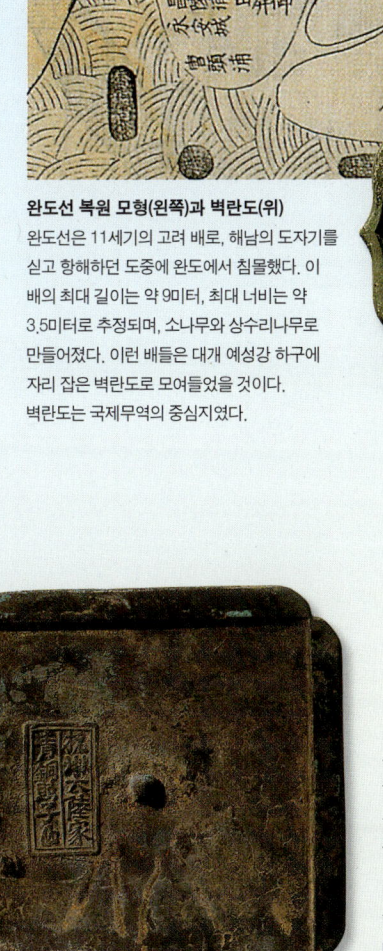

▼고려의 무역선이 그려진 청동 거울
거울 맨 위에 '밝게 빛나고 창성한 하늘 또는 세상'이란 뜻으로 '황비창천(煌丕昌天)'이라는 네 글자가 새겨져 있다. 그 아래에는 돛을 올린 배가 힘차게 파도를 헤치고 항해하는 모습이다. 고려시대 중국과의 해상 교류가 활발했음을 보여주는 상징적인 유물이다.

완도선 복원 모형(왼쪽)과 벽란도(위)
완도선은 11세기의 고려 배로, 해남의 도자기를 싣고 항해하던 도중에 완도에서 침몰했다. 이 배의 최대 길이는 약 9미터, 최대 너비는 약 3.5미터로 추정되며, 소나무와 상수리나무로 만들어졌다. 이런 배들은 대개 예성강 하구에 자리 잡은 벽란도로 모여들었을 것이다. 벽란도는 국제무역의 중심지였다.

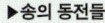

▶송의 동전들
고려와 송이 경제적으로 활발하게 교류했음을 보여주는 증거다. 고려에서 송의 동전들이 이후 오랫동안 화폐로 유통됐을 가능성도 높다.

◀항주에서 만들어진 청동거울
항주(杭州)는 송의 대표적인 무역항이다. 송의 상인들은 고려 상인보다 더욱 빈번하게 왕래했는데, 주로 7월이나 8월경에 찾아왔다. 『고려사』에는 260여 년 동안 120여 차례에 걸쳐 5000여 명이 고려를 찾은 것으로 나온다.

하늘은 둥글고 땅은 네모지며

● 「공방전」과 의천 ●

공방孔方은 욕심이 많고 비루하고 염치가 없었다. 그런 사람이 이제 재물을 맡아서 처리하게 되었다. 그는 돈의 본전과 이자의 경중을 다루는 법을 좋아하여, 나라를 편안하게 하는 것은 반드시 질그릇이나 쇠그릇을 만드는 생산에만 있는 것이 아니라고 생각했다. 그는 백성과 더불어 한 푼 한 리의 이익이라도 다투고, 모든 물건의 값을 낮추어 곡식을 몹시 천한 존재로 만들고 딴 재물을 중하게 만들어서, 백성들이 자기들의 본업인 농업을 버리고 사농공상士農工商의 맨 끝인 장사에 종사하게 하여 농사짓는 것을 방해했다.

— 임춘의 「공방전孔方傳」에서

의종 때 살았던 임춘은 무신정변으로 전 재산을 다 잃고 은거 생활을 했다. 그는 「공방전」이라는 작품을 통해 동전을 사람처럼 말하고 활동하는 존재로 표현했다. 공방이란 네모난 구멍을 일컫는 것으로 '동전'을 말한다. 옛사람들은 하늘은 둥글고 땅은 네모지게 생겼다고 여겨 동전을 이런 모양으로 만들었다. 「공방전」은 각 시대마다 동전이 했던 역할의 부정적인 측면을 강조했다.

원래 고려에는 돈이 없었다. 물건 값의 기준은 베와 쌀이었고, 이것이 돈과 같은 역할을 했다. 그러나 베와 쌀은 사람들이 들고 다니기에 불편할 뿐만 아니라, 자칫 잘못하면 썩어서 보관하기 어려웠다. 마침내 성종 때 처음으로 철로 된 돈이 만들어졌다. 그러나 사람들이 믿지 못하여 돈을 쓰지 않았다.

11세기 후반에 접어들자 상업과 유통의 규모가 이전보다 커지면서 차츰 경제가 안정되었다. 외국과의 교역도 활발해져 금이나 은 같은 금속들이 돈으로 쓰기 시작하지만 여전히 불편했다. 귀금속은 값어치가 높고 편리했지만, 작은 금액을 결

최초의 금속화폐, 건원중보
고려시대의 기본 화폐는 쌀이나 베 같은 물품화폐였으나, 996년에 최초의 금속화폐인 철전 '건원중보'가 만들어졌다. 하지만 일부 대신의 강력한 반대에 부딪혀 1002년 무렵에 유통이 중단되었다.

해동통보
1102년에 숙종의 명으로 만든 동전으로, 앞면에 '해동통보'라고 새기고 뒷면에는 아무것도 새기지 않았다. 숙종은 해동통보 1만 5000관을 관리와 군인들에게 나누어 주고, 주점 등을 개설해 동전의 유통에 애썼다. 숙종의 적극적인 동전 유통 정책은 물품화폐에 의존하던 문벌 귀족 세력의 기반을 약화시키고 당시 상업 발달의 성과를 국가재정으로 수렴하려는 의도로 짐작된다.

제하는 데는 사용하기 힘들었다. 더구나 금과 은의 함량을 속이는 일이 있어서 관리가 필요했다. 1102년 숙종은 '해동통보'라는 동전 1만 5000관(1관은 동전 1000개)을 만들어서 관료와 군인들에게 나누어 주었다. 숙종은 동생 의천의 건의로 동전 주조에 관심을 갖게 되었다.

의천은 문종의 넷째 아들로 태어나 승려가 된 후 송으로 유학을 떠났는데, 송에서 눈여겨본 것 가운데 하나가 바로 돈이었다. 의천이 돈에 관심을 가진 까닭은 불교가 원래 상업 문화를 바탕에 깔고 있었던 점과 당시 상업이 발전한 송에서 돈이 보편적으로 사용되었기 때문일 것이다.

의천은 귀국 후「화폐론貨幣論」을 지어 숙종에게 바쳤는데, 베와 쌀을 사용하는 문제점을 지적하면서 백성들의 이로움과 국가의 복을 얻으려면 동전을 만들어야 한다고 주장했다. 해동통보는 이렇게 해서 탄생했다. 또한 숙종은 나라의 지형을 본뜬 은병도 만들었다. 이 은병은 무게가 1근이고, 은과 동을 5대 1로 섞은 것이었다.

그러나 5년 후 예종이 왕이 되자 신하들이 동전의 문제점을 지적했다. 예종은 동전을 계속 사용할 것을 천명했지만, 지방까지 확대되어 사용하지는 못한 것으로 보인다.

동전이 많이 사용된 데는 상품을 사고파는 곳보다는 오히려 무덤에서였다. 저승 갈 때 쓸 노자였을 무덤 속의 동전은 대개 송에서 수입한 것들이었다. 1199년 송이 고려와 일본에 동전의 수출을 금지시킬 만큼 많은 양이 고려에 들어왔다.

이처럼 동전의 사용은 사람들에게 그 자체에 대한 이미지와 생각을 갖게 만들었다. 임춘은「공방전」이라는 작품을 통해 화폐의 유통에서 생기는 부정적인 문제점을 의천이 생각한 화폐의 긍정성과 대비시켰다. 그 결과 돈의 제작과 사용에 관한 문제는 고려 후기에도 계속되었다.

금속화폐의 사용을 주장한 의천
대각국사 의천의 초상화로, 1805년에 승려 도일비구가 이전의 초상화를 옮겨 그린 것이다. 의천은 숙종의 친동생으로, 송 유학의 견문을 바탕으로 금속화폐의 이점을 조목조목 주장하면서 숙종의 금속화폐 정책을 뒷받침했다.

고려시대의 은병
1101년 숙종은 은병이라는 고액 화폐를 만들어 유통했다. 은병의 가치는 쌀 10석에서 수십 석에 이르렀는데, 주로 무역 결제와 같은 고액 거래에 많이 이용되었다.

신앙의 힘

| 고려 사람들의 종교 생활

14세기에 살았던 권단은 승려가 되는 것이 꿈이었다. 그러나 그의 아버지는 이를 억지로 말리고, 벼슬을 구해주면서 전 재산을 들여 뒷바라지를 했다. 하지만 관료가 된 권단은 40년 동안이나 육식을 하지 않고 신앙생활에 충실했다. 어느 날 권단은 중국에서 승려가 왔다는 소식을 듣고는 아들이 외출한 틈을 타 몰래 머리를 깎았다. 아들이 승려가 되는 것을 막을까 두려워서였다. 나중에 아들이 이를 알고 달려와 통곡하자, 권단은 "이미 깎은 내 수염과 머리를 다시 붙이겠느냐? 이것은 평소 내 희망이었다"라고 했다. 그의 나이 77세 때의 일이다. 권단은 병으로 죽음을 맞이할 때 가부좌를 하고 있었다고 전해진다.

삼국시대에 들어온 불교는 이미 사람들에게 깊은 믿음을 주면서 지혜의 빛이자 일상이 되어버렸다. 하지만 이러한 믿음은 동시에 사람들을 옥죄는 속박이기도 했다. 왜 그랬을까?

믿음 따라 순례의 길을 걷다

고려시대 사람들은 귀족에서 천민까지 소원뿐만 아니라 삶의 어려움과 공포, 죽음 같은 것을 신앙의 힘으로 극복하려 했다. 이들은 유명한 사찰이나 성스러운 물건이 있는 곳을 찾아 순례를 했다.

경상도 양산의 통도사는 석가여래의 진신사리 때문에 사람들의 발길이 끊이지 않던 순례지였다. 그런데 1379년 이곳 주지인 월송이 석가여래의 정수리 뼈와 사리 네 과를 가지고 개경에 도착했다. 2년 전에 사리를 약탈하려고 침입했던 왜구들이 다시 쳐들어와 절의 노비를 매질하면서 자신과 사리의 행방을 추궁하자 개경까지 도망을 친 것이었다. 이 소식을 들은 개경의 신도들은 물밀듯이 몰려들어 사리에 예배하고, 일부 승려와 고위 관료들은 사리를 나눠 가졌다고 한다. 사리는 왜구나 고려 사람들에게 모두 성스러운 물건이었던 것이다. 이처럼 믿음을 지닌 사람들에게는 순례가 하나의 일상으로 자리 잡았다.

순례는 국가에서도 공식적으로 실시했다. 왕이 성스러운 명산에 있는 사찰에 향을 피우기 위해 강향사降香使를 파견했던 것이다. 심지어 원 황제도 강향사를 파견했는데, 이들이 주로 간 곳은 금강산이었다. 금강산이 성스럽다고 그 이름이 원까지 알려졌기

| 고려의 불교 정책

신라 말부터 유행한 선종은 경전을 중심으로 한 교종과는 달리, 사람들의 마음속에 부처가 있음을 깨닫고 이를 일상에서 실천하는 것을 강조했다. 따라서 선종은 경전과 불상, 절보다는 개인의 마음속에 있는 불성佛性을 깨닫는 공부와 수양을 중요하게 여겼다.

고려 정부는 초기에 이러한 선종의 승려들을 초빙하려고 노력하면서도 교종을 버리지는 않았다. 선종과 교종은 승려에 대한 시험을 따로 보았지만 크게 다투지도 않았다.

담무갈보살에게 절하는 고려 태조
화엄경의 1만 2000 부처 가운데 가장 중심이 되는 부처인 담무갈보살을 금강산 배점에 올라 엎드린 채 경배하는 고려 태조의 모습이 뒷면 왼쪽 중간쯤에 그려져 있다.

때문이다. 하지만 금강산 주변 사람들은 오히려 강향사를 접대하는 일로 무척이나 괴로웠다. 신앙의 괴로움이었던 것이다.

그뿐만 아니라 강향사는 때로 정치적인 문제를 일으키기도 했다. 1355년 정지상이 전라도 안렴사로 있을 적에, 고려 사람으로 원 황제의 신임을 받아 강향사로 내려온 야사부카가 위세를 부리며 횡포를 자행했다. 정지상은 그를 전주에 가둬놓고서 신분을 상징하는 금패를 뺏고, 그의 아우인 응려를 철퇴로 내리쳐서 죽였다. 이로 인해 원 단사관이 정지상을 옥에 가두는 사건이 일어났다.

한편 신앙심이 너무 지나쳐서 엉뚱한 일이 벌어지기도 했다. 1216년 삭주의 분도장군 노인수는 거란족의 후예 수만 명이 침입해왔는데도 절에서 불공만 드렸다고 한다. 노인수는 거란족도 인간이라서 차마 죽일 수 없어 그냥 내버려두었다. 그사이에 거란족은 고을 전체를 쑥대밭으로 만들어버렸다.

평소 불교에 깊은 신앙심을 가진 고려 사람들은 자신을 '거사居士'라고 불렀다. 유학자 가운데에도 이런 사람들이 많았는데, 관료가 된 권단처럼 육식을 하지 않고 불교의 가르침을 일상에서 실천하려 했다. 당시 사람들은 불교와 유학 사이의 갈등을 느끼지 않았다. 『삼국사기』를 쓴 김부식도 관란사라는 절까지 지을 정도였다.

| 불교 의식구

불교 의식은 승려들이 교리를 대중에게 이해시키고 교리에 따라 수행하는 실천 방법이기도 했다. 이때 사용하던 각종 공예품을 의식구(儀式具)라고 하는데, 범음구·공양구·장엄구·승구·밀교법구 등으로 나눌 수 있다.

범종과 쇠북
부처의 가르침에 비유되는 대표적인 범음구로, 소리를 통해 대중을 교화하고 불러 모으는 데 사용하는 도구다. 특히 범종의 소리는 종을 매다는 종뉴의 음관이 내부와 연결되어 깊은 소리를 울린다.

하늘에선 연등이 흔들리고, 땅에서는 신령님이 놀다

고려시대에는 온 나라 사람들이 불교를 믿었으니 불교 행사가 많았다. 불교 행사는 사람들에게 하나의 볼거리이자 축제였는데, 대표적인 것이 연등회와 팔관회였다. 연등회는 등불을 밝히는 행사다. 원래 부처가 죽은 후 탑과 절에 등을 밝히는 사람은 깨끗한 마음을 갖게 되고 죽은 후에도 극락세계에 다시 태어난다고 믿은 데서 유래했다. 연등회는 부처가 탄생한 날음력 4월 8일에만 열렸던 것이 아니다. 절을 새로 지었을 때나 왕의 공덕을 기리기 위해서도 자주 열렸다.

문종은 승려 1000명이 거주하는 홍왕사를 지어 닷새 동안이나 연등회를 열었다. 이때 연등이 대궐 뜰에서 개경 밖에 있는 홍왕사 문까지 계속 이어졌다고 한다. 사람들의 기억 속에는 연등의 화려함이 오래 남았을 것이다.

팔관회 때 왕은 절에 행차해서 부처의 가호를 빌었다. 이 행사는 태조 왕건이 연등회와 함께 「훈요10조」에 남길 정도로 중요하게 여겨졌다. 왕건은 팔관회를 '부처를 공양하고 신을 즐겁게 하는 모임'이라고 했다. 이것은 불교 행사일 뿐만 아니라 산신, 물의 신, 용의 신 등을 섬기는 행사였다.

개경과 서경에서 겨울에 궁궐 앞에서 열린 팔관회는 각종 볼거리가 풍성했다. 노래

향완
불단에 향을 바치는 도구로, 형태의 아름다움과 함께 겉에 장식한 입사(入絲) 공예의 세련된 감각으로 뛰어난 조형미를 지니고 있다.

금강령
승려의 수행 생활에 필요한 석장이나 발우 같은 승구와 밀교 의식에서 사용하는 금강저나 금강령 등이 있다.

사리함
사리 봉안에 사용하는 사리갖춤으로, 장엄구라고도 한다.

와 춤은 물론이고, 용과 봉황, 코끼리, 마차와 배의 상징물로 장식한 행진이 벌어졌다. 지방관들은 이를 기념하기 위한 하례표賀禮表를 왕에게 올렸고, 송과 여진, 탐라 사람들이 와서 선물을 바쳤다. 관료들은 소회, 대회로 이틀간이나 벌어지는 행사를 위해 연습도 했다. 사람들이 많이 모이므로 서로 간에 시비가 붙어서 돌과 기와를 던지는 큰 싸움으로 번지기도 했다. 이처럼 불교 신앙은 고려 사람들을 이어주는 촉매제고 기둥이었다.

또 하나의 전통, 연등회
16세기에 살았던 성현은 연등회를 그림처럼 설명했다. 아이들이 종이와 물고기 껍질로 깃발과 북을 만들고는 거리에서 연등 값을 달라고 조르는데, 이를 '호기(呼旗)놀이'라고 했다. 4월 8일이 되면 부잣집은 층층으로 된 사다리에 수없이 많은 등을 매다는데, 마치 등잔들이 하늘에 떠 있는 별 같다고 했다.

향도로 모이다

향도香徒는 향을 피우기 위한 사람들의 모임으로, 삼국시대부터 있었다. 특히 김유신이 만든 화랑도를 일컫는 용화향도龍華香徒가 유명했는데, 미륵불이 용화수에 내려와 세상을 구원한다는 믿음에서 생겼다고 한다.

향도는 주로 절에서 모였는데, 일종의 신도 모임과 비슷했다. 향도에 모인 사람들은 부처나 종, 탑, 절을 만드는 일을 직접 하거나 이에 필요한 경제적 힘을 보탰다. 또 믿음을 위한 법회나 보시는 물론이고 매향埋香을 하기도 했다. 매향은 죽은 뒤의 복을 빌기 위해 강이나 바닷속에 향을 묻는 일을 말하는데, 여기에 쓰이는 향은 때로 수입하기도 했다. 매향을 하고 난 후 향도는 이를 기념하는 큰 돌에다 이런 사실을 새겨서 남겼다.

그런데 향도는 단순히 믿음을 위한 모임만은 아니었다. 사람들이 살면서 경조사나 재난을 당했을 때 서로 도와주는 역할도 했다. 마치 오늘날 보험과 같았다. 향도에는 많은 사람들이 가입했다. 20여 명에서 3000여 명에 이르는 다양한 규모로 이루어졌다. 심지어 규모가 큰 향도에는 한 지역의 사람들이 대부분 가입하기도 했다. 1011년에 세워진 경상도 예천 개심사의 석탑을 만들 때 예천군과 그 아래 속한 다인현 향도가 동원되었다. 두 향도의 임

| 향리들이 탑을 세운 과정을 기록한 문서

약목군(지금의 경상북도 칠곡군 약목면)의 향리들이 정도사 석탑을 건립한 과정을 기록한 문서다. 1019년부터 1031년에 걸쳐 오층석탑을 세운 과정이 잘 나타나 있다.

(약목) 군사의 호장인 인용교위 이원민과
부호장인 응률, 이성, 풍유, 신언,
그리고 호정인 광운과 부호정인 성헌, 관사인 광책 등이
태평 3년(1023년, 현종 14년) 계해년 6월 어느 날
(그 탑을) 정도사에 안치시키도록
의견을 출납하였으므로 …….
- 「정도사 오층석탑 조성 형지기」 중에서

*군사(郡司): 향리들이 고을의 주요 현안을 의논하며 일을 하던 읍사.

원은 각각 42명과 95명이었고, 여기에 속한 신도들은 1만 명 정도였다.

그러나 향도가 본래의 뜻과는 달리 이상한 모임으로 변질되는 경우가 있었다. 1131년 만불향도萬佛香徒는 술과 파를 팔거나 무기를 들고 포악한 짓을 한다는 까닭으로 정부에서 금지시켰다. 파는 승려들이 먹어서는 안 되는 향신료 중 하나다. 이러한 향도는 고려 후기로 갈수록 그 규모가 작아졌고, 여성들만 모이는 향도도 등장했다. 신앙을 위한 것이 아니라, 점차 사회적인 부조를 위한 모임만으로 바뀌기도 했다.

누가 병을 치료할 것인가?
● 승려와 의학 ●

고려시대에도 병을 치료하는 의사가 있었다. 목종 때 중앙에는 태의감이란 관청을 두어 의사를 관리하고 양성했으며, 지방에는 12목에 의학박사를 파견했다. 일반인들이 의사의 치료를 받기에는 그들의 수가 너무 적었다. 그래서 전문의는 아니지만, 승려들이 때로 치료를 맡았다.

고려 후기에 재상이었던 조간과 김순은 과거에 함께 급제한 동년이었다. 그런데 조간이 나이 들어 종기가 생겨서 어깨와 목이 부어올라 구분하기가 힘들 정도였다. 조간이 재상이었으므로 당시 유명한 의원들이 총동원되었지만 어찌할 수 없었다.

이때 묘원이라는 승려가 나타났다. 묘원은 종기가 뼈에 뿌리를 박고 있어서 이미 반 정도가 썩었기 때문에 긁어내야만 한다고 주장했다. 묘원이 결국 허락을 받아 날카로운 칼로 살을 베어내고 뼈를 긁어낸 후 그곳에 약을 발랐다. 조간은 아픔 때문에 기절해서 이틀이나 혼수상태였다. 이때 김순이 문병을 와서 울자, 조간이 갑자기 눈을 떴다고 한다. 승려인 묘원이 의사의 역할을 해낸 것이다.

또 충혜왕 때에는 승려 학선의 의술이 매우 뛰어났는데, 그는 충혜왕에게 원院을 성 밖에 지어 성 안의 병든 사람들에게 약을 주고 치료할 것을 건의했다. 그러자 사냥을 좋아한 충혜왕은 활을 쏘던 곳을 대비원에 넘겨주었다고 한다.

왕실의 약그릇
왕실의 약을 보관하던 그릇이다. 뚜껑 윗면에 구름과 용의 무늬를 음각하고, 뚜껑과 아래 그릇이 맞닿는 부분에 아래위로 '상약국(尙藥局)'이라고 새겼다. 상약국은 왕실의 약을 제조하던 관청이다.

고려 시대의 침통
개성에서 나온 침통으로, 은에 금을 입힌 것으로 보아 당시 지배층에서 사용했던 것으로 여겨진다.

그러나 신앙이 지나치면 때로는 좋지 않은 결과를 낳기도 한다. 12세기 말에 일엄이란 승려는 전라도 전주에서 눈먼 사람의 눈을 뜨게 하고, 죽은 사람도 다시 살릴 수 있다고 선전했다. 그러자 왕인 명종이 내시를 보내 개경으로 오게 했다. 일엄은 개경으로 오면서 머리에 두건을 쓰고 얼룩말을 탔다. 그리고 비단 부채로 얼굴을 가린 채 제자들이 자신을 에워싸게 했다. 일종의 신비함을 더하기 위한 방법이었다.

일엄이 개경에 도착하자, 병자들이 그를 보려고 몰려들었다. 심지어 재상 같은 고위 관리들도 그 앞에서는 공손했으며, 사대부 여성들은 머리를 풀어 일엄이 밟고 가기를 원했다고 한다. 특히 일엄이 세수와 목욕한 물은 법수法水라고 하여 무슨 병이든 고치는 약수로 여겨 한 방울만이라도 얻으려 애썼 다. 그러나 시간이 지나면서 일엄의 사기 행각은 점차 드러나게 되었다. 하지만 그는 처벌을 받지 않고 고향으로 돌아갔다고 한다. 그 까닭은 일엄을 초빙한 명종이 자신의 권위를 무너뜨리고 싶지 않았기 때문이다.

종교는 인간의 구원을 목적으로 하고, 현실의 구원 중에서 가장 효과적인 것은 병을 치료하는 것이다. 고려시대 승려들은 의료 시설이 발달되지 않은 상황에서 종교인들이 해야 할 역할 중 한 부분인 의학을 맡았던 것이다.

거북 모양의 약 맷돌
이 맷돌은 약재를 가는 데 사용한 약 맷돌이다. 아래쪽에는 당초문이 새겨져 있으며, 장수를 상징하는 거북 모양으로 만들어진 것이 특이하다.

정병
인간의 삶에서 가장 괴로운 것 가운데 하나가 몸이 아픈 것이다. 병에 대한 치료는 사람 사는 곳이라면 어떤 형태로든지 있다. 삼국시대에 불교가 전래되면서 의학도 함께 들어왔다. 특히 신라에 처음 불교가 들어왔을 때, 고구려 승려 묵호자는 눌지왕의 딸에게 향을 피워 병을 낫게 했다고 한다. 고려시대에도 승려들이 사람들의 병을 치료했다는 점은 마찬가지다. 사진은 스님들이 정화수를 담았던 고려시대의 정병이다.

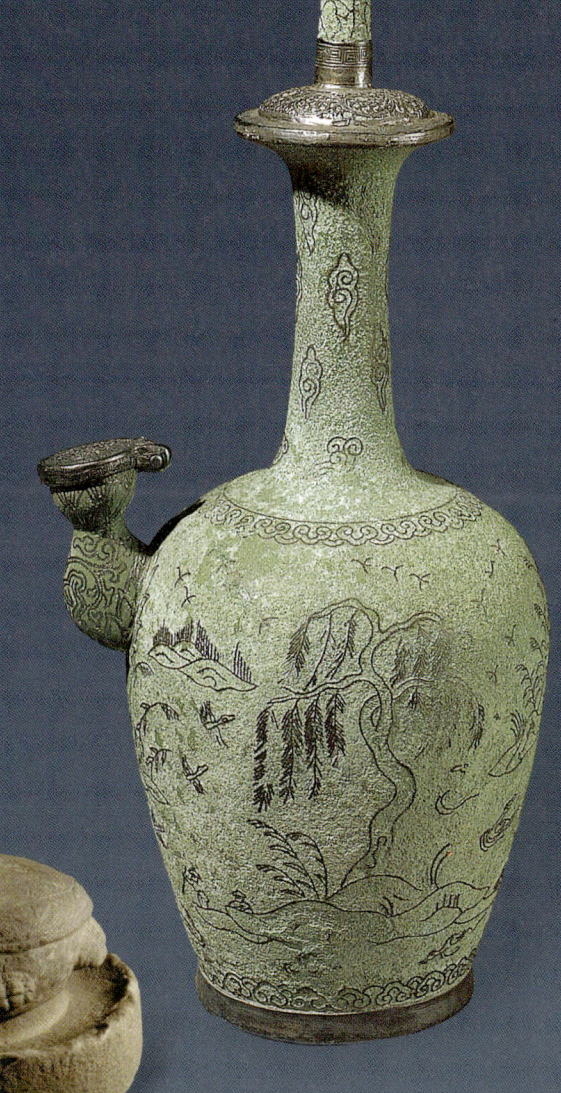

고려 문화의 융성

고려청자와 인쇄술의 발달

> 도자기의 푸른빛을 고려인은 비색翡色이라고 한다. 근래에 만드는 기술이 정교해져 빛깔이 더욱 좋아졌다. 술병의 모양은 참외와 같은데, 위에는 작은 뚜껑이 있고, 술병의 겉면에는 연꽃이나 엎드린 오리의 문양이 있다.
> ─『고려도경高麗圖經』

 서긍은 고려에 왔던 송의 사신으로, 송과 고려의 자기를 비교했다. 그는 특히 고려의 향로가 빼어나고 특이하며, 나머지는 중국의 월주 자기 등과 비슷하다고 했다.
 오늘날에도 고려시대의 대표적인 예술품을 꼽으라면, 우리는 대개 고려청자를 든다. 아름다운 옥비취색을 띠고 있는, 세계에 자랑할 만한 문화유산 청자. 고려의 이미지는 청자로도 통한다. 이러한 청자는 고려시대의 귀족 문화와 잘 어울리는 상징물이었다. 그 까닭은 무엇일까?

고려청자, 아름다운 비색에 빛나고

고려 사람들은 처음에 제대로 된 자기를 만들지 못해 중국에서 청자를 수입했다. 하지만 9세기 중엽이나 늦어도 10세기 후반에는 스스로 자기를 만들 수 있게 되었다. 중국에 이어 두 번째로 자기를 생산하는 나라가 된 것이다. 자기는 대개 최고급 그릇으로 첨단 상품이었는데, 그만큼 제작이 어려워 가격이 만만치 않았다. 그리고 토기나 도기에 비해 방수성이 뛰어나고 견고하며 아름다워 사치품으로 사용되었다.

고려에서는 12세기 이후 이러한 사치품에 대한 수요가 늘었다. 문벌 귀족들이 자신과 타인을 구분할 특별하고 화려한 것을 추구했기 때문이다. 또한 자기는 불교와 함께 들어온 차 문화와 함께 음주, 잔치, 왕실 제사, 불교 예식 등에도 필요한 물건이 되어갔다.

이처럼 12세기 이후 자기의 생산이 늘어나고 유통이 발전하면서 귀족 가문과 사찰의 경제력도 커졌다. 그 결과 귀족 가문과 사찰이 지닌 땅은 더욱 늘어갔고, 이들은 다시 상업에 뛰어들면서 부를 축적할 수 있었다. 축적된 부는 집과 정원을 꾸미거나 사치품을 구입하는 데 이용되었다. 당시 귀족들은 인도네시아 등지에서 수입한 자단나무를 재목으로 쓰거나, 정원에 각지에서 모아온 아름다운 꽃과 나무, 그리고 짐승들로 가득 채

순화4년명 항아리
993년에 고려에서 만든 것으로, 항아리 굽바닥에 제작 연도와 용도를 알 수 있는 글이 새겨져 잇다. 유약은 황록색 계통의 회유이고, 태토는 회색으로 청자와 같다. 고려가 중국에 이어 두 번째로 자기를 생산하는 나라였음을 보여주는 증거다.

웠다. 이러한 귀족들의 생활 모습은 자기에 그대로 표현되었는데, 귀족 문화가 발전할수록 자기에 대한 수요는 더욱 늘어갔다. 심지어 집에 장식할 타일과 기와 역시 청자로 만들었다.

고려청자의 전성기는 이자겸과 묘청의 반란, 무신정변이 이어지는 인종과 의종 때였는데, 역설적이게도 귀족 사회의 모순이 폭발하는 시기였다. 이 무렵 청자는 전라도 강진과 부안 등지에서 이전보다 질 좋은 것으로 완성되었다. 이 지역이 질 좋은 고령토와 땔감을 구하기 쉽고, 배로 개경까지 청자를 수송할 수 있는 곳이었기 때문이다.

13세기 무렵 고려청자는 고려만의 독특한 상감기법으로 제작되기 시작했다. 고려의 자기는 송의 자기와 달리 투명한 유약을 써서 바탕 무늬가 그대로 드러나는 특징이 있었다. 상감기법은 이를 한 차원 더 발전시켜 바탕 무늬를 새겨 넣는 방법이었다. 상감은 청동그릇에 홈을 파고 은실을 집어넣어 무늬를 만드는 청동 은입사 靑銅銀入絲 기술을 빌려온 것이었다. 또한 나무에 조개껍데기를 박아 넣고 옻칠을 하는 나전칠기 기술과도 관련이 있었다. 상감청자의 대표작은 청자상감 운학무늬 매병이다. 이러한 상감청자 가운데는 갈색이나 검정색으로 된 것도 이후에 등장했다.

몽골과 전쟁을 하는 시기에도 귀족 문화는 강화도에서 변치 않았다. 오히려 권력이 집중될수록 사치품은 더욱 발전했다. 14세기에 원과 교류하기 시작하면서 고려청자는

용수전각무늬 청동거울
의종 때 유명한 환관인 정함은 대궐 옆에 집이 있었는데, 행랑이 200여 칸인 집 벽에 금칠을 하고, 곳곳에 지은 누각은 청자로 된 기와를 사용해 푸른색으로 찬란하여 왕궁과 비슷했다고 한다. 또한 몽골 침입기에 집권자였던 최이도 많은 소나무와 잣나무를 배로 날라서 후원에 심었는데, 후원의 너비가 수십 리였다고 한다. 이 청동거울은 당시 지배층의 기와집과 후원에 심은 나무를 짐작해보게 한다.

청자로 만든 기와
기와 안쪽에 청자 기와가 놓일 위치를 표시한 글자로 보아, 주로 궁궐 건축물에 사용된 것으로 짐작된다. 청자 기와 조각들은 최고급 자기를 생산한 전라남도 강진의 사당리 가마터에서 주로 나왔다.

청자 기와에서 촛대까지

12세기 들어 고려청자는 궁궐 건축에 쓰인 청자 기와를 비롯해 귀족들의 저택에도 쓰인 청자 타일을 만들 만큼 제작 기술이 발달했다. 또한 귀족들의 문방구를 비롯해 향로, 화분, 의자, 촛대, 베개 같은 생활용품에도 두루 사용될 만큼 여러 분야에서 널리 활용되었다.

청자 촛대
연꽃잎무늬가 양각된 촛대로, 초꽂이 아래 부분에 지름 1센티미터 크기의 구멍이 있다.

청자상감 모란구름학무늬 도판
실내용 벽장식 타일로 여겨지는 이 도판은 화려한 상감 무늬로 장식한 앞면과는 달리, 뒷면에 유약이나 장식이 없어 거칠다. 전라북도 부안 유천리 가마터에서는 직사각형·평행사변형·마름모꼴 도판이 많이 나왔다.

청자상감 모란무늬 화분
귀족의 방 안이나 거실을 장식했을 것으로 짐작되는 화분이다. 아래 부분에 커다란 모란꽃을 상감기법으로 새겼고, 그 위로는 봉황 한 마리가 유연하게 구름 속을 노닐고 있다.

청자 쌍사자 베개와 구름 학무늬 베개
한 쌍의 사자가 웅크리고 앉아 서로 등을 맞댄 채 머리에 침판을 이고 있는 청자 베개다. 사실적으로 조각한 쌍사자의 강인함과 함께 좌우 대칭과 조화에 힘써 부드러운 청자의 질감이 적절한 균형을 이루고 있다. 또 구름과 학은 청자에 자주 등장하는 무늬다.

청자로 본 고려 사람들과 애완동물

고려청자는 12세기 무렵 인물을 포함해서 동식물의 모양을 상감 기법으로 그려 넣거나 본뜬 것이 유행했다. 이러한 청자는 종류가 매우 다양했는데, 주로 표주박, 연꽃, 대나무, 참외, 사자, 기린, 오리 따위의 특징만 간결하게 묘사했기 때문에 오히려 모본보다도 더 강렬한 느낌을 주었다.

청자 사자모양 향로
화로 모양의 몸체와 사자 모양의 뚜껑으로 된 고려의 전형적인 상형청자 향로다. 몸체 밑에는 동물 얼굴 형태의 다리가 세 개 붙어 있다.

청자 동녀와 도사 모양 연적
청자 연적은 문인들의 사랑을 받은 대표적인 문방구다. 이규보가 청자 인형 연적의 기특함과 소중함을 읊은 시를 떠오르게 한다.

청자상감 인물화무늬 매병
고려 사람들이 그려진 청자로 유일하다. 청자의 네 곳에 연꽃, 국화, 대나무 아래서 글과 그림, 음악 같은 네 가지 즐거움을 즐기는 문사(文士)의 이상적인 생활 모습을 상감으로 장식했다. 고려시대의 종교와 생활문화를 알 수 있는 중요한 청자다.

청자 거북 모양 주전자
거북의 등무늬 안에 '王' 자를 음각했다. 개성 출토품으로 이토 히로부미가 사들여 일본 천황에게 헌상했다고 하는 고려청자 명품 중 하나이다. 1966년 한일협정에 의한 문화재 반환 형식으로 환수됐다.

다른 유형으로 바뀌게 되었다. 청자상감 인물무늬 편호처럼 편편한 항아리에 무늬가 아닌 그림을 그려 넣는 것으로, 상감청자가 쇠퇴의 길에 접어들었음을 보여주는 것이다.

이처럼 청자의 유행이 바뀌게 된 데는 몇 가지 이유가 있었다. 우선 청자를 굽는 도공들이 몽골과 벌인 전쟁 기간 동안 차츰 흩어져버렸다. 그러면서 고려 정부가 도공들을 파악하기가 어려워지자, 흩어진 도공들은 먹고살기 위해 소규모 가마에서 도자기를 만들어냈다. 그들은 생계를 위해 도자기의 질보다는 수요에 맞춰 많이 만들어내려 했다. 게다가 도자기의 원료인 흙이나 가마의 질도 떨어지고 숙련된 기술자들도 줄어들었다. 자연히 도자기 생산 기술은 쇠퇴했다.

한편 원에서 도자기가 수입되었는데, 신안에서 발굴된 배처럼 당시 서해 바다에 떠다니는 무역선들은 일본까지 중국 도자기를 실어 날랐다. 원 간섭기에는 많은 상인들이 고려에 들어와 도자기도 팔았을 것이다. 원을 오가는 고려의 상류층도 원의 자기를 갖기 시작했다. 이런 현상들이 또 다른 도자기의 유행을 낳았을 것이다.

이후 고려 말에 왜구들의 잦은 출몰로 해안가에 자리 잡은 강진과 부안의 가마는 문을 닫아야 했다. 청자는 다른 형태로 변모하여 분청사기로 이어졌다. 분청사기는 한국에만 존재하는 독특한 자기로, 청자의 또 다른 모습으로 남게 되었다. 이처럼 사회적인 변화는 도자기 생산과 예술에도 큰 영향을 끼쳤다.

청자상감 원숭이무늬 금채 항아리
고려청자는 유약을 바르기 전에 무늬를 넣는 것이 일반적이지만, 이 자기는 유약 위에 접착제를 바르고 그 위에 원숭이를 비롯한 여러 무늬를 금으로 그린 화금자기다.

검은색의 철화 청자
산화철 성분의 안료로 무늬를 그리고 유약을 입혀 구워내면 무늬가 갈색이나 검은색으로 나타난다. 철화 청자에는 사물의 특징을 간결하면서도 운치 있게 표현한 것이 많다.

문학과 출판 인쇄술이 발전하다

고려 초에 지방에서 성장한 호족들은 처음에 문학이나 교육에 커다란 관심이 없었다. 그러나 지배층으로 등장한 이후, 특히 중앙 관직을 얻게 되면서 그들에게 문학은 비로소 익혀야 할 필수과목이 되었다. 점차 과거가 출세의 관문으로 자리 잡으면서 학문을 위한 교육도 필요하게 되었으며, 특히 관료 세계에서는 유학을 기본적인 소양으로 여기게 되었다.

이러한 지배층을 중심으로 귀족 문화가 발전함에 따라 문장이나 시를 짓는 능력이 더욱 중요해졌다. 문장이나 시는 자신의 생각이나 감정을 전달하고 남을 이해하는 의사소통의 수단이었다. 특히 출세의 지름길인 과거에서는 문장 평가를 하기 때문에 좋은 문장을 짓는 공부가 지식인들 사이에서 커다란 관심거리였다. 그 결과 문장 짓는 공부를 위한 한문학이 발달했는데, 당시 지식인들이 공부한 것은 주로 중국 책이었다. 하지만 신라 이래 우리나라 지식인들의 문장을 볼 필요도 있었다.

이처럼 문장이나 시를 짓는 능력을 중요하게 여기면서 그것을 알아보는 능력도 그만큼 비중이 커져 문장에 대한 평이 중요해졌다. 무신 집권기에 출판된 이인로의 『파한집破閑集』이나 최자의 『보한집補閑集』, 이규보의 『백운소설白雲小說』등이 그러한 수요에 대

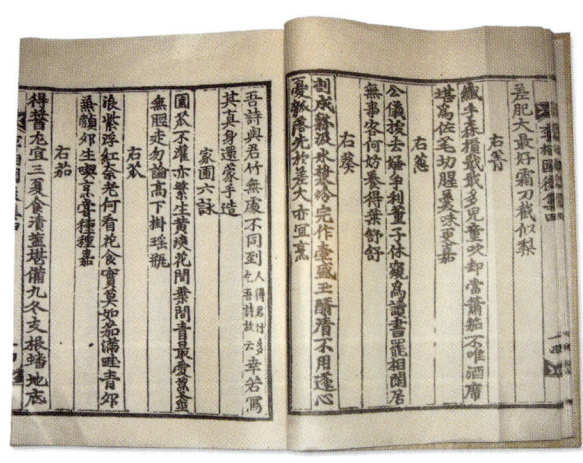

이규보의 문집인 『동국이상국집』
이규보가 지은 『동국이상국집』은 고려시대 문집 가운데 최고의 분량을 자랑한다. 이규보는 훗날 재상에까지 오르지만, 과거 합격 후 처음으로 정식 관료가 되기까지 18년이라는 오랜 시간을 기다려야 했다.

한 결과물이다. 물론 이 같은 책이나 글에는 평론만 들어 있는 것이 아니라, 시나 문장과 관련된 일화도 함께 들어 있었다.

글쓰기가 귀족 문화의 중심이 되면서 자신의 문학 능력을 자랑하기 위해 글을 모아 출판하는 일이 자연스럽게 이루어졌다. 이런 현상은 개인의 글이 점점 많아지고, 이를 정리해서 출판해야 한다는 의식이 강해졌음을 말한다. 그리고 문장이나 시를 잘 짓는 것이 귀족이나 관료들에게 중요한 삶의 방식이 되었음을 뜻하는 것이기도 하다. 개인 문집은 고려 중반기부터 출판되기 시작했는데, 평생 써온 글을 모아야만 가능했다. 보통 문집에 실린 글은 자신이 보려고 짓는 것 말고도 남에게 보내는 시나 편지글이 많았다. 이럴 경우 필사본을 하나 더 만들어 보관했다.

개인 문집은 이규보처럼 말년에 만든 것도 있지만, 대개는 당사자가 죽은 뒤에 후손이나 주변 사람들이 글을 모아 출판했다. 이러한 문집의 출판은 글쓴이를 기억하게 만드는 가장 좋은 방법이었다. 그러나 문집의 출판 부수는 많지 않았다. 출판 시장의 규모가 작아서 요즘처럼 상업적으로 문집을 출판할 수 없었기 때문이다.

지식인층이 점차 두꺼워지면서 책에 대한 수요가 늘었다. 그에 따라 출판이 활발해지고 인쇄술도 발전했다. 그런데 목판으로 책을 찍는 방식은 제작과 보관에 많은 비용이 들었다. 지식인층이 늘었다고는 하나, 비싼 책을 살 수 있는 사람들은 한정되어 있

세계 최초의 금속활자본 『직지심경』
1377년에 간행된 『직지심경』의 원래 이름은 『백운화상초록불조직지심체요절』이다. 이 인쇄본은 1972년에 프랑스 파리의 국립도서관에서 발견되어 세계 최초의 금속활자 인쇄본으로 공인되었다. 이후 2001년에 유네스코가 『직지심경』을 세계기록문화유산으로 등재했다.

고려의 금속활자
목판은 적은 부수의 책을 찍어내는 데 비용이 너무 컸다. 금속활자도 제작 비용이 컸지만, 전체 비용은 오히려 목판보다 덜 들었다. 현재 고려시대 금속활자는 남한(왼쪽)과 북한(오른쪽)에 각각 하나씩 전해지고 있다.

었다. 따라서 좀 더 싼 비용으로 많은 책을 찍어내야 했는데, 금속활자는 이러한 사회적 요구에 적합했다.

금속활자는 목판의 제작과 보관 등을 고려해볼 때 오히려 전체 비용이 목판보다 훨씬 덜 들었다. 목판처럼 전체를 만들어서 보관할 필요도 없었다. 금속활자 활편에 활자를 놓고 밀랍 등으로 굳혀서 움직이지 않게 한 다음 인쇄했다. 그 결과 금속활자의 인쇄 상태가 목판보다 깨끗하지 못했고, 활자가 거꾸로 찍히거나 줄이 비딱한 경우도 있었다. 하지만 늘어난 책의 수요를 위해서는 반드시 필요한 인쇄 기술이었다.

거대한 불상과 화려한 건축 속에 담긴 소망들

부처의 모습은 흔히 불상으로 드러나는데, 고려시대에는 아주 커다란 불상들이 많았다. 통일신라 때 경주 남산의 바위에 새겼던 불상들이 고려시대에는 땅에 세워진 거대한 불상으로 나타났다. 그런데 불상의 크기가 커진 만큼 인체 비례가 잘 맞지 않아 머리 부분을 실제보다 과장해서 표현한 특징이 나타난다.

고려 초기에는 호족들이 각 지역에 세운 절들이 늘어났다. 그리고 이런 절에 모신 부처 역시 이전보다 커졌다. 신라와는 다르게 돌이 아닌 철로 만든 부처도 있었다. 그런

춘궁리 철조석가여래좌상
신라의 불상 양식을 따른 고려 초기의 걸작품이다. 얼굴 각부의 묘사에는 추상적인 경향이 두드러진다. 긴 귀를 날씬하게 붙여놓은 이 불상의 우아한 표정에 근엄성이 잘 조화되어 있다.

파주 용미리 석불입상
세로로 갈라진 거대한 천연 암벽을 이용해 두 구의 불상을 우람하게 새긴 이 불상은 높이가 17.4미터다. 먼저 몸체를 만들고 그 위에 목과 머리, 갓을 따로 만들어 올려놓은 독특한 형식으로, 고려시대에 지방 호족과 결탁된 불상의 토속적인 분위기가 느껴진다. 현재 경기도 파주시 광탄면 용미리에 있다.

데 호족들이 불상을 만들다 보니, 신라 왕실이나 귀족처럼 일류 기술자들을 부르는 것이 쉽지 않아서 그 지역에 사는 기술자들에게 부탁하는 경우가 많았다고 한다. 호족들이 경제력도 낮고, 일류 기술자들을 부를 만한 사회적 권위도 약했기 때문이다. 더구나 신라 하대 이래 기술자 집단은 정국의 혼란과 농민 반란으로 흩어져버렸다. 그래서 정교한 작품보다는 빠르게 만들고 규모를 크게 하는 것이 수요자인 호족들의 요구 사항이었다. 또한 서천 비인현의 오층석탑처럼 지역적인 색깔을 띠는 탑도 등장했다. 이 탑은 부여의 정림사지 오층석탑과 유사한 모습을 하고 있다.

　고려시대의 건축물은 지금까지 남아 있는 것이 거의 없다. 하지만 궁궐터에서 나온 청자 기와와 청자 타일 등으로 보아 궁궐이 무척 화려하게 꾸며졌을 것으로 짐작된다. 현재로는 「미륵하생경변상도」나 「관경변상도」 같은 불화를 통해 그나마 고려시대 궁궐의 모습을 상상해볼 수 있다.

　고려시대의 사찰들은 외적의 침입으로 대부분 사라졌다. 특히 몽골의 침입으로 신라 때 세워져 전해오던 황룡사가 구층목탑과 함께 불타버렸고, 홍건적이나 왜구의 침입 역시 만만치 않은 영향을 끼쳤다. 그나마 봉정사 극락전이나 부석사 무량수전이 고려 후기의 건물로 알려져 있다. 특히 무량수전의 경우 아미타불을 서쪽으로 배치해 그쪽에 정토淨土가 있다는 믿음을 드러냈는데, 그만한 규모의 건물이 산속에 들어설 정도

부석사
부석사는 신라 문무왕 때인 676년에 의상대사가 왕명으로 창건한 절이다. 경내에 있는 무량수전은 무량광의 부처를 모시는 법당으로, 13세기에 세워졌다. 고려 때 전쟁으로 소실되었지만 1377년에 복원되었고, 그 후에도 여러 번 보수를 했다.

로 고려 사람들의 불교에 대한 신앙심과 염원이 강렬했음을 알 수 있다. 그리고 의상대사를 모신 조사당을 부석사 뒤편에 만들었는데, 이런 건물은 선종의 영향으로 해당 종파의 스승에 대한 추모가 그만큼 중시된 결과다.

도자기를 따라 세계와 만나다

● 도자기 길 ●

근대 사회가 시작되기 이전, 도자기는 최고의 첨단 상품이었다. 자기는 음식을 담는 그릇 중에서도 최고의 질을 자랑했다. 낮은 온도에서 구워내는 토기나 도기는 자기의 견고함과 아름다움을 따라갈 수 없었다.

자기가 발전하기 시작한 시기는 송 때였다. 송의 수도인 개봉開封, 지금의 카이펑은 50만 명 이상의 인구를 지닌 세계 최대의 도시였다. 당시 로마는 5만 명, 런던은 1만 2000명 정도의 인구를 갖고 있었다. 자기는 차를 마시는 문화의 확산으로 그 수요가 크게 늘면서 점차 대중화되었다. 고려에서는 귀족들이 주로 자기를 사용했지만, 송에서는 경제적인 부의 확산으로 자기를 사용한 계층이 더 많았을 것이다.

당시 최고의 자기는 대개 국가가 관리하여 황실에 납품하는 자기였다. 특히 중국의 휘종은 '비 갠 뒤의 하늘'과 같은 색깔의 자기를 요구했다고 한다. 이를 위해 중국의 여요 자기는 유약을 만들 때 나뭇재에 마노를 섞어 유리질을 두껍게 했다. 두꺼운 유약 사이로 기포가 빛을 분산시켜 깊고 푸른 색을 내려고 했던 것이다.

중국은 일찍부터 비단길을 통해 유럽과 교통했다. 그런데 중국의 비단 판매가 내리막길을 걸으면서 자기가 최고의 상품이 되었다. 중국의 자기는 아시아는 물론이고, 이슬람 상인들에 의해 아프리카까지 수출되었다. 특히 서아시아 지역 사람들은 중국 자기의 흰색과 방수성에 놀랐다.

육로인 비단길로 실어 나를 수 있는 자기의 수는 한정적이었다. 좀 더 쉬운 길은 바닷길을 이용하는 것이었다. 중국 상인들은 천주泉州, 지금의 취안저우를 국제 무역항으로 삼아 인도네시아나 필리핀 등으로 수출을 했다. 당시 중국의 배는 한 척에 낙타 2000마리를 수송할 수 있는 대형 범선이었다. 이슬람 상인들은 인도양을 건너 인도네시아로 와서 중국 자기를 사갔다. 이로 인해 이슬람권에서는 중국 자기를 모방한 도기들이 만들어졌다. 중국 자기는 다시 아프리카로 진출했는데, 이슬람 상인들은 그곳에서 금이나 소금, 노예 등과 중국 자기를 맞바꾸었다.

중국에 뒤이어 자기를 만든 나라는 고려였다. 고려의 청자 역시 아시아의 도자기 루트를 따라 수출되기 시작했다. 송에서는 고려청자를 '고려의 비밀스러운 색깔[高麗秘色]'이라고 불렀다. 북송의 수도인 개봉에서는 고려청자의 파편이 발굴되었다. 상감청자는 무역으로, 비색청자는 고려 사신을 따라 공물로 중국에 들어갔다. 그래서 송 사신으로 왔던 서긍도 고려청자를 주목했던 것이다.

송과 고려의 도자기 무역은 13세기 이후에도

| 세계의 문명과 만난 도자기 루트

17세기 이전까지 세계에서 도자기를 생산하는 나라는 중국과 한국, 베트남뿐이었다. 그중에서 베트남 도자기는 질이 좋지 않았기 때문에 결국 하이테크 상품인 도자기를 만들 수 있는 나라는 중국과 한국뿐이었다. 동아시아를 넘어 세계와 만난 도자기는 과연 어디까지 퍼져 나갔을까?

계속되었다. 전라도 신안 앞바다에서 발견된 해저 유물선에는 많은 양의 중국 도자기가 실려 있었다. 이 무역선은 당시 중국에서 일본으로 가다가 침몰한 배였다. 그런데 이 배에는 13세기 이전에 만들어진 일곱 점의 고려청자가 실려 있었다. 이 고려청자는 당시 중국에서 골동품으로 인정된 것으로 일본에 수출하려던 것이었다.

일본은 불교의 선종을 받아들인 이후 차 문화가 더욱 발전했다. 가마쿠라막부는 고려청자의 매병을 좋아해서 당시 세토 도지 매병이라는 유사품을 만들게 했다. 고려청자는 필리핀에도 수출되었다. 필리핀이 아시아 무역 루트에 있었기 때문이다.

해외로 수출된 고려청자는 중국의 청화자기에 영향을 주었다. 목이 긴 장경병과 장식은 고려청자와 유사했다. 그러나 고려청자는 송의 자기보다 압도적으로 적은 수만 남았다. 여진족이 세운 금으로 인해 송이 양자강揚子江, 지금의 양쯔강 남쪽으로 내려온 이후, 생산량에서 커다란 차이를 보였기 때문이다. 남쪽의 용천 청자는 가마의 길이가 80미터 이상이었기에, 한곳에서 한 번에 최소 1만 5000개를 구워내 1년에 최소 생산량이 1000만 개에 이를 정도였다. 하지만 고려청자는 주로 관의 수요에 따라 제작한 경우가 많았다. 그 결과 고려청자는 상업 유통에 따른 상품화의 차이로 수요량이 적을 수밖에 없었다.

▲「지장시왕도」 ▶풍경무늬 향그릇

무신의 시대
1103 • 1237

고려 사회의 뿌리를 송두리째 뒤흔든 균열은 어느 사이엔가 회복하기 어려운 갈등의 폭발로 이어졌다. 게다가 동아시아에는 금을 중심으로 새로운 국제 질서가 만들어졌다. 이러한 외부의 충격과 함께 고려 사회의 내부 갈등은 왕권을 흔드는 차원을 넘어 새로운 지배 체제의 등장을 이끌었다. 유신維新의 몸부림은 대동강을 붉게 물들였고, 보현원의 참사 이후 하늘은 핏빛 노을을 보였다. 최씨 무신 정권은 어둠 속 아우성을 헤치고 새로운 새벽을 열었으나 불안한 권좌에 불과했다.

1 동아시아의 새로운 국제 질서

여진과의 전쟁

1103년 여진족에게 잡혀갔던 고려의 의원 한 명이 귀국했다. 여진 추장의 친척을 치료해준 공으로 석방된 것이다. 의원은 귀국하자마자 완안부를 맹주로 하는 여진족이 침략을 준비하고 있다고 폭로했다. 고려는 두 번이나 군대를 출동시켰지만, 허무하게 패배하고 말았다. 놀란 고려 정부는 별무반을 편성하고 본격적인 준비 끝에 여진 정벌을 감행했다. 4년간의 전쟁은 실패로 끝났지만, 여진족의 고려 침공을 단념시켰고, 이때의 경험이 조선시대 4군6진 개척의 귀중한 자산이 되었다.

여진족의 성장과 고려의 반격

거란족이 요를 세운 이래 여진족은 오랫동안 거란족의 폭정에 시달렸다. 그러다 11세기 말 합이빈哈爾濱, 지금의 하얼빈 근처에 근거지를 둔 완안부가 중심이 되어 여진족을 단결시켜서 거란에게 대항하려는 움직임이 일어났다. 주변 부족을 통합한 완안부는 남하해서 두만강과 함경도 일대의 여진 부족마저도 흡수하려고 했다.

고려는 여진족의 동태가 이상하다는 첩보가 국경에서 계속 올라오자, 과거 거란 전쟁의 재판再版을 우려해 군대를 출동시켜 국경 지역의 여진족을 제압하려고 했다. 그러나 완안부에서 출동한 여진군 주력이 나타나 고려군을 패배시켰다. 여진족은 천리장성 안쪽까지 약탈했고, 국경 도시인 정평을 빼앗았다. 고려가 국경 부근의 여진족들만 보고 여진군의 수준을 가볍게 본 것이 실수였다.

고려는 훈련과 준비 없이 전쟁에서 승리할 수 없다는 교훈을 깨닫고, 1104년에 윤관을 책임자로 별무반이라는 부대를 편성했다. 별무반은 기병인 신기군, 보병인 신보군, 승병인 항마군으로 조직되었다. 세부적으로 보면, 기병만으로 구성된 부대인 조탕, 궁병, 노병, 발화(화공), 돌팔매 부대 등 다양하게 구성되어 있었다. 전국에서 우수한 무사를 선발하여 꼬박 1년 동안 강훈련을 시켰다.

| 여진족의 기병 전술

여진족은 말 세 필을 하나로 묶어 돌격시키는 '괴자마'라고 불린 독특한 기병 전술을 폈다.
이들 뒤에는 보병이 창을 들고 따라가기 때문에 한번 돌격하면 절대로 후퇴할 수 없었다고 한다.
이런 독특한 전술과 행정조직, 군사 조직을 일치시킨
맹안모극 제도를 통해 짧은 기간에 강대국으로
성장할 수 있었다.

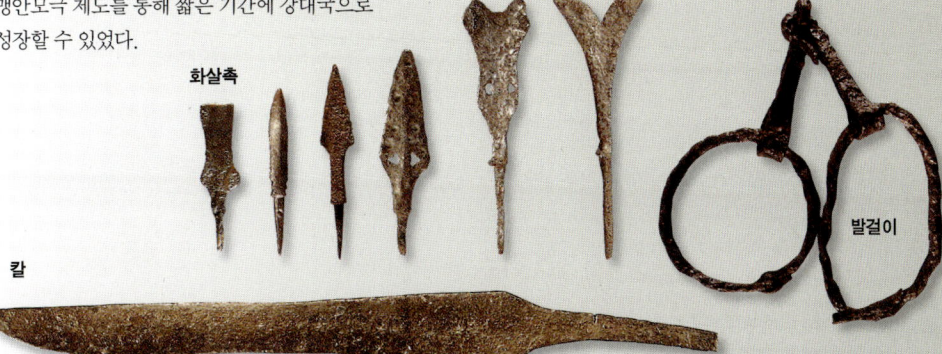

화살촉

칼

발걸이

윤관과 오연총을 대표로 하는 지휘부도 엄선했다. 지휘부에는 윤관이나 오연총처럼 신흥 가문 출신의 과거 급제자들과 가문의 후광보다는 자신의 능력과 노력으로 출세한 입지전적 인물들이 많았다. 그렇다고 해서 명문 귀족 출신이 빠졌던 것은 아니다. 이자량은 당시 최고 권력자인 이자겸의 동생이었다. 그동안 거란과의 전쟁에서 공을 세운 지휘관들도 대거 선발했다. 한마디로 가문과 배경에 구애되지 않고 능력을 중시한 거국적인 선발이었다.

1107년 12월, 17만 명의 원정군이 출발했다. 고려군의 전술은 완안부의 증원군이 오기 전에 9성 일대를 석권하고 성을 쌓아 방어망을 확보하는 것이었다. 잘 훈련된 고려군은 신속하고 용감했다. 최대 격전이던 석성 전투에서는 척준경이 성벽으로 돌진하는 정면공격을 감행해 하루 만에 성을 점령했다.

한 달도 못 되어 고려군은 목적을 달성했다. 135개 촌의 여진 부락을 소탕하고, 3740명의 목을 베고, 1030명을 사로잡았다. 2단계 전략은 새로 획득한 영토에 도시를 건설하고 방어하는 것이었다. 고려군은 주요 거점에 9성을 쌓고, 수비대를 나누어 배치했다. 뒤늦게 여진의 주력이 파도처럼 밀어닥쳤지만, 고려군은 장기인 수성전 능력을 십분 발휘해서 모든 공격을 격퇴했다. 1108년 윤관은 공험진의 선춘령에 기념비를 세웠다. 그러고 나서 자신감을 얻은 고려는 주민 이주 정책을 시작했다.

동북 9성의 위치는 어디일까?

동북 9성은 함주(함흥), 길주, 영주(명천), 웅주(웅평), 복주(닷천), 의주(덕원), 공험진(이하 미상), 통태진, 평융진으로, 그 위치는 오랫동안 논란의 대상이 되고 있다.

① 함흥평야설 : 일본의 식민사학자들은 여진 정벌이 한국사에서는 드문 진취적 정복 전쟁이라는 사실을 간과하고 여진 정벌을 폄하하려고 했다. 그래서 고려군의 정복 지역은 함흥평야를 벗어나지 못했다고 주장했다.
② 두만강 유역설 : 세종 시대의 학자들은 여진 정벌을 연구하면서 두만강 또는 백두산 유역설을 주장했다. 이것은 조선의 6진 개척의 명분이 되었다.
③ 길주 부근설 : 유형원과 한백겸, 정약용 등 실학자들은 함흥, 길주, 명천, 웅평, 단천 등지로 규정했다. 현재로서는 이 견해가 제일 합리적이다.
④ 간도 지역설 : 9성이 두만강을 건너 간도 지역 깊숙이 설치되었다는 견해다.

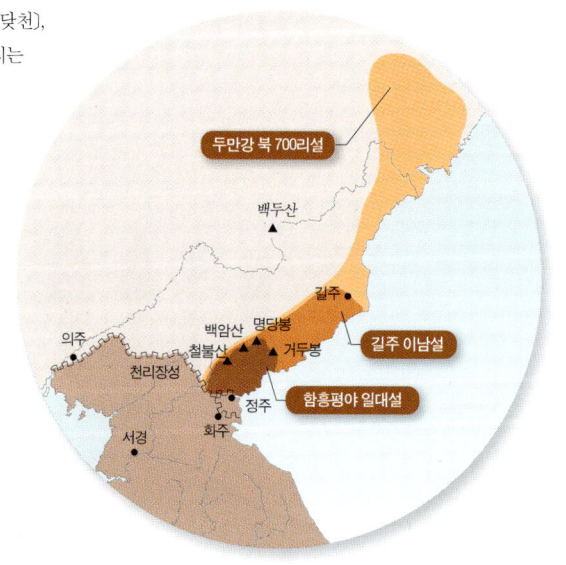

「척경입비도」
조선 후기에 제작된 『북관유적도첩』에 실린 「척경입비도」로, 윤관과 오연총이 지금의
함경도 일대에 있던 여진족을 정벌한 뒤에 성을 쌓고 선춘령에 '고려지경(高麗之境)'이라고
새긴 비를 세우는 모습이다. 가운데 장막에 앉아 있는 사람이 윤관과 오연총으로 여겨진다.

고려군의 놀라운 분전

고려의 예상과 달리 여진족은 포기하지 않고 공격을 감행했다. 고려군은 대규모 공성전을 잘 막아냈으나 여진족의 게릴라전에 고전했다. 9성의 보급이 끊기고 고립되는 사태가 자주 발생했다. 함경도 지역의 지형 정보에 오류가 있었던 것이다. 고려군은 여진족의 군대가 이동할 수 있는 경로는 마운령 산맥을 넘어 길주-명천 지구대를 따라 내려오는 길밖에 없다고 생각했다. 왼쪽은 개마고원이고, 오른쪽은 동해이기 때문이었다. 그러므로 길주-명천 지구대를 따라 여러 겹으로 요새를 설치하면 이 지역을 쉽게 방어할 수 있다고 판단했다. 그러나 개마고원과 그 북쪽은 대군이 충분히 이동할 수 있는 지역이었다. 여진족이 이 길로 남하하자 고려군의 측면이 무방비 상태로 노출되었고, 우회로가 없는 일자형 방어선이라 보급로도 단절되었다.

고려군은 최악의 상황에 빠졌지만, 전술적으로 불가능한 상황에서 무려 4년간이나 9성을 사수했다. 하지만 시간이 갈수록 병력은 줄어들고 피로가 누적되었다. 새로 모집한 보충병들은 별무반과 같은 전투력을 보여주지 못했다. 결국 1109년에는 길주성이 포위되었다. 고려군의 구원부대가 출동했지만 천리장성 입구에서부터 저지되었다. 여진 전쟁사에서 처음 발생한 사건이었다. 길주성은 무려 130여 일간 홀로 싸워야 했다.

| 고려 식민 사업의 수수께끼

『고려사』에 따르면, 1차와 2차 사민으로 9성에 이주시킨 인구가 7만 5000호라고 한다. 조선 시대의 세종 때 6진을 개척해 이주시킨 호수가 2800~3200호이니 그 스무 배가 넘고, 세종 때 함경도의 총 호수 1만 4739호보다도 다섯 배가 많다.

실제로 이 많은 인구를 짧은 기간에 이주시키는 것은 불가능하다. 이것은 인구수를 호수로 잘못 기재했거나 군대 또는 여진 인구까지 합산한 호수일 가능성도 있다. 어떤 경우든 고려가 국력을 기울인 대규모 식민 사업의 시행을 보여주는 사례다.

| 여진족의 예상 반격로

다행히 적을 격퇴했지만 함락 직전까지 몰렸다.

고려군의 전투력에 놀란 여진족은 화친을 요구해왔다. 고려도 긴 전쟁에 지쳐 강화에 동의했다. 1109년 7월에 강화가 성립되어 고려군은 9성을 헐고 철수했다.

여진 정벌이 남긴 것

여진 정벌은 실패했다는 결과론적 인식으로 인해 전쟁에 참전한 병사들의 노고와 업적이 제대로 평가받지 못했다. 실패의 원인이 사대주의에 물든 나약한 문관들 때문이라는 견해는 잘못된 것이다. 철수의 이유는 사대주의와 관련이 없었다. 실패의 책임은 여진 지역의 정세와 지리에 대한 정보가 부족한 데 있었다. 고려가 좀 더 개방적이고, 여진과의 국제 교류와 무역이 활발했더라면 여진 정벌은 더 좋은 결과를 맺었을 것이다.

하지만 장기적으로는 여진 정벌이 긍정적인 결과를 낳았다. 1115년 아구다阿骨打, 금의 태조는 금을 건국하고, 1122년에 요를 멸망시킨다. 하지만 고려군의 수성전 능력을 체험한 그는 과거의 거란과 달리 중원으로 진출하면서 고려를 공격하지 않았다.

300년 후 세종은 여진 문제를 처리하면서 윤관의 여진 정벌을 철저히 연구한 뒤 최소한 두만강 이북으로 국경선을 끌어올려야 한다는 결론을 내렸다.

금나라 사람들이 세운 비와 탁본
여진 문자가 새겨진 비석 가운데 가장 오래된 것으로, 금나라 사람들이 함경도 경원 지방에 세웠다. 이 지역 오롱초사라는 절의 건립과 불상 제작 과정, 시주자 등을 기록한 것으로 짐작된다. 이 비를 통해 그동안 알려지지 않았던 새로운 여진 문자와 여진 인명, 지명, 관명 및 어휘와 형태소들이 알려지게 되었다고 한다.

거란의 길잡이가 되다

● 고려의 집시 '양수척' ●

유럽의 집시처럼 고려 사회에도 일반 백성과 섞이지 않고 유랑 생활을 하는 무리가 있었다. 이들을 양수척楊水尺이라고 했는데, 고려 후기부터 조선시대에는 화척禾尺 또는 수척水尺이라고도 불렀다.

조선시대에는 백정과 유기장柳器匠, 기생을 모두 양수척의 후손이라고 했다. 이들이 농업에 종사하지 않고, 사냥이나 목축, 도살업을 생활 수단으로 삼았기 때문이다. 이들은 유랑 생활을 하려면 짐이 가벼워야 하므로 버드나무 껍질로 만든 고리 그릇을 생활 용구로 개발했다. 이 때문에 유기가 이들의 특산품이 되었다.

기생도 이들에게서 나왔다는 설이 있다. 최충헌의 애첩인 기생 자운선이 양수척 출신이라는 고사에서 기원한 것 같다. 그러나 사실은 백성들과 섞이지 못하고 차별을 받는 집단이다 보니 집시들과 마찬가지로 여자들이 창기娼妓 생활로 많이 빠져들었을 것이다. 성호 이익 같은 실학자도 이 설을 믿었다.

이 애처롭고 특이한 집단의 기원은 확실하지 않다. 양수척이라는 명칭은 『고려사』에서는 13세기 초반에 처음 등장하는데, 태조 왕건이 후백제

정병 속의 버드나무
청동으로 만든 정병 표면에 은입사 상감기법으로 새긴 버드나무와 물가 풍경이다. 버드나무는 정병뿐 아니라 고려청자에서도 자주 등장하는 무늬의 소재다. 이러한 청동 은입사 정병은 고려 도자기 문화의 발전과 함께 금속공예의 높은 수준을 보여주고 있다.

고리장수
조선시대 말 고리장수의 모습이다. 고리는 키버들의 가지나 대오리 따위로 엮어 상자같이 만든 물건인데, 주로 옷을 넣어 두는 데 썼다.

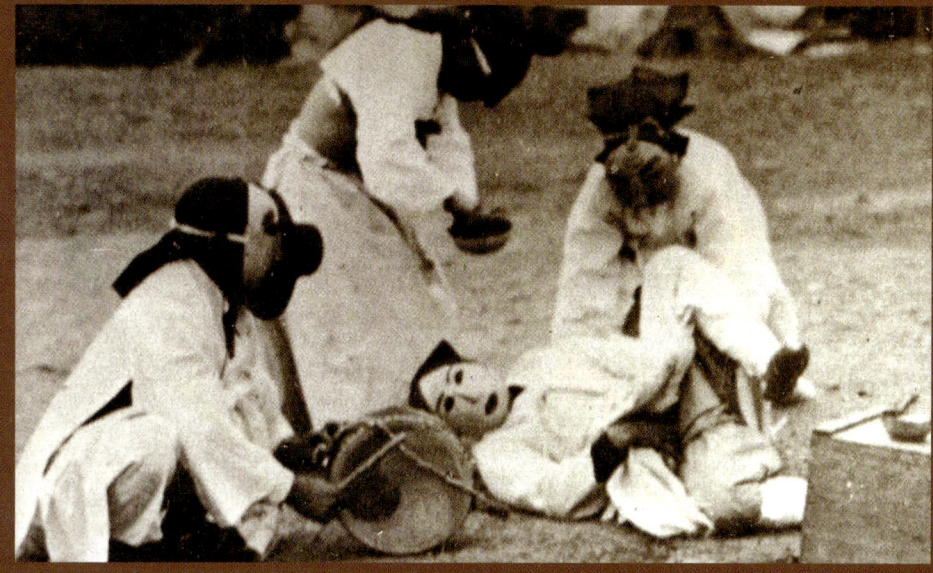

남사당패
조선시대에는 주로 남성들로 구성된 떠돌이 예인 집단인 남사당패도 있었다.

를 정복할 때 저항한 무리가 양수척이 되었다고 했다. 그러나 이것은 천민의 유래에 대한 상투적인 설명으로 신뢰성이 없다. 이들의 생활양식으로 볼 때 거란의 잔류병이나 고려로 들어온 북방 민족들일 가능성이 높다.

고려 고종 때 거란의 유민이 금의 지배에 반발해서 봉기했다가 금군과 몽골군에 쫓겨 고려로 들어온 사건이 있었다. 이들은 한때 개경을 포위하고 충청도까지 남하했는데, 이때 양수척들이 거란군에 가담해서 길잡이와 간첩 노릇을 했다. 거란 유민의 침공 때 양수척 출신의 간첩이 개경으로 들어오려다가 성문에서 체포된 사건도 있었다. 이 사연에 대해서도 자운선이 최충헌의 권세를 이용해 양수척에게 부역을 매기고 수탈했기 때문이라고 하지만, 이들이 거란인의 후예이기 때문일 가능성이 높다.

고려 말 우왕 때부터 양수척을 일반 백성과 동화시키려는 정책이 시행되었다. 정착지를 주어 농사를 짓게 하고, 오늘날 시민권을 주듯이 호적에 올리자는 정책이었다. 이 정책은 조선시대에 계승되어 태종 때는 양수척이 그들끼리 결혼하는 것을 금지하는 법을 제정하기도 했다. 이런 정책을 추진한 까닭은 사회가 불안할 때마다 적에게 투항하거나 도적이 되는 사례가 많았기 때문이다. 하지만 사냥을 업으로 하는 양수척은 우수한 군사의 공급원이기도 했다. 다시 말해 이들을 군사로 채용하기 위해서는 시민권을 부여해야만 했던 것이다.

이런 동화 정책은 성공적이었던 것 같다. 조선시대에 양수척은 이민족이 아닌 백정이나 유기장 같은 직업군을 지칭하는 말로 변했다. 그러나 이들은 계속 천민으로 차별 대우를 받았기 때문에 여전히 특수한 집단으로 간주되었다. 그리고 여전히 유랑하며 살아가는 무리들이 조선 후기까지도 있었다고 한다.

문벌 귀족 사회의 위기

| 이자겸의 난과 묘청의 서경 천도 운동

"관리가 민간의 어린아이를 잡아다 강물에 던진다."

1123년 3월, 뜬금없이 요사스러운 말이 유행했다. 그래서 모두 놀라고 겁나서 산속으로 도망치고 어린아이를 숨기는 사람까지 있었다. 왜 이런 유언비어가 떠돌고, 또 사람들은 이것을 믿었을까?

12세기의 동아시아에는 또다시 큰 변화가 시작되고 있었다. 여진의 성장으로 고려는 여진 정벌을 단행했다. 이때 대대적인 군사 동원이 이루어지면서 무신 세력이 성장했다. 한편 송은 거란 정벌을 위해 고려에 협조를 요청했으나, 고려가 이를 거절하자 여진과 연합해 거란을 무너뜨렸다. 하지만 거란이 무너진 자리에 또다시 금이 세워지자, 송은 휘종과 흠종이 금에 잡히는 치욕을 겪었다. 고려는 금에 '칭신사대稱臣事大, 신하라 칭하고 임금으로 섬김'를 결정했다.

이때 문벌 귀족인 이자겸이 예종의 뒤를 이어 어린 태자를 옹립하고, 유력한 정치 세력인 한안인과 문공미 일파를 축출해 권력의 정점에 올랐다. 모두 인종 즉위 전후에 일어난 일들이었다. 유언비어는 이처럼 불안한 시대 상황이 만들어낸 것이었다.

문벌 귀족 사회의 분열

12세기를 전후하여 고려의 문벌 귀족 사회는 정점에 이르렀지만, 동시에 분열과 붕괴의 위험에 처했다. 그들을 떠받치고 고려 사회를 운영하는 데 기반이 되었던 제도들이 비정상적인 정치 세력가들을 중심으로 확대되었다. 즉, 과거나 음서를 통한 관직 독점 현상이 두드러졌고, 외척 세력이나 왕의 측근 세력이 정권을 장악해 농단하는 경향이 두드러졌다.

더구나 "참소를 믿고 이익을 챙기며 땅과 집을 치장하니, 전답이 연달아 있고 제택은 사치스러웠다. 사방에서 선물을 보내니 썩는 고기가 늘 수만 근이었는데, 다른 것도 모두 이와 같았다"라는 기록에 나타나듯이, 경제 기반마저 무너지고 있었다. 특히 박표 같은 인물이 이자겸에게 아부하여 재물을 긁어모으자, 벼슬과 이익을 탐하는 자들이 앞다퉈 이자겸에게 뇌물을 바치면서 큰 부자가 되었다.

이 무렵 예종이 재위 17년 만에 45세의 나이로 죽었다. 그런데 새로 왕위에 오른 인

고려 불화 속의 궁전과 고려 사람들
미륵보살이 석가 열반 후 56억 7000만 년 후에 이 세상에 태어나 부처가 된다는 경전의 내용을 그린 「미륵하생경변상도」의 아랫부분이다. 미륵불의 발아래에 그려진 용왕 부부와 그 양옆에 있는 전륜성왕, 그 아래의 화려한 궁전, 아름다운 수레와 가마, 소를 몰아 논을 가는 모습, 가을에 수확하는 모습 등을 통해 고려 사회의 모습을 짐작해볼 수 있다.

종은 14세로 너무 어렸다. 예종의 형제들이 왕위를 노렸고, 또 다른 정치 세력들이 이것을 이용하려 했다. 이렇듯 지배층이 분열하는 가운데 대방공 보 같은 왕실 세력과 한안인·문공미 같은 신진 관료 세력, 이자겸 중심의 인주 이씨 세력 간의 정권 다툼이 치열했다. 이자겸은 예종의 동생인 대방공 보가 왕위에 뜻을 두고 있다고 모함하여 경산부로 내쫓고, 한안인 세력마저 당파를 만들어 음모를 꾸몄다고 하여 제거했다. 이자겸이 권력을 독점하게 된 것이다.

문벌 귀족 사회는 이자겸을 중심으로 점차 새로 조직되었다. 반면 새로 왕위에 오른 인종은 허수아비에 불과했다. 고려 사회의 첫 번째 분열이 대대적으로 시작된 것이다.

외척의 대표 주자 이자겸, 난을 일으키다

현종 이후 왕실은 몇몇 주요 가문을 중심으로 혼인 관계를 맺었다. 그 가운데서도 한 가문에서 두 명 이상의 후비를 배출한 집안은 안산 김은부, 단주 한조, 청주 왕가도, 인주 이자연 등이었다. 이들은 말하자면 왕실의 외척 가문이었다. 고려시대에는 외척의 벼슬에 대한 규제가 없었다. 외척들은 이를 내세워 권력을 넓혀나갈 수 있었다.

특히 이자연은 세 딸을 문종의 후비로 들였고, 손녀이자 이자겸의 누이도 순종의 후

| **이자연 묘지석**

1061년 이자연이 죽자 그의 가계와 일생을 기록하여 무덤 속에 함께 넣은 지석이다. 이자연은 고려 전기의 최고 문벌인 인주 이씨 출신으로, 문종의 장인이자 순종·선종·숙종의 외할아버지였다.

딸이 셋 있는데 모두 임금에게 시집갔다.
맏딸은 연덕궁주(인예태후)로 왕비이며,
태자(순종)와 국원후(선종)가 그 아들이다.
둘째는 수령궁주(인경현비)이니
조선후가 그 아들이고, 셋째는 숭경궁주(인절현비)다.
대대로 번성함을 이어서 가문의 명성이 빛난 것은
글자가 생겨난 이래로
공과 비교하여 말할 수 있는 자를 보지 못했다.

-「이자연 묘지명」중에서

비가 되었다. 그래서 손자인 이자의가 반란을 꾀했음에도 불구하고 그의 집안은 아무 탈이 없었다. 또 이자겸의 외조부는 지공거를 지내고 평장사로 물러난 김정준이고, 처는 해동공자 최충의 증손녀였다. 이는 빙산의 일각에 불과했다. 이자겸의 둘째 딸은 예종의 왕후였고, 셋째와 넷째 딸은 그 아들인 인종의 후비가 되었다. 이자겸의 가계도를 보면, 인주 이씨 집안은 부계로든 모계로든 처계로든 거의 완벽할 만큼 최대의 외척 가문이었다.

이자겸은 조선국공朝鮮國公이라는 최고의 지위에 올랐고, 그의 거처는 의친궁懿親宮이란 이름을 가질 정도였다. 외손자이자 사위인 인종은 조서詔書에서 그의 이름을 칭하지 않고 경卿이라고도 하지 않겠다면서 존중했다. 하지만 이자겸은 자신에게 대항하며 권력을 왕에게로 되돌리고자 하는 사람이면 누구라도 용납하지 않았다. 특히 다른 문벌 가문에서 왕실에 딸을 들이는 것을 막아 권력을 유지하고자 했다. 게다가 이자겸은 숙종과 예종 때 여진 정벌에서 큰 공을 세워 무인의 자질을 인정받은 척준경과도 사돈을 맺었다. 이자겸은 일인지하 만인지상의 권력과 군사력을 갖췄던 것이다.

1126년 2월 인종은 이자겸의 권력에서 벗어나 왕권을 회복하기 위해 그를 제거하려고 했다. 그러나 이 시도는 이자겸의 오른팔이라 할 척준경의 반격으로 무산되었으며, 궁궐마저 불타버렸다. 인종은 이자겸에게 연금당해 도리어 독살의 위기에 처했다. 하

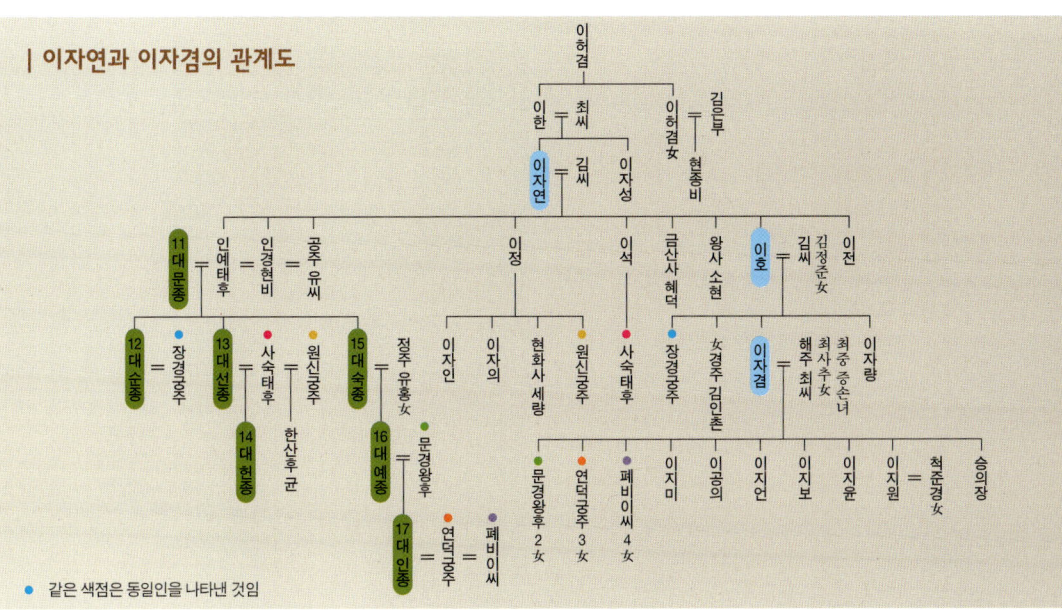

| 이자연과 이자겸의 관계도

● 같은 색점은 동일인을 나타낸 것임

지만 이자겸의 딸인 후비의 도움으로 겨우 화를 면할 수 있었다. 이때 이자겸은 '십팔자위왕十八子爲王'이라는 참언을 내세우고, 대외적으로는 금의 압력에 굴복해 '칭신사대'의 군신 관계를 맺었다.

그러나 이자겸의 득세는 오래가지 못했다. 사실 인종이 그에게 선위하려고 했을 때, 이자겸이 군사력을 동원해 반대 세력을 눌렀다면 왕위에 오를 수도 있었다. 하지만 이자겸은 그렇게 하지를 못했다. 오히려 궁궐을 불태운 일과 인종을 향해 화살을 쏜 일에 대한 책임을 놓고 척준경과 사이가 벌어졌다. 1126년 5월, 인종은 그러한 척준경을 비밀리에 달래 이자겸 세력을 제거하는 데 성공했다. 문종부터 인종까지 7대에 걸쳐 형성된 인주 이씨 가문의 독주는 이로써 막을 내렸다.

이자겸은 숙청되고, 인종의 독살을 막아낸 두 딸도 폐위되어 쫓겨났다. 이자겸을 따르던 무리들도 처형되거나 유배되었다. 하지만 이자겸과 인주 이씨 가문에 연결된 문벌 귀족들이 워낙 많아 모두 제거할 수는 없었다. 오히려 인종은 그들의 반발을 염려하여 풀어주거나 다시 관직에 등용하기도 했다. 그러면서 이자겸 같은 외척과 문벌 귀족의 횡포를 막고자 했다. 왕 중심의 유신維新 개혁이었다.

이 같은 중앙 정치 세력의 분열은 곧 새로운 정치 세력의 등장을 낳았다. 그들은 인종의 개혁 정치에 편승하면서 기존의 틀을 개편하고자 했다. 바로 수도를 서경으로 옮

인종의 「유신지교」 15개조

인종은 이자겸 난의 흔적이 곳곳에 남아 있는 개경을 벗어나 새로운 구상을 했다. 우선 남경(南京, 지금의 서울)으로 행차하고, 1127년에는 일관(日官)의 건의로 다시 서경(西京, 지금의 평양)에 행차해 태조의 어진을 배알했다. 인종은 서경에서 개경의 문벌 귀족들과는 완전히 다른 인물들을 만났다. 바로 서경 출신의 관리 정지상과 승려 묘청, 일관 백수한 등이었다. 인종은 이들을 만난 뒤부터 자신감에 찬 유신 개혁안 15개 조항을 발표했다. 그 내용은 재변이 연달아 일어나고 이자겸의 난으로 민심이 어지러워진 것은 국왕 자신의 허물 탓이라 했다. 이에 자책하면서 중앙과 지방에 정치 개혁안을 내린 것이다. 15개 조항의 내용은 다음과 같다.

순서	내용
1	방택에서 지신에게 제사를 올리고 사교에서 기운을 맞출 것
2	사신을 파견하여 지방관의 잘잘못을 감찰하여 포상하거나 좌천시킬 것
3	수레와 복식 제도를 힘써 검약하게 할 것
4	쓸데없는 관원과 급하지 않은 업무를 없앨 것
5	농사를 권장, 경작에 힘쓰도록 하여 백성의 식량을 넉넉하게 할 것
6	시종관이 각각 1인씩 천거하되 천거자가 형편없으면 그를 벌할 것
7	관곡 저축에 힘써서 백성 구제에 대비할 것
8	백성에게서 거둬들이는 것에 제도를 세워 일정한 지세와 호세 이외는 함부로 걷지 말게 할 것
9	군사를 보살펴 일정한 시기에 훈련을 실시하는 것 이외에는 복무하지 말게 할 것
10	백성을 보살펴 지방에 정착하게 하여 도망하여 흩어지지 말게 할 것
11	제위포(濟危鋪)와 대비원(大悲院)에는 저축을 풍족히 하여 질병에 걸린 자를 구제할 것
12	국고의 묵은 식량을 강제로 빈민에게 나누어 주고 무리하게 그 이자를 받지 못하게 하며, 또 묵고 썩은 곡식을 백성에게 찧으라고 강요하지 말 것
13	선비를 선발하는 데 다시 시(詩)·부(賦)·논(論)을 쓰게 할 것
14	모든 고을에 학교를 세워 교육을 확충할 것
15	산림이나 못에서 생산되는 이익을 백성들이 함께 공유하게 하며 침해하지 말 것

기고, 황제국인 고려를 다시 새롭게 건설하고자 한 것이다. 문벌 귀족 사회의 최대 위기가 다가오고 있었다.

묘청의 서경 천도 운동

인종은 이자겸 난의 흔적이 곳곳에 남아 있는 개경을 벗어나 새로운 구상을 했다. 우선 남경南京, 지금의 서울으로 행차하고, 1127년에는 일관日官의 건의로 다시 서경西京, 지금의 평양에 행차해 태조 왕건의 어진을 배알했다. 인종은 서경에서 개경의 문벌 귀족들과는 완전히 다른 인물들을 만났다. 바로 서경 출신의 관리 정지상과 승려 묘청, 일관 백수한 등이었다. 인종은 이들을 만난 뒤부터 자신감에 찬 유신 개혁안 15개 조항을 발표했다.

인종이 서경에 머무른 5개월 동안 신임을 얻은 묘청 등은 서경에 왕기王氣가 있음을 들어 천도를 주장하기 시작했다. 묘청 등은 개경에 기반을 둔 김부식이나 임원후 같은 문벌 귀족 세력의 금에 대한 칭신사대 정책과 개경 중심론, 유교적 개혁과는 뜻을 달리하면서 차츰 세력을 형성해나갔다. 이들이 바로 서경파였다. 그들은 유교적 유신 개혁을 넘어 서경 천도를 과감하게 행할 것을 주장했다. 임원역에 새로 궁궐을 지어 왕조를 운영하면 천하를 합병하게 되고, 금이 스스로 항복하며, 36개국이 조공을 바치게 된다

인종의 옥책과 청동 도장
인종의 시호와 생전의 업적 등을 새긴 옥책에는 각 돌의 옆면 위아래에 구멍이 하나씩 뚫려 있어서 금실 같은 끈을 넣어 연결했던 것으로 보인다. 또 불법을 수호하는 상징적인 동물인 사자 두 마리가 앞발로 보주를 받치고 서 있는 청동 도장은 인종의 권위를 드높이는 상징물일 것으로 여겨진다.

고 했다.

1129년 임원역의 신궁인 대화궁이 완성되자, 서경파는 인종에게 칭제건원稱帝建元, 황제라 칭하고 독자적인 연호를 정할 것을 청했다. 그리고 금이 산동 일대에 세운 대제大齊와 힘을 합쳐 금을 협공하자고 했다. 1131년 서경파는 대화궁의 정전을 건룡전이라 하고 토착신을 모신 팔성당을 궁궐 안에 설치하는 등 서경 중심의 고려왕조를 구축했다. 인종 역시 묘청을 삼중대통지루각원사로 삼고 자의紫衣를 하사할 정도로 신뢰를 보냈다.

하지만 그들의 도교적인 음양 비술과 토착 신앙이 황당함을 보이자, 인종은 더 이상 그들의 주장을 받아들이지 않았다. 결국 김부식 등 개경파는 서경 천도 및 칭제건원, 금 정벌, 36국 조공설 등이 모두 비현실적이며 묘청 등 서경파를 요망 해괴한 자들이라 몰았다. 인종 역시 묘청이나 정지상 등의 청을 더 이상 받아들이지 않았다.

1135년 조바심이 난 묘청 등은 서경의 관리인 분사시랑 조광 등과 함께 군사를 일으켜 뜻을 관철하고자 했다. 그러면서 이들은 나라 이름을 대위大爲라 하고 연호를 천개天開라 했으며, 자신들의 군대를 하늘이 보낸 정의의 군대란 뜻의 천견충의군天遣忠義軍이라 자처했다. 묘청의 난이자 서경 지역의 반란이었다. 이때 반란에 주로 참여한 이들은 서경을 중심으로 한 서북 지방의 농민들이었다.

인종은 김부식을 토벌군 원수로 삼고, 윤언이와 김부의로 하여금 좌우를 보좌케 했

| 자주와 사대를 넘어 펼친 실리 외교 정책

1127년 6월 송이 금에 사로잡힌 휘종과 흠종을 구하려고 고려의 해로와 육로를 빌리고자 사신을 보내온 일이 있었다. 바로 정금가도征金假道였다. 하지만 고려 조정은 오히려 금을 자극해 해를 입을 것을 염려하여 거절했다. 비록 금에 대한 칭신사대는 이자겸과 척준경이 정한 것이었지만, 여기에 김부식 같은 개경파 유학자들이 모두 동조하고 있었다. 이러한 개경파의 입장에서 볼 때 서경파의 금 정벌은 한마디로 말도 안 되는 일이었다. 금에 대한 정벌도 마찬가지였다.

여진족의 청동 기마 인물상
여진족이 세운 금은 고려와 형제의 맹약을 맺은 뒤, 1125년에는 거란을 멸망시키고 이어 북송을 무너뜨려 북중국의 패자로 군림했다.

| 묘청의 난 지도

용머리 잡상과 기와들
대화궁터에서 발굴한 용머리 모양의 잡상과 여러 가지 형태의 기와들이다.

반란군의 세력 범위
반란 진원지
반란군의 공격
토벌군의 진로
주요 격전지

대화궁 토성터
1129년에 건립한 것으로, 평안남도 대동군 부안면에 있다. 당시 서경에 있던 묘청이 풍수 사상을 퍼뜨려 개경이 왕도로서 부적당하다고 건의해 서경으로 천도할 것을 주장했다. 인종도 이것에 찬성하여 이곳에 궁을 지었다. 그러나 묘청의 난으로 끝내 천도하지 못하고 왕은 자주 이곳에 행차했다고 한다. 지금은 궁궐이 없어지고 터만 남아 있다.

김부식이 『삼국사기』를 지은 까닭은?

김부식은 철저한 존왕주의자로서 금의 형세가 강성함을 들어 이자겸과 함께 사대와 조공을 통해 나라를 보전하자고 주장했다. 말하자면 철저한 중국 중심의 사대주의자는 아니었다는 것이다.

김부식은 왕에 대해서는 철저한 충을 내세우고, 학문적으로는 유교적 도덕주의와 합리주의에 바탕을 두고 있었다. 그러면서도 귀족 문화의 절정기라 할 예종과 인종 시절을 산 인물답게 고려 문화에 대한 자부심도 있었고, 서경 진압군의 원수를 맡을 정도로 군사 전략에도 밝았다. 이러한 사실은 『삼국사기』를 편수하는 데 그대로 적용되었다.

그런데 왜 김부식이 『삼국사기』라는 역사책을 편찬했을까? 다행스럽게도 『삼국사기』에는 김부식이 직접 인종에게 올린 '진삼국사기표進三國史記表'가 있는데, 여기에 그 실마리가 있다. 인종은 김부식에게 학자·대부가 중국의 것은 알면서도 우리나라 일의 시말始末에 대해 모르고 있으며, 또 삼국과 관련한 옛 기록이 졸렬하고 빠진 것이 많아 임금과 왕후의 선악에서부터 나라와 백성의 치란 등을 살펴 권선징악할 수 없으므로 역사서 편찬을 명했다는 것이다. 따라서 해동 삼국의 역사를 국가가 주도해 정리하게 되었다는 것이 요지다.

하지만 이렇게만 볼 수 없는 시대 배경이 있었다. 인종은 여진족이 세운 금에 대해 자의반 타의반 칭신사대를 해야 했고, 외조부이자 장인인 이자겸의 난과 서경 천도와 금 정벌을 내세운 묘청 등 서경 세력의 반란을 겪은 불운하다면 불운한 군주였다. 따라서 인종은 땅에 떨어진 왕권을 다시 세우고, 과거의 역사를 되돌아보면서 치국의 도와 군신의 의리, 군왕의 도를 자연스레 역사에서 되찾고자 했다. 김부식은 이러한 인종의 의도와 역사적 상황을 잘 이해하고 있었기에 『삼국사기』를 편찬하게 된 것이다.

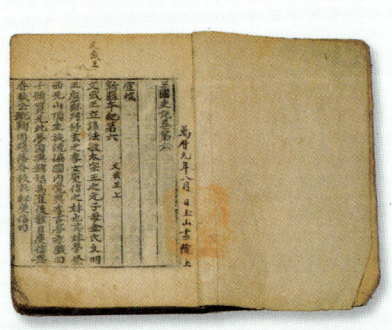

『삼국사기』
『삼국사기』는 인종 때 김부식이 여덟 명의 젊고 유능한 관원들의 도움을 받아 편찬한 책으로, 『삼국유사』와 함께 우리 고대사를 읽는 기본 텍스트다. 특히 삼국을 우리라는 뜻의 '아(我)'로 표현하고, 신라의 '거서간-차차웅-이사금-마립간'이라는 지배자 호칭을 있는 그대로 기록하려는 직필주의(直筆主義)를 반영했다.

김부식
인종 때 최고의 학자이자 정치가로 손꼽힌 인물이다.

다. 서경 세력의 저항은 1년여에 걸쳐 지속되었다. 마침내 관군의 토벌에 지친 저항군은 항거를 거두고 묘청 등의 머리를 베어 바쳤다. 이로써 묘청의 난은 진압되었다.

그 후 서경과 서북 지역민에 대한 고려 조정의 회유책이 내려지긴 했지만 성공을 거두지는 못했다. 차별에 불만을 가진 서북 지역민들은 이후에도 개경 중심의 고려 조정에 항거했지만 실패로 이어졌다. 결국 개경 중심의 고려 조정과 서경 중심의 서북 지역은 내부적으로 큰 균열을 보인 상태가 되었다. 그것은 먼 훗날 몽골과 싸울 때 살기 위한 투항뿐만 아니라 길을 안내하거나 몽골군에 몸담는 반고려적 활동의 뿌리가 되기도 했다.

개경파 중심의 문벌 귀족 사회는 지금까지처럼 개경 중심의 왕조 운영을 지속하게 되었다. 동시에 금에 대한 칭신사대를 행함으로써 국내 안정을 추구했다. 유교적 유신 개혁이 전개되는 듯했으나 결국 지나친 문벌 귀족 사회의 폐해를 도려내는 데는 실패하고 말았다. 그것은 결국 무신들의 불만을 자극했고, 마침내 그들의 폭발은 지금까지 귀족 사회 내부의 동요와는 차원을 달리했다.

나라와 개인의 운명이 달렸다

● 풍수지리와 십팔자참설 ●

풍수지리風水地理는 원래 산과 땅의 모양새를 살펴 도읍이나 집, 묘 따위를 정하는 것이다. 즉 땅에는 기운이 강하거나 약한 곳이 있는데, 기운이 모이는 곳에 집이나 묘를 쓰면 사람들이 복을 받는다고 한다. 개인뿐만이 아니라 나라의 운명까지도 풍수의 영향을 받는다. 그래서 땅의 기운이 모이는 명당을 찾는 것이 중요했다.

그런데 풍수에는 도참圖讖이라는 미래의 예언이 같이 따라붙는다. 도참은 징조, 전조와 같이 미래의 좋고 나쁜 일을 알려주는 일종의 암시다. 대표적 도참이 바로 십팔자참설十八子讖說이다. 이것은 '이李'라는 글자를 분해해서 이용한 도참으로, 이씨 성을 지닌 사람이 나라를 다스릴 것이라는 예언이었다.

고려시대에도 십팔자참설이 이어졌다. 이자겸이 쿠데타로 인종을 감금한 뒤에 자신이 왕이 되려고 할 때, 이를 이용한 것이 대표적이다. 이후 무신 정권 때 이의민이 경주에서 신라의 부흥을 꾀할 때, 자신의 성과 통하는 십팔자참설을 이용하려 했다. 또 조선왕조의 건국자인 이성계도 십팔자참설을 은연중에 이용했다.

풍수지리는 특히 개경·서경·남경의 삼경과 수도를 옮기려 할 때 역사의 무대에 크게 등장한다. 1067년에 남경南京, 한양의 건설은 풍수와 관련이 깊다. 『도선기道詵記』에는 삼경에 왕이 각기 넉 달을 머무르면 36개국이 조공한다고 했다. 그래서 예전의 동경東京, 경주 대신 새로 남경이 만들어진 것이다. 물론 풍수를 둘러싼 정치적 갈등은 서경으로 천도하는 문제에서 가장 크게 부각되었다. 풍수지리는 서경 천도 운동을 뒷받침하는 핵심 논리였던 것이다.

그러나 고려 후기에는 성리학이 수용되면서 풍수가 더 이상 수도를 옮기는 첫 번째 조건이 아

영암의 도선국사비
『도선비기』 외에도 여러 책이 풍수와 관련해 역사서에 등장한다. 『삼각산명당기』나 『송악명당기』 등과 같은 비기류가 그런 책들이다. 그래서 고려 정부는 이런 종류의 책들을 통제했다. 잘못하면 이 책들은 반역에 이용될 수 있었기 때문이다.

니었다. 유교 경전에서는 나라를 유지하는 세 가지 요소로 하늘의 때(천시天時), 땅의 이치(지리地理), 사람들의 단결(인화人和)을 꼽았는데, 가장 중요한 것이 세 번째였다. 따라서 풍수보다는 인간 사회의 단결력이 더 중요하다고 보았다. 게다가 현실적인 이익이 수도를 옮기는 데 중요한 요소가 되었다. 고려 말 우왕은 왜구 때문에 수도를 옮기려고 도선의 책을 보고 명당을 골랐으나, 조운선이 출입할 수 없다는 불이익론에 따라 이를 거부했다.

원래 풍수지리는 믿음의 영역이고, 신비주의에 바탕을 두고 있다. 중세의 정치가들이 이를 얼마나 믿었을까? 이를 알기는 쉽지 않다. 하지만 풍수지리는 적어도 정치적 행동이나 지위를 합리화하는 좋은 이름을 달아주는 논리였다. 인간과 사회의 운명에 대한 불안감이 있는 한, 풍수지리는 믿음의 영역에서 내려오지 않을 것이다.

| 개경의 10대 사찰

사람의 몸에 침을 놓는 것처럼, 땅의 기운이 막히거나 부족한 것을 고칠 수 있는 방법이 있다. 바로 비보사탑설神補寺塔說로, 절이나 탑을 그 장소에 세우면 된다. 태조는 신라가 망하게 된 것은 절을 함부로 세웠기 때문이라고 지적하면서 「훈요10조」에 아무 곳에나 함부로 사찰을 세우지 못하게 강조했다.

⚜ 도선이 삼한 통일을 예고하다 ⚜

한국 풍수의 대가는 신라 말의 도선이다. 도선은 전라도 영암 출신으로, 후일 『도선비기道詵秘記』라는 책으로 유명해졌다. 고려 왕실 역시 그의 권위를 이용해 새 왕조를 만든 것을 합리화하려 했다.

용건龍建, 태조 왕건의 아버지은 개성 송악산에 새로 집을 지었다. 그런데 도선이란 스님이 그 집 앞을 지나다가 "기장을 심을 터에 어찌 삼을 심었는고?" 하더니, 곧 가버렸다. 용건이 부인한테서 이 얘기를 듣더니, 급히 뛰어나가 스님을 붙잡았다. 도선은 이곳이 백두산과 맥이 연결된 명당이라고 하면서, 내년에는 아들을 낳을 것이고, 이름을 왕건王建으로 지으라고 했다. 그리고 도선은 봉투의 겉면에 미래의 삼한三韓을 통일할 군자에게 드린다고 썼다.

위 이야기의 중요한 대목은 백두산과 연결된 명당이라는 점과 도선이 왕건의 탄생과 고려의 통일을 예언했다는 점이다. 이 이야기는 후대에 고려의 건국을 정당화하려고 만들어냈을 것이다. 그러나 당시 사람들은 바로 풍수란 이름 때문에 이것을 믿었다.

3

보현원의 저녁은 새 역사의 시작

| 무신 정권 시대

의종 24년인 1170년 8월 저녁, 새 역사가 시작되었다.

날이 어두워지면서 어가 행렬이 보현원이라는 절에 가까워지자, 장교 이고와 이의방이 왕의 명령이라고 속여 순찰과 치안을 담당하는 순검군을 모두 모았다. 의종이 건물 안에 들어가고 여러 신하가 물러나려 하는 순간, 피의 쿠데타는 시작되었다.

왕을 따라온 많은 사람들이 죽었다. 마치 "어느 곳이 보현찰인가. 이 금[畵]을 따라가면 모두 다 죽으리라"는 당시 유행한 동요처럼. 심지어 무인들 중에서도 복두幞頭, 관리의 모자를 벗지 않은 사람은 역시 죽어 나갔다. 노영순만은 본래 무사 집안 출신이기에 평소 무신들과 사이가 좋아서 죽음을 면했다.

바로 무신 정변의 시작이다.

쿠데타의 씨앗

개경에 도착한 쿠데타 군은 "문신의 관冠을 쓴 사람은 비록 서리라도 씨를 남기지 마라"라고 외치며, 길거리에서 50여 명을 수색해 죽였다. 의종은 쫓겨나고 새롭게 명종이 즉위하면서 새로운 시대, 즉 무신의 시대가 열렸다. 이후 100여 년 동안 왕은 실권이 없는 허수아비로, 그 대신 무신 권력자가 힘을 발휘하게 되었다. 이 시대는 마치 일본에서 실권 없는 천황과 권력자인 쇼군將軍의 권력처럼 유지되던 때다.

무신은 이전부터 차별을 받았다. 이들은 정3품까지만 승진할 수 있었다. 군의 최고 사령관은 대개 문신들이 맡아서 했다. 강감찬이나 윤관, 김부식 등은 문신 출신으로 지휘를 맡았다. 여기에는 고위직 무신들이 귀족이 아닌 서민 출신이 많았다는 점도 한몫 했다. 문신 관료들은 은연중에 이들을 차별했다. 물론 평장사 서공처럼 평소에 문관들의 교만함을 미워하여 무신들을 예우한 문관도 있었다.

병사들도 불만이 많기는 마찬가지였다. 이들은 전쟁하는 것 말고, 평소에도 공사장에 동원되었다. 왕을 호위하는 일도 만만치 않았다.

의종은 끊임없이 궁궐 밖으로 행차했다. 절, 재상의 집, 경치 좋은 곳에 지은 정자 등이 왕이 행차하는 곳이었다. 여름의 뜨거운 햇빛과 비, 겨울의 차가운 바람과 눈은 그

고려의 문관 석상
황해도 개성시에 있는 공민왕릉의 문관 석상이다. 고려시대에는 문관으로서 무예를 익히는 경우는 있었으나 무과는 없었다. 일반적으로 고려시대부터 무관은 문관보다는 격이 낮은 것으로 인식되어 중급과 하급 무관들은 문관에 비해 차별을 받았다.

나마 괜찮았다. 잦은 이동과 호위로 이들은 밥도 제대로 먹지 못했다. 그런데 이들의 눈앞에서 왕과 문신들은 잔치를 벌이고 있었다.

무신들의 불만은 언제나 있어왔다. 중요한 것은 의종 때 이것이 폭발했다는 사실이다. 사실 의종은 자신의 권력을 강화하기 위해 노력했으나 그 방법에 문제가 있었다. 의종은 측근 세력을 키웠던 것이다. 측근이 된 사람들은 환관과 호위군, 그리고 뛰어난 문신 관료였다.

의종은 환관에게 이전에는 받지 못하던 고위직을 주었다. 이는 문신 관료들의 반발을 샀지만, 끝내 성공했다. 또한 호위군한테도 나름대로 신경을 썼다. 쿠데타의 주역인 정중부가 궁궐 문 출입을 잘못했다는 탄핵을 받았지만 너그럽게 용서했다. 의종은 우수한 관료들과 개인적으로 친한 관계를 맺었다. 그 수단 가운데 하나가 잔치였다. 그 밖에도 의종은 초호화 주택을 몇 채 가지고 있었다. 재산을 모으는 일에도 신경을 썼던 것이다.

이들 간에는 작은 특권을 둘러싼 갈등이 내재해 있었다. 누가 왕으로부터 특권을 더 얻어낼 것인가가 관심의 내용이었다. 호위군에 속한 무신들은 이런 특권에서 점차 멀어져갔다. 대신 우수한 문신 관료들은 그들의 자리를 넓혀갔다. 대표적인 인물이 김부식의 아들 김돈중이었다. 무신 정변은 이렇게 쌓인 불만이 한순간에 터진 것이다.

고려시대의 내시

고려시대에는 거세된 사람을 일컫는 환관과 달리 내시가 별도로 존재했다. 왕을 가까이 모시는 내시직에는 재능과 용모가 뛰어난 세족世族의 자제나 과거에 합격해 시나 경전에 능한 신진기예 20~30명을 임명했다. 내시들은 항상 왕과 함께 행동하고 왕명을 초안하거나 유교 경전을 강의하면서 왕의 정책 결정에 조언했다. 최충의 손자 최사추, 예종의 측근으로 활약한 한안인, 김부식의 아들 김돈중, 고려 후기의 안향 등이 대표적이다.

특히 김돈중은 무신 정변을 일으킨 정중부와의 일화로 유명하다. 김돈중은 문과에 급제해 내시직에 임명되었는데, 젊은 시절에 나례儺禮에서 왕을 호위하던 정중부의 수염을 촛불로 그을렸다. 화가 난 정중부가 김돈중을 때리자, 당시 권력자인 김부식이 정중부를 매질하려 했지만 왕의 만류로 그만두었다. 이 때문에 김돈중에게 개인적인 감정을 가진 정중부가 무신 정변을 일으켰다고 『고려사』는 전하고 있다.

청자 기와로 지붕을 인 양이정

또 민가 50여 곳을 헐어 대평정을 짓고……
정자 남쪽에는 못을 파고 관란정을 지었으며
그 북쪽에는 양이정을 지어 청자로 지붕을 이고
남쪽에는 양화정을 지어 종려나무로 지붕을 이었다.
또 옥석을 갈아 환희·미성 두 대를 쌓고
괴석을 모아 선산을 만들고
멀리서 물을 끌어 비천을 만들어 사치하고
화려함을 다하니…….

『고려사』 권18, 의종 11년 4월 병신

끊임없는 권력 쟁탈전

쿠데타가 성공해 새롭게 왕을 맞이하자, 그 주역들은 모두 공신이 되었다. 이전에 문신이 아니면 임명될 수 없었던 자리를 무신들이 차지했다. 심지어 무신들이나 집권자의 수하들이 지방관인 수령으로 파견되었다. 쿠데타 주역들은 각기 사병을 거느리고 있었는데, 이들에게도 이권을 나누어 주어야 했던 것이다. 그 결과 정권은 더욱 불안해졌다. 이렇게 나간 수령들은 뇌물이나 자신의 배를 불리기 위해 일반민을 수탈했다. 법과 관례는 무시되었고, 지방 사회는 동요하기 시작했다. 결국 각 지역에서 반란이 이어졌다.

한편 중앙 정계에서도 불안한 동거가 계속되었다. 정중부, 이고, 이의방 등은 서로 경쟁 관계로 바뀌었다. 권력을 둘러싼 경쟁 속에서 첫 번째 칼을 든 사람은 이고였다. 그는 정변이 성공한 몇 달 뒤인 1171년 1월에 개국사 승려 현소 등과 함께 또 다른 쿠데타를 일으키려 했다. 이고는 명종의 아들이 일종의 성인식인 관례冠禮를 하는 것을 기회로 불량배들을 불러 모았다. 그러나 이고의 음모는 심부름꾼의 누설로 이의방에게 알려져 실패했다.

이를 계기로 이의방은 실질적인 권력자가 되어, 처음에는 정중부와 타협하면서 정치

| 무신 정권 계보도

무신 정권 초기 정변을 일으킨 무신들은 주요 관직을 독점하며 사병을 길러 권력 다툼을 벌였고, 지방에서는 민생 악화 속에 농민과 천민이 대규모로 봉기했다. 1170년에 시작된 무신 정권은 1270년까지 100년간 계속되었다. 처음에 무신 정권의 중심 인물은 쿠데타를 직접 지휘한 정중부, 이고, 이의방 등이었다. 이후 경대승과 이의민을 거쳐 최충헌에 의해 최씨 정권이 들어섰다.

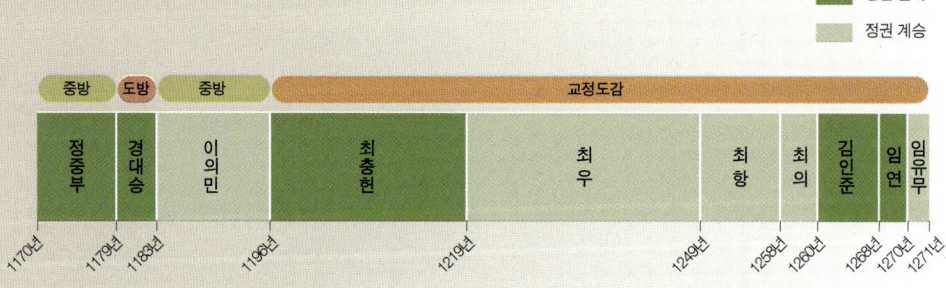

를 해나갔다. 그러나 이의방은 권력을 독점하려는 욕심 때문에 도를 넘어서게 되었다. 그는 딸을 태자와 결혼시키면서 다른 사람들의 반발을 샀다. 결국 이의방의 최후는 비참했다. 그는 서경에서 조위총이 일으킨 반란을 토벌하려고 군대가 출동하려는 시기에, 정중부의 아들이 보낸 승려 종참의 칼 아래 숨을 거두었다.

정권의 추는 자연스럽게 정중부에게로 넘어갔다. 그는 쿠데타의 실질적인 주도자가 되었다. 정중부는 황해도 해주의 평민 출신이었다. 그가 무인이 된 것은 군인다운 체구 때문이었다. 처음에는 사병으로 개경에 올라왔다가 당시 사열하던 재상이 정중부를 보고는 왕의 근위대인 공학금군控學禁軍으로 뽑았다. 이후 그는 왕실 주변에서 맴돌았기에 실제 전투에 참가하지는 않은 듯하다.

그러나 정중부의 권력도 오래가지는 못했다. 그는 자신이 죽인 이의방과 똑같은 운명을 맞았다. 아들 정균과 사위 송유인의 전횡, 그리고 정균과 공주와의 무리한 결혼 추진으로 청년 장군 경대승이 이끄는 결사대에 의해 살해되었다.

하지만 얼마 후 경대승이 병으로 죽게 되자, 새로운 인물이 정계에 나타났다. 바로 이의민, 그는 무신 정변의 최대 수혜자였다. 경대승이 권력을 잡자 시골로 은퇴했던 이의민의 명성은 널리 알려져 있었다. 바로 왕인 의종의 살해자라는 이름으로.

이의민은 이 시기 무신의 자화상이다. 어머니는 옥룡사라는 절의 종이었다. 그는 천

개국사 석등
개국사는 고려시대의 10대 사찰 가운데 하나다. 이 석등은 고려시대 초기의 것으로, 지금은 개성시 방직동으로 옮겨져 있다.

민 출신이었다. 경주에서 자란 이의민 형제는 모두 그 지역의 건달이었다. 관아에서는 이들을 체포해서 심하게 매질했는데, 그중에서 이의민만이 살아남았다. 수령은 이의민을 군인으로 삼아 개경으로 올려 보냈다. 그는 무신 정변 당시 맹활약을 하여 출세했다. 특히 이의민은 왕인 의종을 자신의 손으로 직접 죽였다. 의종을 복위시키려는 김보당이 정부에 대항해 일어났을 때, 이의민은 토벌군으로 경주에 내려갔다. 그곳에서 그는 의종을 참혹하게 살해했다. 이 사건은 이의민에게 평생토록 정치적 부담이 되었다.

이의민은 사소한 사건이 도화선이 되어 목숨을 잃게 된다. 그의 아들들은 아버지의 권세를 믿고 횡포를 부렸다. 특히 두 아들에 대해 세상에서는 '쌍칼자식[雙刀子]'이라고 불렀다. 두 아들 가운데 장군 이지영이 1197년 4월에 최충헌의 동생 집에 있는 비둘기를 빼앗았다. 이 일로 동생인 최충수는 형을 부추겨 별장으로 가던 이의민을 기습하여 살해했다. 이제 새로운 정권의 모습이 앞에 기다리고 있었다.

무신 정권의 정점, 최씨 가문으로 이어지다

최충헌은 비교적 좋은 가문에서 태어났으며, 군인이 아닌 문리文吏, 문서 행정을 담당하는 서리로 관직 생활을 시작했다. 그의 정치적 감각과 능력은 정중부나 이의민 같은 무신

거제도 폐왕성지
무신 정변 때 의종은 거제도로 쫓겨왔는데, 그때 둘레 500미터 가량으로 쌓은 산성이라고 전한다. 의종은 이 성에서 3년간 머물렀다는 전설이 있다. 그리고 복위 운동이 실패로 돌아가자 이의민에게 살해되었다. 주변에는 의종이 배를 타고 건넜던 견내량 수로변에 지금도 전하도목이라 불리는 지명이 있고, 고려골이라 불리는 곳에는 고려인들의 무덤이 남아 있다.

집권자들과 달랐다. 최충헌은 일찍부터 다른 문신 귀족들과도 관계를 맺어왔다. 그는 권력을 잡으면서 첫 인사 발령에 이들 문신 귀족들을 관직의 전면에 배치했다.

최충헌은 당시 문제를 잘 알고 있었다. 무신이 집권한 이후 국가 운영의 질서가 깨어지고, 사람들은 계속되는 정변과 지방 사회의 반란 속에서 극도로 불안함을 느끼고 있었다. 최충헌은 이들의 심리적 불안을 안정시킬 「봉사 10조」를 왕에게 올렸다. 이것은 고려 후반기 내내 문제로 제기되는 것들인 만큼, 당시 고려 사회의 문제를 잘 지적한 것들이었다. 물론 실천 여부는 다른 문제였다.

냉혹한 정치가인 최충헌은 딸을 태자비로 들이려는 동생 최충수를 죽이고, 왕도 갈아버렸다. 이후 그의 권력은 탄탄해져갔다. 그는 먼저 강한 사병을 양성하여 자기 밑에 두었다. 심지어 그는 자신의 사병 중에서 몽골과의 전쟁에 나가겠다는 사람이 있으면 멀리 귀양을 보낼 정도였다. 사병들은 모두 도방都房이란 곳에 소속시켰고, 최충헌은 가끔씩 이들과 긴 베개를 같이 베고 자기도 했다. 도방은 최충헌의 집을 호위하거나 그의 정적을 체포하는 일에 힘썼다. 그는 일본의 막부幕府처럼 자신의 집에서 나라의 행정사무를 처리했다.

뒤를 이은 아들 최이는 인사행정을 맡은 정방과 문인을 모은 서방書房까지 만들어 좀 더 확고하게 권력을 유지했다. 특히 그는 자신의 밑에 문장을 잘하는 사람들을 모았다.

최충헌의 「봉사 10조」
一. 새 궁궐로 옮길 것.
二. 관원의 수를 줄일 것.
三. 농민에게서 빼앗은 토지를 돌려줄 것.
四. 선량한 관리를 임명할 것.
五. 지방관의 공물 진상을 금할 것.
六. 승려의 고리대업을 금할 것.
七. 탐관오리를 징벌할 것.
八. 관리의 사치를 금할 것.
九. 함부로 사찰을 건립하는 것을 금할 것.
十. 신하의 간언을 용납할 것.

최씨 3대 기원 불경
최충헌과 두 아들인 최우, 최항을 위해 만든 휴대용 불경과 경갑이다. 불경은 최충헌 일가족이 자신들의 호신과 재난 예방을 위해 사가판으로 간행한 목판본으로, 은 바탕에 금을 입힌 경갑에 넣어 끈으로 매어 차고 다니도록 했다. 불경 맨 끝에 발원문이 있다.

이미 아버지인 최충헌 때부터 등용된 이규보를 비롯해 김구, 이수, 하천단 같은 사람들이 구름처럼 모여들었다. 이 사람들은 서방書房에 소속되어 권력자인 최씨 집안을 위해 일했다. 그러나 모든 문장가가 권력자의 눈에 든 것은 아니었다. 글을 잘 쓴다고 해도 권력자와 연결시켜줄 인맥이 없으면 눈에 들 방법이 없었다.

최씨 정권은 4대를 이어가면서 권력자의 자리를 유지했다. 그러나 어려움은 밖에서 닥쳐왔다. 몽골이 고려를 휩쓸러 온 것이다. 그들의 공격은 간헐적이었지만, 점차 거세어갔다. 강화도로 정부를 옮겨 지배층은 살아남았다. 육지에 남은 백성들에게 섬과 산성으로 도피하라고 했지만, 이는 항구책이 아니었다. 사람들의 고통이 커져갈수록 문신들은 몽골과 화평하자고 목소리를 높여갔다.

마지막 권력자였던 최의는 어머니가 천한 출신이라는 콤플렉스가 있었다. 그는 나이가 젊어서인지 세상 물정을 잘 몰랐고 결단력도 부족했다. 주변 사람들도 제대로 된 인물이 없었기에 최의는 재물 모으기에만 관심이 있었다. 문신들과 김인준 같은 무신들이 다시 쿠데타를 일으켰다.

김인준은 문신 관료의 대표격인 유경 등을 유배 보낸 후에 권력을 장악했다. 그는 고종이 죽고 태자가 몽골에 가 있는 사이에 왕위 계승을 다른 사람에게 넘기려 했지만 실패했다. 무신 정권의 권력이 이전 같지 않게 된 셈이다. 왕이 된 원종은 임연을 이용해

무신시대의 문신들

어릴 때부터 천재 소리를 들은 이규보의 경우에도 24세때 과거에 합격한 후 32세가 되어서야 관직에 나아갈 수 있었다. 그러나 실력이 있어도 추천을 받지 못하면 관직에 나갈 수 없었다. 따라서 권력자의 눈에 드는 것이 매우 중요했다. 그나마 관직을 받으면 운이 좋은 편이었다. 무신 정변 이후 생명의 위협을 느껴 개경에 있지 못하고 지방이나 산속으로 도망친 사람도 많았다. 이들은 승려가 되어 글을 가르치면서 생계를 유지하기도 했다.

문벌이 있던 사람들은 은연중에 새로 진출한 문신들을 깔보기도 했다. 당시 최온이란 사람은 하천단, 이순목과 함께 문장을 맡은 관청에서 일을 하고 있었다. 최온은 문벌을 믿고 이 두 사람을 경시했다. 그러나 하천단과 이순목 역시 글재주가 있었기 때문에 최온에게 굽히지 않았다. 이렇게 새롭게 등용된 신진 문인이나 문신들은 최씨 정권 아래서 점차 자신의 목소리를 높여가고 있었다.

김인준을 제거했다. 임연은 새롭게 권력자가 되어 원종을 쫓아내려 했지만, 몽골의 간섭으로 실패했다. 몽골은 군대를 소집하고, 원종의 복위를 도와주었다. 이제 무신들이 권력을 발휘하던 시대는 끝났다. 원종의 복위는 실질적인 왕정의 복고였다. 물론 새로운 시대는 몽골이라는 외세를 등에 업고 이루어낸 것이다. 이제 고려 왕실과 몽골의 관계는 이전보다 훨씬 밀착할 수 있게 되었다.

불법과 합법 사이
● 악소배와 악당 ●

1179년 개경 근처 수정봉 고갯길에 잘 차려입은 한 여성이 올라가고 있었다. 어디선가 젊은 악당들이 나타나 이 여성의 물건을 강탈하고 욕보이려 했다. 하인들도 모두 달아났다. 위기의 순간에 근처에 살던 한 관리가 사람들을 보내 이 여인을 구출했다. 악당 세 명을 잡아서 관아에 넘겼지만, 법관은 이들을 처벌하는 데 주저했다. 이들이 권세 있는 집의 자식들이었기 때문이다. 이 악당들은 순전히 재미로 이런 일을 했다. 당시 사람들은 이런 사람들을 '악소배惡少輩', 즉 악한 소년 무리라고 불렀다.

악당은 어느 시대 어느 곳에나 있었다. 그들 가운데 일부는 '의적'으로 민중의 선망과 존경을 받기도 했다. 우리에게 익숙한 유럽의 로빈 후드나 중국의 『수호지水滸誌』에 등장하는 산적은 원래 악당이다.

농민과 악당 사이는 종이 한 장의 차이였다. 중국에서는 농사를 짓지 않고 힘이나 다른 능력으로 사는 사람들을 '의협義俠'이라고 불렀다. 때로는 이들이 귀족에게 붙어서 생계를 유지했다. 대표적인 것이 중국 전국시대의 맹상군이 거느린 3000명의 식객食客이다. 맹상군은 진泰에 갔다가 위기에 빠졌을 때, 이들 식객 중에서 닭 울음소리를 잘 내는 사람이 있어서 새벽에 문이 잠긴 함곡관을 통과하는 데 큰 역할을 했다. 『삼국지三國志』의 주인공인 유비, 관우, 장비 등도 이들과 비슷한 사회적 존재였다.

사실 이들은 동네에서 활약한 불량배나 깡패 집단, 떠돌이 무사 등에서 출발했다. 사회의 치안이 불안해지면 이들의 수는 늘어났다. 이들은 도적이나 산적과 일반 사람들 사이의 중간 정도 위치였다. 때로는 도적질을 하거나 불법을 저질렀지만, 때로는 사회에서 장사를 하거나 힘쓰는 일 등으로 살아야 했다.

고려 초 광종은 호족들을 많이 죽인 것이 늘 불안했다. 그래서 불심이 깊었던 광종은 죄를 덜기 위해 재齋를 많이 열었다. 그런데 무뢰배가 이 틈을 놓치지 않고 가짜 중이 되어 모여들었다. 이들 무뢰배는 가난해서 먹고살려고 무슨 짓이든 해야만 했던 것이다. 1210년 당시 권력가인 최충헌이 새로 집을 지었을 때다. 그런데 최충헌이 어린아이들을 몰래 잡아서 오색 옷을 입혀 집의 네 모퉁이에 묻어 땅기운을 받을 것이라는 소문이 돌았다. 무뢰배들은 소문을 이용해서 아이들을 납치한 후에 부모에게 몸값을 요구했다. 결국 최충헌은 사람들의 불안감이 커지자 이를 금지하는 방을 거리에 붙였다. 그만큼 치안이 늘 불안했다.

하지만 무뢰배 가운데는 때로 국가에 공을 세워 합법의 길로 접어드는 무리도 있었다. 경기도 파주 지역의 도적인 마산적馬山賊은 몽골이 침략하자 국가에 항복해 정규군을 돕는 맹활약을 했다. 고려군은 이들이 쏘는 화살에 크게 고무되어 전투에서 이길 수 있었고, 권력자인 최우는 이들에게 상과 벼슬을 내렸다. 마산 초적들은, 과장이긴 하지만, 스스로 5000명의 병사를 거느렸다고 할 정도로 규모가 적지 않았다. 심지어 무뢰배에서 사병이 되었다가 이후 재상에 오른 경우도 있었다. 대표적인 경우가 무신 정권 때 재상이던 김의원이다. 그는 젊은 시절에 집이 가난해서 재물과 의복을 가지고 다니는 사람을 약탈해 생계를 이었다고 한다.

이처럼 권력 주변에는 언제나 이런 무리들이 모여들었다. 이들이 하는 일은 불법이었지만, 항상 권력이 뒤를 봐주었기에 합법으로 변신했다. 고려시대 무뢰배는 외적의 침입과 같은 국가 위기에 무력의 기반이 되면서 합법적인 직업으로 군인을 선택했다. 이들은 군인과 불량배 사이의 경계에 서 있던 사람들이었지만, 사회가 불안정할수록 더욱 힘을 발휘하는 존재였다.

❖ 악당, 군인이 되다 ❖

5월 5일 단옷날에 무뢰배들이 떼를 지어 거리에 모였다. 두 편으로 나뉜 이들은 조약돌과 깨어진 기왓장을 던지며 서로를 공격했다. 개중에는 몽둥이까지 동원해 승부를 가리려 했다. 이것이 단오절의 풍속인 돌싸움석전石戰이다. 고려 정부에서도 이를 금지하지 않았다. 돌싸움의 풍속은 분명 국토 방위를 위해 용인되어야 할 것이었다. 그래서 무뢰배들은 군인이 되기 쉬웠다.

원 간섭기에 들어서자 왕까지 개인적으로 이들을 데리고 다녔다. 충혜왕은 자신이 벌인 장사 일에 악소배를 이용했으며, 항상 주변에 데리고 다녔다. 사냥길에 따라 나선 악소배들은 사냥매의 밥으로 쓴다고 동네의 닭과 개를 마음대로 약탈했다. 그러나 왕의 행차라서 누구도 말을 할 수 없었다. 공민왕 때 공신이 된 김용은 오늘날 경찰과 비슷한 순군巡軍에서 일할 때, 무뢰배들을 거의 1000명 모았다. 무뢰배들을 막아야 할 경찰 역할에 이들을 임명한 것이다. 이들은 사병과 다름없었다.

석전놀이에서 돌을 던지고 있는 소년

농민과 천민의 봉기

| 고려 사람들의 종교 생활

"무신 정변 이후 고위 관리들이 천민과 노비에서 많이 나왔다. 장군이나 정승이 본래 종자가 따로 있나. 때만 만나면 누구나 될 수 있다. 우리라고 어찌 채찍 아래에서 뼈 빠지게 일만 하겠는가. 삼한에서 노비 문서를 다 태워버리자."

신종 1년인 1198년 개경 북산에서는 노비들이 모였다. 이때 만적이 열변을 토했다. 모여 있던 노비들이 웅성거리며 모두 여기에 찬성했다. 만적은 당시 집권자인 최충헌 집안의 노비였다. 왜 만적은 이런 웅변을 토해야 했을까?

농민, 천민이 일어난 까닭은?

농민과 천민들은 대개 양순했다. 그런데 무신 정권 때 농민과 천민들이 무기를 들었다. 그것은 그동안 쌓여온 사회 모순과 정치 변동 때문이었다. 12세기 이후 귀족 사회와 문화가 발달하면서, 그에 따른 사회적 모순이 뒤따랐다. 귀족들이 화려함과 자기 지위를 과시하려고 할수록 경제적인 뒷받침이 필요했다. 경제력은 그들이 가진 땅과 유통을 통해 나오게 된다. 땅에 대한 요구는 늘어나고, 개간 이외에는 남의 땅을 합치는 것이 그 방법이었다.

일반 농민들의 상당수는 고리대와 세금 등으로 자기 땅을 팔고, 귀족의 땅에 가서 일해야 했다. 귀족들은 지방의 수령, 향리와 결탁해 자기 땅을 넓히거나 관리하려 했다. 12세기 이후 중앙에서 파견되는 수령의 수가 늘어가고, 그에 따른 문제가 부각되었다. 예종은 수령 가운데 청렴한 자가 드물어 백성들이 집을 떠나 유랑하는 것이 열 집 가운데 아홉 집이라고 했다. 유랑 농민이 늘어가면서, 남아 있는 사람들에게는 더 많은 세금이 부과되었다.

더구나 이자겸의 반란 이후부터 시작된 정치 혼란은 지방 사회에까지 여파가 미쳤다. 그런데 무신들이 집권하면서, 문신이 아닌 무신들을 수령으로 파견하기 시작했다. 이들

곡식을 수확하는 농민들
고려시대 농민들이 곡식을 베고 옮기는 모습과 이를 감시하는 지주의 모습을 생생하게 담은 고려 불화 「미륵하생경변상도」의 아래 부분이다.

이 수령의 임무보다는 자신의 이익을 먼저 추구하면서 지역민에 대한 수탈이 심해졌다. 특히 지역사회 내에 존재하는 조세 부담의 원칙과 관례가 무시되면서, 지역 내부의 갈등이 심해졌다. 1178년 청주 사람들이 개경에서 내려온 청주 출신 사람들을 전부 살해한 사건이 발생했다. 이것은 개경과 지역사회 간의 인간적인 네트워크가 깨졌음을 보여주는 사례다. 이 과정에서 청주 출신의 결사대는 중앙정부의 만류에도 불구하고 복수를 위해 왕의 명령까지 위조해 내려갔다. 무신 집권자들이 계속 바뀌면서 중앙 정계는 혼란을 거듭했고, 정부는 지방 사회를 통제할 수 없었다.

사람들은 노비나 비천한 신분 출신들이 벼락출세하는 것을 볼 수 있었다. 최고 권력자인 이의민 말고도 그런 사람이 많았다. 그러자 사람들은 출세를 향한 꿈을 꾸었다. 현실의 어려움과 출세에 대한 희망은 사람들에게 무기를 들게 했다. 농민이나 천민을 상관하지 않고 모두 일어나게 된 것이다.

서북 지역에서 도령들이 일어나다

서북 지역지금의 평안도은 군사 지역이었다. 이 지역 사람들은 군인의 수뿐만 아니라 전투 경험도 많았다. 특히 같은 지역 출신이면서 중앙정부에 대해 강한 불신감이 있었

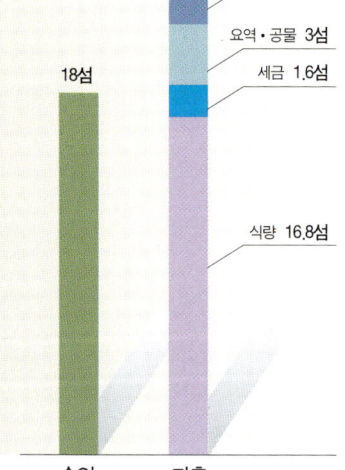

| 농가의 1년 수입과 지출

고려시대에 부부와 아이 셋으로 이루어진 농가의 경우, 1결에서 나오는 1년 평균 소득이 약 18섬(1섬=10말)이었다. 어른의 하루 식량은 4되, 아이들은 보통 그 반을 먹으므로, 5인 가족의 1년 식량은 약 16.8섬이었다. 여기에 수확량의 10퍼센트를 세금으로 내고, 요역과 공물 명목으로 3섬 정도를 더 내야 했다. 그리고 다음 해 농사를 위한 씨앗 1섬, 기타 경비 2섬을 예상하면 1년 지출은 대략 24.4섬으로, 적자를 면하기가 어려웠다.

다. 더구나 서경은 태조 왕건 때부터 왕실과 관련이 있었지만, 특권은 사라지고 없었다. 특히 묘청의 반란 이후 중앙정부에 대한 반감이 커진 상태였다.

이를 이용해 서경유수 조위총은 중앙정부가 서북 지역 사람들을 정벌하러 온다고 선동했다. 그의 선동에 수령 등의 수탈에 시달려온 이 지역을 다스리는 도령都領들이 폭발했다. 40여 성이 봉기했으며, 그들의 군대가 개경까지 근접했다. 화가 난 당시 집권자 이의방은 개경에 있는 서경 출신 관리들을 귀천을 불문하고 죽여버렸다. 고려의 중앙군은 이들을 진압하는 데 2년여가 걸렸지만, 이후로도 계속 작은 봉기가 이어졌다.

한번 시작된 봉기는 전국으로 확산되었다. 남부 지역에서는 세금 부담에 가장 취약한 공주 명학소를 비롯해 각 지역에서 농민들이 봉기했다. 주동자인 망이와 망소이는 충청도 공주를 점령했다. 이들의 반란은 일반 군현보다 상대적으로 과도한 수탈에 시달리던 소에서 일어났다는 점에서 의미가 있다. 특히 정부는 이들을 상대하면서 처음에는 거짓 타협책을 쓰다가, 반란의 힘이 약화된 이후에 무력으로 진압하는 전형적 진압책을 사용했다.

전라도 전주에서도 중앙에서 파견한 전주사록 진대유가 지방군을 동원해 배를 건조하

망이·망소이의 봉기
1176년 1월, 공주에 딸린 명학소에 살던 망이·망소이 등이 무리를 모아 스스로 '산행병마사(山行兵馬使)'라 일컫고, 본읍인 공주를 공격해 함락시켰다. 이들은 조정에서 파견한 토벌군을 물리치고 예산을 공격하여 감무를 살해하는 등 기세를 올렸다.

명학소민의 꿈

1177년 충청도 성환에 있는 홍경원에서 불이 났다. 불길이 높이 타오르는 가운데 10여 명의 승려가 사람들에게 끌려 나왔다. 곧 이어진 이들의 죽음. 그 옆에서는 주지 스님이 벌벌 떨고 있었다. 우두머리처럼 보이는 이가 주지에게 편지를 쓰라고 윽박질렀다. 그는 편지를 쓰면 살려줄 터이며, 이를 가지고 개경으로 가서 왕을 만나라고 했다. 편지에는 이렇게 적혀 있었다.

우리 고향을 현으로 올려 주었고 수령까지 보내 백성들을 위로하더니 곧 군사를 보내 우리 고을을 치고 우리 어머니와 처를 잡아 가두니 그건 무슨 까닭인가? 차라리 싸우다가 죽을지언정 끝까지 굴복하지 않을 것이며, 반드시 서울까지 가고야 말겠다.

절에 불을 지른 사람들은 누구였을까? 바로 충청도 공주에 속한 명학소라는 곳에서 온 이들이었다. 홍경원에서 편지를 쓰게 한 사람은 망이·망소이 형제였다. 이들 형제가 1년 전에 정부에 반대해 일어났다. 형제는 사람들을 이끌고 충청도의 거점인 공주를 공격했다. 그런데 왜 명학소민들은 봉기했을까?

명학소민들이 반란을 일으킨 때는 무신 정변이 일어난 지 7년이 지난 시점이었다. 정변 후에 세상이 많이 바뀌었다. 전국에서 반란이 계속되었고, 여기저기 떠돌아다니는 사람도 많아졌다. 물론 명학소민들이 봉기한 직접적인 이유는 알려지지 않았다. 어수선한 분위기 속에서 어떤 계기가 있었을 것이다.

망이, 망소이가 공주를 함락시키자, 고려 정부

소민들의 생활

원래 소는 일반적인 행정구역에 붙여진 이름이 아니었다. 이곳은 무엇인가 특별한 물건이 나오거나 만들어지는 곳이었다. 금속인 금, 은, 동, 철 등의 산지, 실이나 명주, 종이, 기와, 숯, 소금, 먹, 미역, 도자기, 물고기, 생강 등을 만들거나 생산하는 곳에 소가 만들어졌다. 정부가 이런 물품의 생산을 장악해 공급에 차질이 없도록 한 것이다. 이런 물건들은 시장에서도 구입할 수 있지만, 당시에는 유통망이 발달되지 않아서 구입하기가 쉽지 않았다. 그래서 고려 정부는 일정하게 생산을 유지하기 위해 소를 만들었다.
소에 사는 사람들이 도망가면 물건의 생산에 차질을 빚었다. 이들은 생산하는 곳에 묶여 있어야 했기에 다른 직업을 갖기 어려웠다. 틈나는 대로 농사는 가능했지만, 나라에서 요구하는 생산량이 많아지면 그것도 쉽지 않았다. 소민들은 힘들게 일을 해도 보상이 없었으며, 힘든 곳이라서 이곳 사람들은 천하게 취급당했다. 주변 마을 사람들과 결혼하기도 힘들었을지 모른다.

단산오옥명 먹
지금까지 유일하게 남아 있는 고려시대 먹으로, 파도무늬로 둘러싸인 가운데에 '단산오(옥) 丹山烏(玉)'이라고 새겨져 있다. '단산'은 지금의 단양을, '오옥'은 까만 먹을 일컫는다. 조선시대의 지리서인 『동국여지승람』에도 충청도 단양의 특산품인 먹 가운데 최상품을 '단산오옥'이라 한다고 적혀 있다.

는 명학소를 충순현이라는 정식 고을로 올려주고 수령도 보내기로 약속했다. 하지만 시간이 흐르자 약속을 깨고 오히려 이들을 토벌하기 시작했다. 그러자 망이, 망소이가 홍경사까지 쳐들어온 것이다. 이들이 서울로 가려는 꿈은 실현되었을까? 기록에는 충청도 청주를 공략하다가 실패해서 감옥에 갇혔다고 나온다. 힘든 삶에서 벗어나 평등하게 살려는 꿈은 실현되기 어려웠다.

| 전국의 소 분포

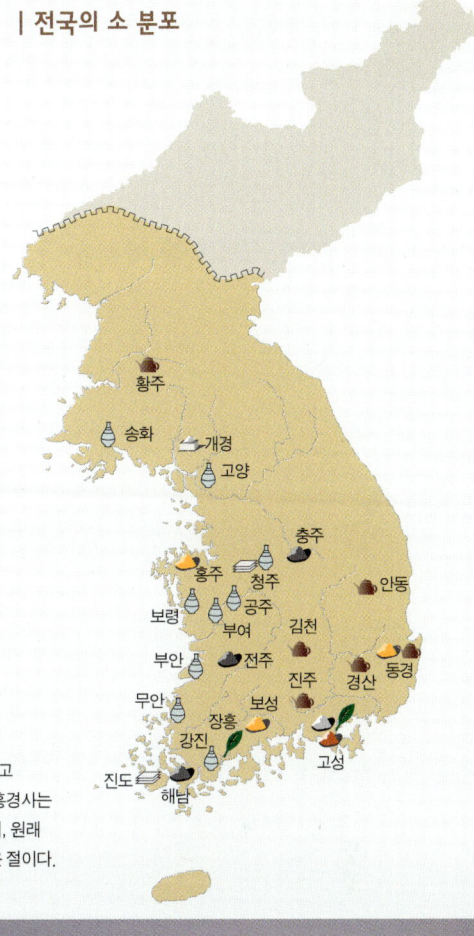

철 생산지
금 생산지
은 생산지
동 생산지
소금 생산지
종이 생산지
자기 생산지
차 생산지
의료 생산지
황주
송화
개경
고양
충주
홍주
청주
안동
보령
공주
부여
김천
부안
전주
동경
진주
경산
무안
보성
장흥
강진
고성
진도
해남

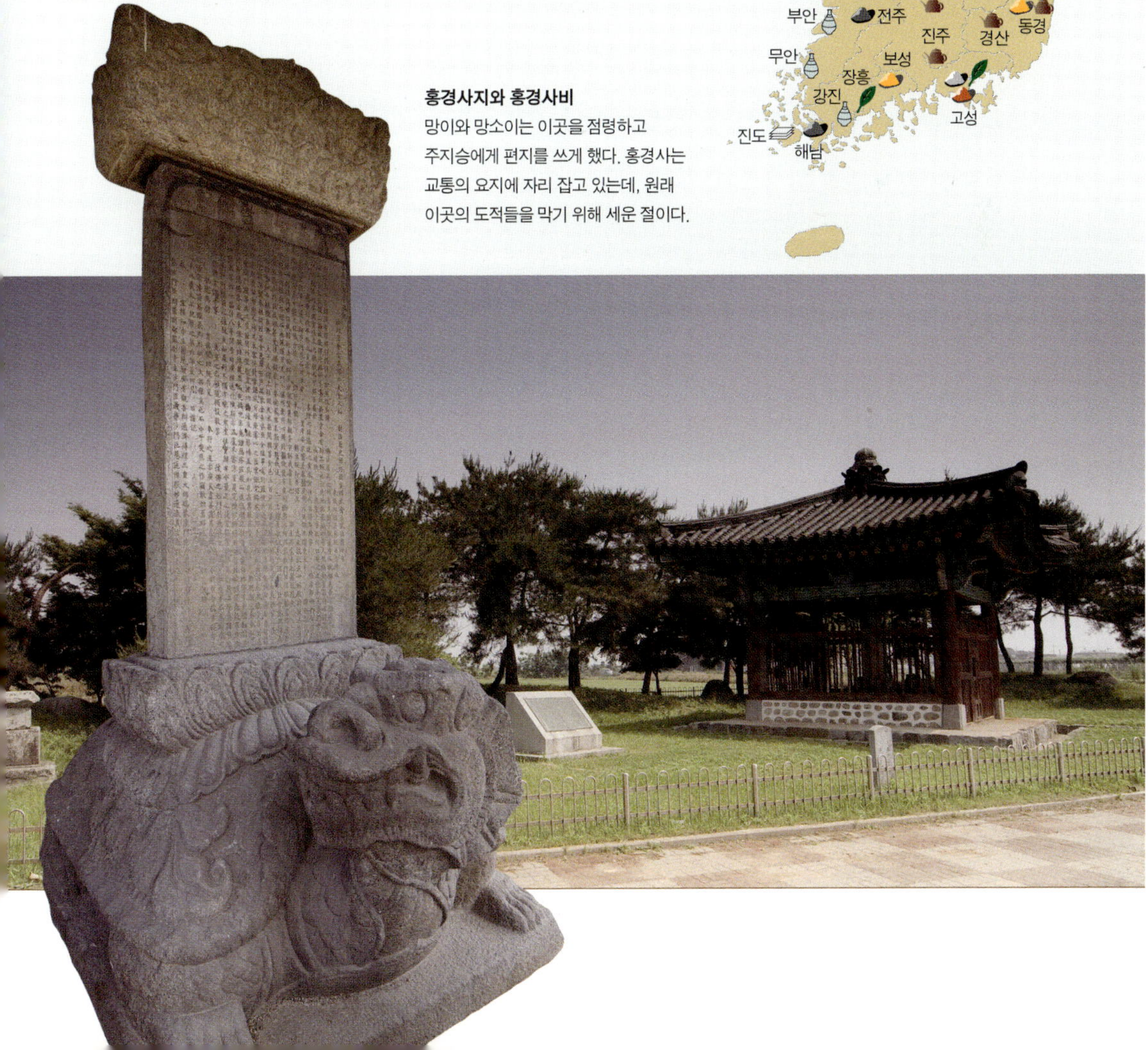

홍경사지와 홍경사비
망이와 망소이는 이곳을 점령하고 주지승에게 편지를 쓰게 했다. 홍경사는 교통의 요지에 자리 잡고 있는데, 원래 이곳의 도적들을 막기 위해 세운 절이다.

며 공사 감독을 가혹하게 하여 봉기가 일어났다. 중앙군은 전주를 함락시키지 못했지만, 성안에 있던 지방군 장교가 승려들과 같이 주모자들을 죽여 끝나게 되었다. 지역사회는 더 이상 중앙의 수탈에 대해 참지 않았다. 중앙 통제력이 약해지고, 지역사회 내부에서 서로 연결된 인간적 관계가 이들의 봉기 참여를 도와주었던 것이다.

농민들의 봉기, '고려'를 부정하다

전국 곳곳에서 산발적으로 벌어지던 봉기는 시간이 지나면서 폭발력과 응집력으로 규모가 더욱 커졌다. 1193년에 일어난 경상도 운문雲門, 지금의 청도의 김사미와 초전草田, 지금의 울산의 효심의 봉기가 전형적이었다.

이들은 유랑민들을 모아 적극적으로 주변 지역을 습격했다. 중앙정부는 대장군 전존걸을 사령관으로 한 많은 토벌군을 파견했다. 그러나 관군은 토벌에 계속 실패했다. 대장군 전존걸은 이의민의 아들인 장군 이지순이 적과 내통한다고 믿었다. 이의민이 십팔자참설을 믿어 출신지인 경주에서 신라를 부흥시킬 뜻을 품고서, 김사미와 효심을 자신의 편으로 끌어들이려 했다는 것이다. 전존걸은 토벌을 못하는 것에 대해 고민하다가 자살을 했다. 결국 김사미의 부대는 항복했지만, 효심은 경상도 밀양 전투에서

운문사
경상북도 청도의 김사미는 운문사를 무대로 활동했다. 운문산을 넘으면 경주나 울산으로 쉽게 연결될 수 있어, 봉기를 일으킨 농민군들이 쉽게 손을 잡을 수 있었다. 특히 초전(현재의 울산)에서 봉기한 효심과 함께 활약했다.

7000여 명의 사상자를 내고 끝나게 되었다. 남부 지역의 국가 통제망은 거의 기능을 하지 못하게 되었다.

1202년 11월 경주에서 다시 모반이 일어났다. 경주 지역은 오래전부터 중앙에 대한 반발감이 있어왔다. 사실 '동경', 즉 동쪽의 서울은 신라의 영광과 화려함이 빛을 발한 지 오래였다. 비록 이곳 출신의 이의민이 권력자가 되었다고 해도, 이익은 별로 없었다. 오히려 이의민의 친척들과 이곳 향리가 싸움을 할 정도로 갈등만이 생겼다.

경주 사람들은 전라도 고부에 유배된 장군 출신의 석성주에게 사람을 보냈다. 이들은 석성주를 중심으로 뭉쳐서, 한강을 경계선으로 삼아 신라를 부흥시키자고 제안했다. 하지만 석성주의 밀고로 이 제안은 실패하고 말았다.

그러나 최충헌은 토벌군을 조직했고, 이로 인해 경주 사람들은 발좌가 이끄는 운문 산적과 울진, 초전 지역의 봉기군과 연합했다. 이 연합부대는 경상도 영일에서 패했지만, 이후로도 조금씩 활동이 이루어졌다.

신라 부흥을 위한 봉기는 고려를 부정하는 행동이었다. 이후로 고구려와 백제 부흥 운동까지 벌어졌다. 특히 백제 부흥을 외친 봉기는 전라도 담양을 중심으로 주변 지역을 휩쓸었지만, 정부군에 의해 진압되었다. 삼국 부흥 운동은 고려의 지역감정과 역사의식이 하나로 묶여 있음을 보여준다.

| 12세기 농민과 천민의 봉기

당시 농민과 천민의 봉기 지역과 격전지를 보여준다. 그중 조위총의 반란은 오랫동안 지속되었으며, 무신 정권에 커다란 곤경을 안겨주었다. 최광수와 이연년 형제의 반란은 각기 고구려와 백제의 부흥 운동으로 일어났다. 이처럼 당시 농민과 천민의 봉기는 거의 전국적인 현상이라고 할 수 있다.

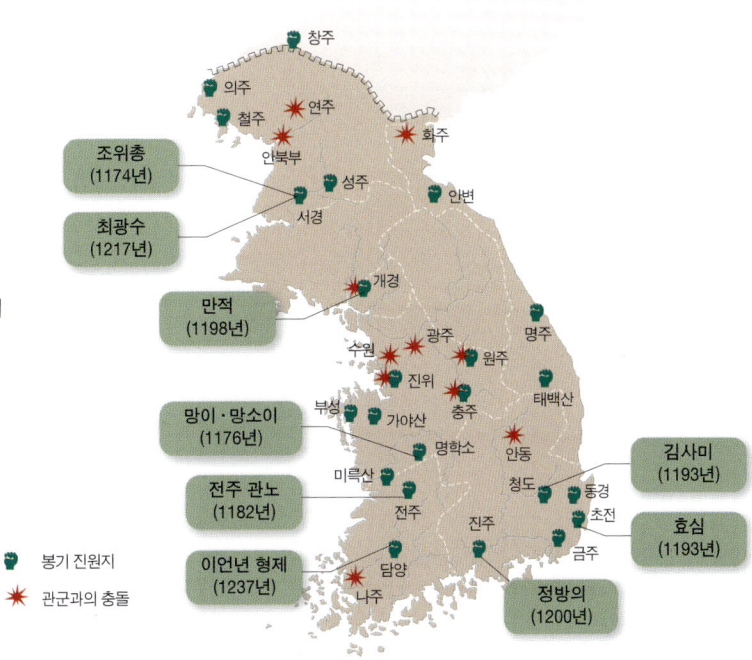

노비의 해방을 외치다

신분적으로 제일 낮은 노비들은 고단한 삶을 견디고 있었다. 물론 일부는 권력자들의 손발이 되어 경제적으로 넉넉한 사람도 있었다. 그러나 신분이 바뀐 것은 아니었다. 최충헌이 집권한 직후, 개인 종인 만적이 나무를 하러 간다는 핑계로 다른 노비들을 불러 모았다. 만적은 천한 사람들이 무신 정변 이후 높은 벼슬자리에 많이 올라갔다는 점을 강조하면서 봉기를 모의했다. 신분 상승에 대한 욕구와 주변 현실이 이들을 봉기로 이끌었다. 당시 개성에 있었던 만적은 권력의 추이와 주변에 대한 정보가 풍부했을 것이다.

그들은 흥국사에 모여 궐기하면 궁궐 내의 환관들이 호응할 것이고, 관청의 종들도 봉기할 것을 약속했다. 봉기한 후에 이들은 최충헌과 각각의 주인을 죽이고 노비문서를 불태우자고 했다. 이들은 노비 해방을 모토로 내세운 것이다. 노비 해방을 외쳤던 것은 이후 한국사에서도 보기 힘들다.

그러나 만적 등의 모의는 약속한 날에 모인 사람들이 적어 연기를 하게 되면서 실패했다. 그들이 궁궐 내의 환관과 공노비까지 실제로 포섭했는지는 분명하지 않지만, 이들의 노비 해방 의식에 대한 공감대는 당시 많이 퍼져나갔을 것이다. 실패로 끝나면서

흥국사탑
만적이 노비를 모아 봉기할 것을 약속했던 흥국사에는 강감찬이 고려를 침략해온 거란군을 무찌른 기념으로 세운 탑이 있다. 탑의 형태로 미루어 원래는 오층탑인 듯하다.

체포되어 죽은 종이 100여 명이 넘었다. 모두 죽일 수 없어서 반란의 활동이 분명한 사람들만 죽였다. 반란 모의에 참여한 종들은 최소한 수백 명이 넘었을 것이다.

이후 농민과 천민들의 봉기는 점차 사라지게 되었다. 가장 큰 이유는 몽골의 침입이었다. 이제 농민과 천민들의 적은 고려 정부가 아닌 몽골로 바뀌게 되고 생존을 위해 싸워야만 했다. 그러나 이들이 던진 사회경제적 문제는 이후로 점차 싹을 키워가게 되었다.

노비로 살기 싫다!

● 노비 평량의 신분 상승 ●

1188년 5월에 특별한 일이 벌어졌다. 사노비인 평량이란 사람이 먼 섬으로 유배길을 떠난 것이다. 노비가 유배 가는 것 자체가 특별한 일은 아니었다. 그러나 평량에게는 사연이 있었다. 그가 처의 주인집 일가를 살해하는 죄를 저지른것이다.

평량은 고위 관리 집의 종이었다. 그는 개경에 있는 주인집에서 일하지 않고 지금의 경기도 양주에서 농사를 지었다. 농사일에 힘쓴 그는 부자가 되었다. 그러자 평량은 권력을 지닌 고위 관리에게 뇌물을 주어 노비 신분을 벗어났다. 뿐만 아니라 실질적으로 일을 하지 않는 하위직 벼슬까지 얻어낼 수 있었다.

사실 평량은 매우 드문 경우였다. 12세기 이후, 고려 사회는 경제적으로 부익부 빈익빈 현상이 심해지고 있었다. 국가 운영이 안정되고 문벌 귀족들이 증가하면서 생기는 사회현상이었다. 관리와 귀족들은 자신이 받은 땅을 반납하지 않았고, 개간과 고리대 등으로 땅을 넓혀갔다. 반면에 일반 백성들은 홍수, 가뭄 같은 재해나 개인적인 빚 때문에 땅을 팔았다. 땅을 판 후에는 상당수가 노비의 신분으로 귀족들의 집이나 농장으로 들어갔다. 심지어 땅을 가지고 있어도 세금이 무서워 노비 신분이 되는 경우가 있었다.

평량이 어떻게 노비가 되었는지는 알 수 없지만, 그가 농사지은 땅은 자신의 소유였던 것 같다. 사실 고려시대에는 노비도 토지를 가질 수 있었다. 그가 양민이 될 수 있었던 것은 당시 무신 정권의 혼란을 이용했기 때문이다. 그의 주인 역시 명문가이고 고위 관리라는 점 때문에, 평상시라면 어려웠을 것이다. 특히 노비가 자신의 주인을 살

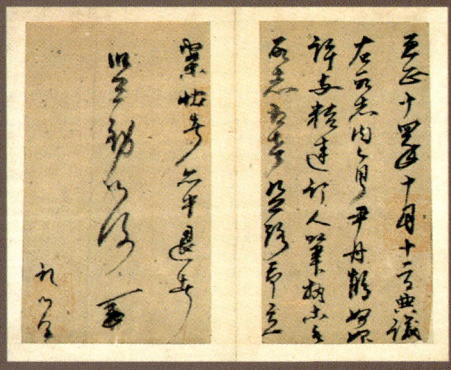

해남 윤씨 집안의 노비 상속 문서
1354년(지정 40년)에 이두문으로 작성한 것으로, 노비를 상속해 주는 문서다.

수선사 노비 문서
1281년 수선사(지금의 송광사) 주지인 원오국사가 아버지 양택춘으로부터 물려받은 노비들을 수선사에 바치고, 영원히 수선사에 속하도록 한 것을 나라에서 허락한 노비 문서다.

통도사 국장생석표 탁본
1085년에 세워진 통도사의 장생표다. 장생표는 신라와 고려 때 사원의 경계를 나타내주는 표지석이다. 14세기 초 통도사는 약 12개의 장생표로 둘러싸인, 주위 4만 7000보에 이르는 넓은 토지를 차지하고 있었다고 한다.

해하면, 형벌은 죽음뿐이었다. 주인의 경우는 종이 주인에게 원한을 품고 스스로 자살하는 경우에도 죄를 묻지 않았다. 그럴 정도로 고려시대의 법은 주인에게 유리했다. 그러나 평량은 유배로 그쳤다. 이것은 권력자가 그를 비호했다는 뜻이다.

평량이 살인을 한 것에는 이런 사정이 있었다. 그의 처는 왕원지라는 사람의 개인 종이었다. 왕원지는 종4품 벼슬인 소감少監을 지냈는데, 집이 가난했다. 그런 그가 가족을 데리고 평량이 사는 곳까지 왔다. 평량은 이들을 크게 대접하고 서울로 돌아가라고 권유했다. 그는 노잣돈도 두둑이 주었을 것이다. 그런 다음에 평량은 처남 두 사람을 데리고 도중에 매복했다가 왕원지의 가족을 몰살했다. 평량은 드디어 자신의 처까지 종의 신분을 면하게 되었다고 좋아했다. 원래 고려시대의 법에는 주인이 죽어서 노비를 상속할 수 없으면, 나라의 공노비에 속하게 했다. 그렇지만 이 법 역시 제대로 시행되지는 않았던 모양이다.

이후 평량은 아들에게 하위직 벼슬을 얻어주고 양반집의 딸과 결혼까지 시켰다. 처남 중 한 명도 그렇게 했다. 아들이 벼슬을 하게 된 것도 원칙적으로는 불가능한 일이었다. 고려에서는 8대에 걸쳐 천인이 아니어야 벼슬을 할 수 있었다.

아들과 처남이 결혼한 집이 고위직이 아닌 것으로 보아 가난했을 것이다. 평량은 경제적 부나 권력자와의 관계를 과시하면서 아들과 처남의 결혼을 설득시킬 수 있었을 것이다.

행복은 오래가지 않았다. 사연이 소문으로 돌기 시작하면서 어사대가 이들을 체포했다. 사건의 전모가 드러나자 정부는 평량의 사돈들의 벼슬을 파면시켰다. 그러나 평량의 아들과 처남들은 눈치 빠르게 도망쳐 숨어버렸다. 이후 이들이 어떻게 되었는지는 기록이 나오지 않는다. 일가족 살해라는 끔찍한 이 사건은 고려시대 경제적 부를 통해 노비 신분을 상승시켰던 유일한 경우다.

▲「몽고습래회사」 ▶대장경판

전쟁의 시대 1231 • 1273

고려는 우리 역사의 그 어떤 왕조보다도 전쟁이 많았던 나라다. 그리고 그 어떤 왕조보다도 외적에 맞서 싸워서 굳건하게 나라를 지켰다. 몽골에게는 어쩔 수 없이 항복했지만, 전 세계에서 몽골의 침략을 60년간 막아낸 나라는 없었다. 그 놀라운 분전으로 비록 항복했다고 하지만 사실은 강화였고, 원으로부터 최고의 대우를 받아냈다. 그러나 전쟁은 참혹했고, 수많은 백성의 애환을 낳았다.

1 세계 제국에 맞서다

| 몽골과의 전쟁

1225년 몽골의 사신인 저고여가 귀국길에 살해되었다. 6년 후인 1231년 8월 몽골군이 압록강을 건넜다. 이때부터 40년간에 걸친 기나긴 전쟁이 시작되었다. 이것은 우리 역사에서 가장 길고, 가장 극심한 피해를 준 전쟁이었다. 1258년 고려는 몽골에 항복했지만, 이렇게 오랫동안 몽골과 싸운 나라는 없었다. 고려의 끈질긴 저항에 원 세조 쿠빌라이도 감탄했으며, 중국의 역대 황제들도 기억할 정도로 깊은 인상을 남겼다.

몽골의 세계 정복과 고려 침공

몽골제국은 의외로 짧은 기간에 건설되었다. 1189년 몽골의 영웅 테무친이 '칭기즈칸'이란 칭호를 받았다. 이때까지도 몽골은 주변 국가에 별로 위협적인 존재가 아니었다. 하지만 1204년에 몽골 초원을 통일하면서 급속히 성장했다. 1215년에는 금의 수도이던 북경北京, 지금의 베이징을 정복해서 화북 일대를 점령했다. 1219년에 서역으로 향한 몽골군은 1227년 칭기즈칸이 사망할 때까지 단 8년 만에 유럽의 폴란드까지 진출했고, 러시아와 인도 북부를 유린했다.

몽골군이 고려에 처음 들어온 때는 1218년으로 거란족의 반란군을 쫓아서였다. 이후 몽골은 고려와 사신 왕래를 시작했지만, 사신인 저고여가 살해되면서 국교를 단절했다. 이때 몽골은 서방 원정에 전념하는 중이었고, 칭기즈칸도 사망해 군사 행동을 하

| 몽골제국의 판도

몽골은 뛰어난 기마술과 궁술을 바탕으로 한 기동력 있는 유목 군대의 강점을 유지하면서, 정복 과정에서 얻은 피정복민의 기술과 인력을 효과적으로 이용해 유라시아 전역에 걸친 거대한 제국을 건설했다.

지는 않았다. 그러나 이 황금의 휴식기 동안 고려는 몽골의 침입을 예측해 대비하는 일에 소홀했다.

1229년 우구데이가 즉위하면서 몽골군은 말머리를 중국과 동방으로 돌렸다. 마침내 1231년 8월 몽골군이 의주성으로 밀어닥쳤다.

몽골의 1차 침공과 강화 천도

1231년 한 해가 가기 전에 몽골군은 안주에서 고려군을 격파하고 충주 지역까지 남하했다. 몽골군은 저항하는 도시에는 유난히 가혹한 것으로 악명이 높았다. 항복을 거부한 채 저항한 철산과 평산에서는 가축 한 마리도 남기지 않고 모든 생명체를 말살했다.

1231년 9월에서 1232년 1월까지 몽골군은 다섯 차례 이상 대공세를 퍼부었다. 서북면 방어사 박서와 정주분도장군 김경손, 삭주분도장군 김중온이 지휘하는 고려군은 외부의 도움을 전혀 받지 못한 상태에서 몽골군의 공격을 격퇴했다. 몽골의 부족 통일 전쟁 때부터 종군해온 몽골의 노장군은 "내가 천하를 다니면서 전투를 치렀지만, 이처럼 호된 공격을 받고도 항복하지 않는 곳은 처음 보았다"고 감탄했다.

자주성의 분전에도 몽골군은 경의를 표했다. 강화 성립 후 고려 정부는 왕의 항복 명

령을 거부했다는 까닭으로 자주부사 최춘명에게 사형선고를 내렸다. 그런데 처형을 집행하려고 하자 몽골 관원이 충신을 죽여서는 안 된다고 말려 최춘명은 간신히 처형을 면한다.

박서와 김경손이 지휘한 구주성과 최춘명의 자주성에서는 몽골군을 격퇴했지만, 그것만으로는 몽골군의 진격을 막을 수 없었다. 다만 개경을 공격하지 않고 항복 협상을 유도했다. 고려 정부는 할 수 없이 강화에 동의했다. 1232년 2월, 몽골군은 72명의 다루가치darughachi, 점령지에 두었던 관리를 남기고 철수했다.

그러나 고려는 항복할 생각이 없었다. 1232년 7월, 집정자인 최우의 주도 아래 강화

| 몽골의 침공 횟수와 기간과 몽골 침략도 |

구분	기간
1차	1231년 8월~1232년 1월
2차	1232년 8월~12월
3차	1235년 윤7월~1239년
4차	1247년 7월~1248년 초
5차	1253년 7월~1254년 1월
6차	1254년 7월~1255년 3월
7차	1255년 8월~10월
8차	1256년 5월~10월
9차	1257년 6월~1258년 3월

몽골 초원의 병사들
몽골군은 20세기 이전에 세계의 모든 지형과 기후대를 점령한 유일한 군대였다. 몽골 말은 조랑말보다 조금 크지만 지구력과 생존력이 뛰어나 더위와 추위에 강했다. 몽골 기병은 여러 필의 말을 거느리고 말 위에서 자고 말 젖과 말고기를 먹으며 이동했고, 1000킬로미터 밖의 군대와 연락을 취하며 작전을 수행할 수 있었다. 흔히 생각하는 것처럼 야만적인 군대는 아니었다. 이슬람 기술자들을 받아들인 몽골군은 중국군보다도 첨단의 공성 무기를 제작하여 사용했다.

천도를 단행했다. 10만 명의 개경 주민을 강화도로 이주시키고, 육지로 군대를 보내 다루가치를 살해함으로서 항전 의지를 천명했다.

40년 전쟁과 백성의 고통

몽골은 바로 고려를 침공했다. 하지만 처인성에서 총사령관 살리타가 김윤후가 지휘하는 민병대의 화살에 맞아 전사하는 바람에 철군했다. 그러나 이런 행운은 계속 뒤따르지 않았다. 3차 침공 때는 부인사에 보관 중이던 초조대장경과 교장경을 비롯해 경주의 황룡사구층목탑이 소실되었다.

한편 강화도로 들어간 왕과 귀족들은 안락한 생활을 누렸다. 안전한 해로를 이용해 조세를 거르지도 않고 수송했다. 연등회와 팔관회도 거르지 않았다. 강화도에 건축한 궁전과 사찰, 가옥은 의외로 크고 화려했다. 최씨 정권 아래서 재상까지 지낸 이규보조차 이들의 사치와 몰염치를 비난하는 시를 지을 정도였다.

장안의 부호한 집에는
구슬과 패물이 산같이 쌓여 있다.

고려 병사 갑옷

| 청야 전술

세계 최강의 몽골 군대를 맞아 고려는 청야 전술과 게릴라전으로 맞섰다. 지방마다 방어사나 산성방호별감을 보내 산성을 쌓았다. 몽골군이 쳐들어오면 곡식을 불태우고, 산성이나 섬으로 주민을 소개疏開시켰다. 산이 많은 한반도에서 이 전술은 언제나 유용했지만, 유감스럽게도 몽골군은 한반도를 침공한 군대 중에서도 자생력과 적응력이 가장 뛰어난 군대였다. 그들은 산성이나 섬과 같이 공략이 어려운 목표를 회피하고, 몽골 기병의 기동력을 이용해 전국을 유린하며 약탈을 일삼았다.

죽주산성
경기도 안성시 죽산면에 있는 산성이다. 죽주는 박서의 고향이다.
구주성에서 박서의 부장이었던 송문주는 죽주산성에서 몽골군에게 대승을 거두었다.

송문주의 사당
1236년 몽골군이 죽주산성에 이르러 항복을 권유하자, 죽주방호
별감 송문주가 15일 동안을 싸워 물리쳤다. 일찍이 구주성 싸움에서
박서의 부장이었던 송문주는 몽골군의 공격법을 알고 있어 대비했던
것이다. 성 안에는 송문주의 전공을 기리는 사당이 있다.

절구로 찧어낸 구슬 같은 쌀밥을
말이나 개에게도 먹인다.
(……)
힘들여 농사지어 군자를 봉양하니
그들을 일컬어 농부라 하네.
알몸을 한 겹 베옷으로 가리고
매일같이 땅을 간다.
(……)
풍년 들어 천 종의 곡식 거두어도
겨우 관청 것밖에 되지 않는구나.
어쩌지 못하고 모조리 빼앗겨
제 품엔 하나도 남는 것이 없다.
땅을 파 풀뿌리를 캐 먹다가
굶주림에 지쳐 쓰러진다오.
노동할 때가 아니면
누가 이들을 제대로 먹여줄까.

충주 노비들의 항전

1232년 충주의 관군이 모두 도망가자 노비와 잡류들이 성을 사수했다. 하지만 돌아온 관리들이 노비군을 모함하자, 노비들이 반란을 일으켰다가 진압되었다. 1253년 몽골의 5차 침공 때도 항전의 주역은 노비들이었다. 장군 김윤후는 노비들에게 포상을 약속하고 관노비 명부를 불태웠다. 마침내 이들의 승리로 몽골군은 철수했다. 정부는 이번에는 신의를 지켜 충주를 국원경으로 격상하고, 신분을 따지지 않고 공로자를 모두 포상했다.

충주 관아
충주 관아의 동헌으로, 이 건물은 한말에 새로 지은 것이다.

그 목적은 일을 시키기 위함이지
이들의 입을 아껴서가 아니라오.

반면 백성들은 고려 정부와 몽골군에게 이중으로 시달렸다. 몽골군이 쳐들어오면 고려군이 집과 곡식을 태우고, 관리와 양반이 먼저 도망갔다. 몽골군이 물러가면 세리稅吏가 나타났다. 잘 싸운 장수와 백성에게는 포상이 인색하고, 심지어는 모함하고 죽이기까지 했다.

산속이나 섬에서의 피란 생활도 대단히 힘들었다. 수선사 주지인 원감은 10년 동안 산속에 숨어 살면서 제대로 만든 장을 한 번도 먹어보지 못했다고 회고했다. 또한 수많은 백성은 살해되거나 포로로 잡혀갔다. 나중에 연락이 닿아도 고액의 몸값과 여행 비용이 필요했다. 강릉 향리 김천은 노예로 팔려간 모친과 동생을 되찾아 오는데, 12년이 걸렸다. 그러나 이들 외에도 끌려간 수많은 가족들이 대부분은 돌아올 수 없었다.

전쟁의 변화와 강화의 모색

1253년부터 몽골군의 전술이 변했다. 이전에는 회피한 도서 지방에 대한 공격을 시작

강화도 선원사지와 출토 유물들
1232년 최우가 지은 호국 사찰로, 강화천도 때 가장 큰 사찰이었다. 최우는 이곳에 대장도감을 설치해, 현재 합천 해인사에 있는 고려대장경 목판을 만들어 보관했다.

하고, 강화도 공격을 위해 전함과 수군을 준비하기 시작했다. 여기에는 항복한 고려군도 동원되었다.

이 같은 몽골군의 태도 변화로 고려의 피해도 기하급수적으로 늘었다. 1254년 한 해 동안 몽골군에게 잡혀간 사람만 20만 명이었다. 당시 인구가 1000만 명이 못 되었으니, 10년이면 전 인구의 5분의 1이 끌려갈 지경이었다.

오랜 고통과 지배층의 무책임한 태도에 민심도 심각하게 동요했다. 몽골군에 항복하거나 편입되어 고려에 맞서 싸우는 고을이 점차 늘었다. 1258년 함경도에서는 주민에 대한 가혹한 소개 정책에 반발해서 조휘와 탁청이 반란을 일으켰다. 이 반란으로 함경도 지역이 몽골제국에 복속했다. 이때 이성계의 선조인 이안사도 몽골에 투항해서 순군만호부에 속한 벼슬인 천호千戶가 된다.

오랜 전쟁으로 백성들이 극심한 고통을 겪고, 강화도에도 위기가 닥치자 왕과 관료들도 강화를 강력하게 원하게 되었다. 그러나 최씨 정권은 완강했다. 최씨 정권이 이러한 태도를 취한 것에 대한 역사의 평가는 양면적이다. 외적에 대한 강력한 저항 의지를 높게 평가하는 시각이 있는 반면, 그들이 저항한 까닭이 오직 무신 정권을 유지하기 위해서였다는 비판도 있다. 결과로 보면, 최씨 정권의 항쟁은 두 가지 성격이 모두 있다. 이처럼 역사에는 동기와 결과가 다르게 나타나는 경우도 있다. 어떻든 최씨 정권의 저항 의지로 벌인 몽골과의 전쟁은 그들이 몰락한 후에 끝나게 된다.

행군만호의 도장
군사 지휘관인 만호의 도장이다. 도장 면과 옆면에 각각 "행군만호방자호지인"이라 새겼고, 윗면에는 "숭경 2년 3월"이라 새겼다. '숭경 2년'은 1213년인 강종 2년이다. 따라서 만호라는 관직은 최충헌 집권 시절부터 이미 있었음을 말해준다.

일연이 『삼국유사』를 지은 까닭은?

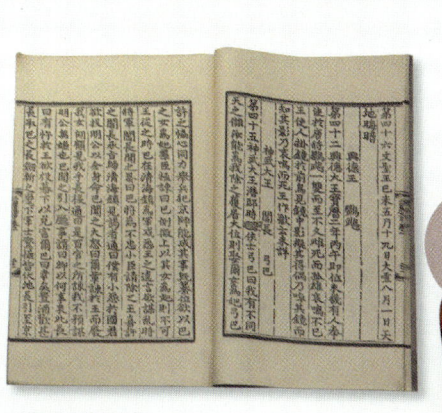

일연과 『삼국유사』
몽골과의 전쟁을 직접 겪은 일연은 사람들에게 민족의식을 불어넣고자 『삼국유사』를 지은 것으로 보인다.
이 책에서 단군신화를 언급한 까닭이 바로 그것이다.

『삼국유사』는 1281년에 승려 일연이 쓴 개인 편찬서로, 불교적 색채가 다분히 배어 있다. 편찬 체제는 중국의 『사기』나 『삼국사기』 같은 기전체가 아닌, 고승들의 일대기를 적은 듯한 전기체인 데다가 야사의 내용이 많다. 그래서 이름을 대략 전해지는 일과 이야기라는 의미를 갖는 '유사遺事'라고 한 것이다. 하지만 단군신화와 고조선의 이야기를 정리해 민족 기원의 원형을 보존하려고 시도한 점은 매우 특징적이다. 우리 고대의 신화와 설화의 보고라 할 만하다.

승려 일연은 왜 이런 역사서를 편찬한 것일까? 승려이므로 고승전 정도로 서술해도 매우 훌륭한 평가를 받았을 텐데 말이다. 이와 관련한 저자 자신의 이야기가 실려 있지 않아 정확히 알 수는 없다. 다만 일연이 이 책을 편찬할 때의 상황을 살펴보면 이해할 수 있다.

충렬왕 때는 40년간의 여몽전쟁이 끝난 뒤 원의 부마국으로 전락한 때다. 고려 왕실은 원 황실의 도움으로 무신 정권에서 해방은 되었지만 왕조의 자주 의식에는 매우 큰 상처를 받았다. 그래서 일연은 고려가 중국 못지않은 역사를 가진 문명국가이자 오랜 정통을 가진 자주적 왕조임을 신화와 정통의 계승, 불교의 가호를 통해 민족혼을 일깨우고 자부심을 고취하려는 자주 의식이 있던 것은 아닐까? 「왕력」 및 「기이」 편에서 단군신화와 단군조선, 위만조선을 언급한 것은 이를 말해준다. 또한 일연은 여몽전쟁을 거치면서 불타 없어진 유물·유적과 인명 피해를 보면서 더 없어지기 전에 글로 정리할 필요성도 느꼈을 것이다. 실제로 여몽전쟁 때 경주의 황룡사와 황룡사구층목탑이 불타기도 했다.

고려대장경은 어떻게 만들었을까?
● 신앙의 힘, 대장경 조판 ●

해인사의 장경판전
700년이 넘는 세월 동안 팔만대장경 목판을 보존할 수 있는 비결은 통풍과 방습에 대비하여 세워진 장경판전의 독특한 구조 때문이다. 장경판전은 1995년 12월 유네스코 세계문화유산으로 등록되었다.

몽골군의 침공으로 최씨 정권은 강화로 천도했다. 몽골군이 전국을 유린하고 있었지만, 고려는 유격전과 지역 방어전을 수행할 뿐 조직적인 저항은 하지 못하고 있었다. 이런 비통한 상황에서 고려는 국가적 사업을 추진하게 되는데, 그것이 팔만대장경의 판각이다.

대장경은 고려 초기부터 있었다. 최초의 대장경은 고려가 거란의 침공에 시달리던 1011년현종 2년에 제작을 시작해 1087년선종 4년에 완성한 초조대장경이다. 이후 의천이 장소章疏, 경전의 주석를 모아 4700권의 속장경을 간행했다. 그런데 1232년 강화천도 때 흥왕사에 보관하던 속장경이 불탔고, 이 해에 대구 부인사에서 보관하던 초조대장경마저 몽골군에 의해 불타버렸다.

1237년 고려 정부는 강화도에 대장도감을 설치하고, 초조대장경, 속장경에 송의 대장경과 요의 대장경까지 망라한 팔만대장경의 조판 사업을 시작한다. 이 사업의 명분은 불교의 힘을 빌려 불교를 모르는 야만적인 몽골군을 퇴치한다는 것이었다. 그러나 이것만으로는 몽골 침입이라는 어려운 상황 속에서 이런 거대한 사업을 추진한 까닭을 설명하기가 곤란하다. 그래서 선종을 후원하고 교종과는 적대적이던 최씨 정권이 교종을 포섭하기 위해서라는 의견을 비롯해 전 국민의 단결심과 저항 의지를 심어주기 위한 것이었다는 의견 등 여러 이유가 제시되었다.

어떤 이유든 일단 불교에 대한 신앙심과 전 국민적 공감대에 기반을 한 것임은 부정할 수 없다. 한편으로는 교종과 선종을 불문하고 전국적인 조직과 재력, 승병을 보유한 사원 조직을 하나로 묶어놓기 위한 배려도 작용했을 것이다.

국가적으로 어려운 상황임에도 대장경 판각 사업은 놀랄 만한 끈기와 정성으로 1237년에서 1248년까지 수행되었다. 1243년부터는 남해에도 분사대장도감을 설치해 판각 사업 장소를 다양화했다.

대장경은 남해안에서 많이 자라는 후박나무로 만들었다. 경판이 부패하거나 벌레 먹는 것을 방지하고 나무 재질을 견고하게 하려고 원목을 바닷물에 삼 년 동안 담가두었다가 꺼내 판자로 짠 다음, 다시 그것을 소금물에 삶아 기름을 짜내서 그늘에 말렸다. 판각은 구양수체를 사용해서 돋을새김으로 새겼다. 판각이 완성되면 뒤틀림 방지를 위해 양끝에 각목으로 마구리를 붙이고 옻칠을 한

장경판전의 창문
장경판전은 공기의 소통을 원활하게 하려고 벽 양쪽 아래위로 2열의 창문을 냈는데, 하나는 크고 하나는 작다. 그리고 맞은편 벽에는 창의 크기가 반대로 되어 있다. 이것은 공기의 흐름을 빠르게 하는 장치로 당시의 놀라운 과학 기술을 보여준다.

다음, 다시 네 귀퉁이를 동판으로 쌌다. 경판의 크기는 가로 70센티미터 내외, 세로 24센티미터 내외, 두께는 2.6센티미터 내지 4센티미터, 무게는 3킬로그램 내지 4킬로그램이다.

대장경은 처음에 강화 서문 밖 대장경 판고에 보관했으며, 그 후 강화의 선원사로 옮겼다가, 1398년에 해인사로 옮겨 지금까지 보존하고 있다. 모두 고려시대에 판각한 것은 아니고, 일부는 나중에 추가한 것도 있다.

팔만대장경 경판
몽골의 침입을 부처의 힘으로 물리치려는 바람에서 한 자 한 자 정성을 다해서 판각했으며, 가장 완벽한 대장경으로 높이 평가되고 있다.
팔만대장경은 2007년 6월 '고려대장경판 및 제경판'으로 유네스코 지정 세계기록유산으로 등록되었다.

쿠빌라이와의 만남
강화 천도와 평화의 길

1234년 7월, 열흘째 계속되는 장마로 개경의 도로는 진창이 되었다. 그 빗속에서 10만 명의 개경 주민이 아우성을 치고 있었다. 당장 강화로 이주하지 않는 사람은 처형한다는 서릿발 같은 명령 때문이었다.

사람 무릎까지 빠지는 진창에 말도 배겨나지 못하고 쓰러졌다. 빈민과 과부처럼 이사를 도와줄 남정네가 부족한 사람들은 어찌할 바를 몰랐고, 고아들은 울며 거리를 헤매고 다녔다. 노비가 풍족한 사람들도 어렵기는 마찬가지였다. 고생을 예감한 노비들이 달아나버렸다. 달아나기만 하면 다행이었다. 노비와 빈민들은 이 틈에 봉기해서 개경의 수비대를 격파하고 개경을 점령했다. 이제 개경 주민들은 몽골군이 아니라 반란군을 피해 당장 달아나야 하는 신세가 되었다. 양반집 부녀자들마저 보따리 하나를 움켜쥐고 맨발로 달리기 시작했다. 그들 가운데 최소한 절반은 개경의 옛집으로 다시는 돌아오지 못했다.

강도의 풍운

최씨 정권이 강화도로 천도한 까닭은 다양하다. 몽골군은 해전에 약했다. 그런데 강화도 주변의 물살은 빠르고 암초가 많아 선박의 운행에 상당한 제약과 위험이 따랐다. 또 강화도의 외곽은 가파른 산이 둘러 있고, 앞쪽은 뻘이 발달해서 천연의 장벽이 되었다. 고려는 그 안에 다시 삼중으로 성을 쌓았다.

강화도에는 넓은 평야가 있어 생산물도 풍부하고, 교통도 좋았다. 임진강과 예성강, 한강의 하구에 위치한 덕에 황해도와 경기도, 충청도의 조세를 수로로 쉽게 운송할 수 있었다. 연안항로의 길목이기도 해서, 영남과 호남의 조세는 해상으로 운송할 수 있었다. 이런 천혜의 조건 덕분에 강화도로 들어간 사람들은 팔관회와 연등회까지 열며 풍족한 생활을 누렸다.

그런데 강화도의 이러한 안락함은 강도 공략에 적극적인 의지를 보이지 않던 몽골군의 전략적 선택과 백성들의 피와 땀으로 이루어진 것이었다. 날이 갈수록 편안한 강화도와 몽골군이

| 강화산성 위치

강화산성
고려가 몽골군의 침략에 대항하기 위해 1232년에 강화도로 수도를 옮기고, 1234년에 세운 궁궐과 관아가 있던 곳이다. 고려시대의 외성은 토성이었다. 지금 남아 있는 성은 조선 후기에 다시 쌓은 것이다.

쳐들어올 때마다 산성이나 섬으로 쫓겨 다니는 백성들의 생활이 대비되었다.

강화천도는 저항의 수단으로서는 좋은 방법이었지만, 몽골 전쟁에서 승리할 수 있는 비전과 방법을 제시해주지는 못했다. 강화도의 고려 정부는 그저 버티고 있을 뿐이었는데, 몽골군의 탐욕은 30년이 지나도록 전혀 줄어들지 않았다. 오히려 더욱 심해져 1253년부터는 해도를 공략하고, 장기 주둔지를 마련하며, 전함 건조 계획을 세우는 등 강도 공략을 준비하기 시작했다.

고려 정부는 크게 동요했다. 왕과 대신들은 강화를 원했지만, 최씨 정권은 완고했다. 출륙하면 왕에게 권력이 환원되고 자신들은 몰락할 것이 뻔했기 때문이다. 하지만 상황이 악화되면서 무신 정권 내부에도 분열이 일어났다. 1258년 최씨 집안의 노비 출신인 김준과 신흥 무장 임연 등이 정변을 일으켜 최의를 살해했다.

원종과 쿠빌라이의 만남

무신 정권이 일소된 것은 아니지만, 마침내 최씨 정권이 무너졌다. 왕과 관료들은 예전보다 나아진 권력을 지녔다. 삼별초의 일부 장수들은 왕에 충성하는 장수가 되었다. 권력의 주도권이 애매한 상황에서 몽골의 요구 조건에 따라 나중에 원종이 되는 태자

쿠빌라이의 초상
칭기즈칸의 손자이자 몽골제국의 5대 황제로, 1271년에는 국호를 '대원(大元)'으로 선포했다. 그는 몽골 북부에 우구테이칸이 세운 수도 카라코룸 대신 대도(大都, 지금의 베이징)에 수도를 세우고, 일본과 중앙아시아, 유럽까지 원정하여 대제국을 건설했다.

왕전이 출륙해서 인질이 되었다. 1259년 태자는 원으로 갔다. 그런데 태자가 원으로 가는 도중에 고려 왕 고종이 사망하고, 다음 달에는 몽골 황제 헌종이 사망했다.

몽골은 중국의 정통 왕조와 달리 태자가 없고 쿠릴타이라는 부족장 회의에서 황제를 선출하는 체제여서 후계자 선정에 시간이 걸렸다. 더욱이 칭기즈칸의 손자 쿠빌라이와 아리크 부케 세력이 백중세여서 내전의 위기까지 있었다. 고려 정부는 강화 교섭을 할 대상이 사라졌고, 시간을 끌면 전쟁이 재발하거나 분열된 무신 정권이 재기해서 모처럼 되찾은 왕의 권력도 예전 상태로 되돌아갈 위험이 있었다.

태자는 결단을 내려 송의 수도인 개봉 근처에서 쿠빌라이를 만났다. 아리크 부케와 전쟁을 각오하고 있던 쿠빌라이는 "고려는 1만 리 밖의 큰 나라다. 당 태종이 친히 공격했어도 굴복시키지 못했는데, 지금 그 나라의 태자가 스스로 나에게 왔다"고 매우 기뻐했다.

원종은 쿠빌라이에게 출륙을 약속했다. 그 외에도 모종의 밀약을 맺었던 것 같은데, 내막은 비밀에 싸여 있다. 그 대가로 쿠빌라이는 몽골이 다시는 고려를 침공하지 않겠다는 황제의 서약과 고려에서 원종을 적대하는 세력은 자신을 적대한 것으로 간주하겠다는 칙서를 작성해서 원종에게 주고, 몽골 군대를 호위군으로 붙여 원종을 귀국시켰다. 그러나 무신 세력은 여전히 강력했다. 최의가 죽은 후 김준이 교정별감이 되었다.

홍릉
고종의 능이라고 전하는 무덤이다. 고종은 재위 46년간 최씨 정권의 억압 아래서 살았다. 최의가 살해되자 잔치를 열고, 하고 싶은 일을 마음대로 하며 놀았다고 한다. 그러나 고종도 1년 후에 사망하고 만다.

1268년 원종이 임연을 이용하여 김준을 제거했지만, 이번에는 임연이 교정별감이 되었다. 이들은 원종과 쿠빌라이의 회담을 무시하고 10년이 넘도록 출륙을 거부했다. 1269년 임연은 원종의 정책에 반발해 원종을 폐위하고 안경공 창을 즉위시켰다. 임연의 쿠데타는 때마침 원에 체류 중이던 태자(나중에 충렬왕이 됨)가 이 사실을 원 황실에 탄원하는 바람에 실패했다. 왕위에 복귀한 원종은 곧바로 원으로 가 쿠빌라이에게 원 황실과 사돈을 맺고 싶다고 간청했다. 쿠빌라이는 망설인 끝에 막내인 제국대장공주와 세자의 결혼을 허가했다. 이때부터 고려의 왕이 원의 황실 공주와 결혼하는 관행이 시작되었다.

　1270년 원종과 몽골군이 고려로 진공하자, 임연이 근심하다가 사망했다. 3월에 임연의 아들 임유무가 뒤를 이어 교정별감에 취임했지만 무너져가는 상황을 되돌릴 수는 없었다. 5월 임유무가 삼별초군에게 살해되면서 무신 정권은 완전히 해체되었고, 6월에 개경 환도가 단행되었다. 그러나 이 와중에 원종이 성급하게 삼별초의 해산령을 내

진도 앞바다
1270년 고려가 몽골에 항복하자, 몽골에 대한 항복을 받아들일 수 없었던 배중손을 비롯한 삼별초는 왕족인 승화후 온을 왕으로 삼아 진도로 내려와 이곳에 궁궐과 성을 쌓고 몽골과의 전쟁을 계속했다. 진도에는 이때 쌓은 용장성의 성벽이 부분적으로 남아 있으며, 성안에는 용장사가 있던 절터와 궁궐 자리도 있다.

리는 바람에 삼별초의 반란이 일어났다.

꺼지지 않은 불씨, 삼별초의 난

배중손, 노영희를 지도자로 삼아 강화도에서 봉기한 삼별초는 왕족인 승화후 왕온을 왕으로 세우고, 관료들과 가족을 인질로 잡아 진도로 떠났다. 안향과 이승휴도 이때 포로가 되었다가 탈출해서 귀환했다. 진도의 용장산성에 웅거한 삼별초는 몽골 전쟁 동안 서남해 도서 지방에 구축해놓은 삼별초와 수군을 흡수해 강력한 수군을 조직했다. 이를 이용해 완도, 남해도 등 서남해안의 도서 지방을 점령해서 고려 정부의 조세 수송로를 차단하고, 나주와 김해를 공격하기도 했다.

   삼별초 진압을 위해 김방경을 대장으로 하는 고려군과 아해(나중에 흔도로 교체)가 이끄는 여몽 연합군이 결성되었다. 연합군은 처음에는 월등한 삼별초 수군에 고전했으나,

| 삼별초 항쟁

별초란 특별히 선발한 무사나 이들로 구성된 무사를 말한다. 삼별초의 기원에 대해서는 두 가지 설이 있다. 『고려사』는 최우가 창설한 야별초는 좌우 두 개의 별초로 조직되었는데, 여기에 몽골군에게 붙잡혔다가 탈출해 온 사람들로 구성된 신의군을 합쳐 삼별초가 되었다고 한다.

→ 삼별초의 이동 방향
→ 삼별초의 항전

배중손 (1270~1271년)
김통정 (1271~1273년)

병력과 물량에서 압도적이어서 1271년 5월 진도를 급습해 승리를 거두었다. 삼별초의 생존자들은 김통정의 지휘 아래 제주도로 탈출했다.

1273년 마지막 근거지인 항파두성이 함락되면서 삼별초의 항쟁은 끝났다. 김통정은 한라산으로 도주했다가 자살했다. 그러나 서남해의 도서 지방에는 삼별초 생존자의 후손들이 살았다는 전설이 남아 있고, 일부는 일본의 오키나와로 탈출했다는 설도 있다.

한편 김방경과 혼도가 이끄는 여몽 연합군은 그대로 일본 원정군으로 전환했다. 진도 함락 후 2년 동안 연합군은 삼별초 소탕보다는 일본 원정을 위한 수군 육성에 몰두했다. 1273년의 제주도 토벌전은 일본 정벌을 위한 예행연습의 성격도 띤 것으로, 고려군과 몽골군에 중국군까지 가세해서 다음 해에 시행한 후쿠오카 상륙 작전과 동일한 방식으로 시행되었다.

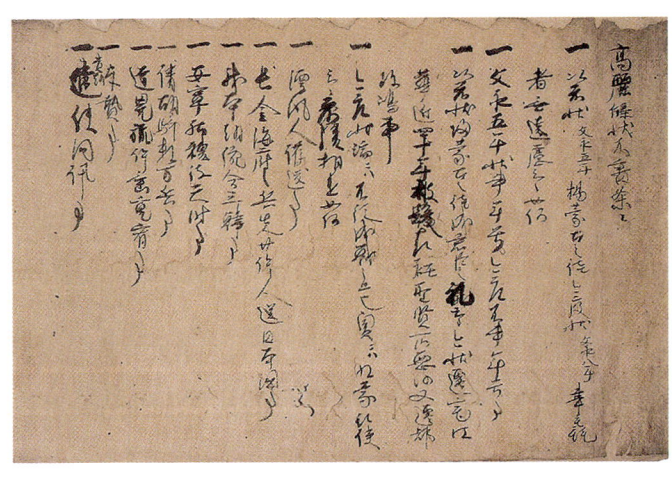

삼별초가 일본에 보낸 외교 문서
1271년에 진도에 있는 삼별초 정부가 보낸 외교 문서를 받은 일본이 3년 전에 원종이 보낸 국서와 비교해 이해가 안 되거나 불확실한 부분을 뽑아 정리한 것이다. 이 문서의 주요 내용은 일본에 대한 몽골의 공격 가능성에 대한 경고와 함께 연대의 필요성과 긴급한 군사적 지원 요청이었음을 알 수 있다.

탐라, 독립국에서 지방 군현으로

항파두성
삼별초의 마지막 항전지였던 제주도의 항파두리 토성이다.
1273년 삼별초 항쟁이 진압된 후 제주도는 원의 직속령이 되어 탐라총관부가 설치되었다.

오늘날의 제주도는 고려시대에 '탐라耽羅'라는 이름으로 불렸다. 탐라는 태조 때 복속되어 특산물을 바쳤다. 탐라 사람들은 고려 조정에서 베푼 중양절의 잔치나 팔관회에 초청을 받았다. 하지만 탐라 사람들은 송이나 흑수말갈, 여진과 마찬가지로 고려 조정에 조공하는 외국인과 같은 존재였다.

고려 전기에 탐라가 바친 물산은 소뿔, 우황, 소가죽, 소라, 거북껍질, 귤 따위였다. 그 가운데 제주 태수가 보내온 귤은 고려 최고의 문인인 이규보가 탐라가 아니면 보기 힘들고 귀인의 집에서도 얻기 어려운 물건이라고 했을 만큼 귀하고 값진 것이었다.

현종 때는 탐라의 성주에게 장군직을 주고, 그가 죽으면 왕이 직접 부의를 보냈다. 그들을 예우해주었던 것이다. 현종 때 이루어진 지방 제도 개편과 관련이 있는 것으로 보인다.

탐라 사람들이 중앙 무대에 진출하는 일은 쉽지 않았다. 1057년 탐라 출신 고유가 왕의 측근인 우습유右拾遺로 임명되었다. 하지만 중앙 관리들이 고유는 탐라 출신이라서 적합하지 않다고 문제를 제기해 다른 벼슬을 준 적이 있다. 중앙 귀족들은 탐라에 대해 여전히 차별적인 시각을 갖고 있었던 것이다.

이처럼 고려 전기에 탐라는 복속만 되었지 행정력이 직접 미치는 곳이 아니었다. 그러나 12세기 후반 의종 때는 탐라군의 격을 낮추고 현령을 파견했다. 탐라가 역사의 중심 무대에 서게 된 것은 그로부터 100여 년의 시간이 흐른 뒤였다. 원종 11년인 1270년 김통정이 삼별초를 이끌고 탐라로 들어가 몽골과 중앙정부에 항거했다. 그러나 몽골과 고려 정부의 연합군은 이곳을 무력으로 진압했고, 탐라는 원의 직할 목장으로 변했다. 이후 곳곳에 목장들이 생겨나 전국에서 말 생산이 가장 많은 곳이 되었다.

'제주'란 이름은 고려가 원에 요청해서 탐라를 돌려받은 후인 1295년에 붙여졌다. 고려 정부는 중앙 관리를 이곳 목사로 삼았다. 하지만 목장의 말테우리들이 중앙정부가 보낸 관리들을 여러 번 죽이고는 반란을 일으켰다. 1375년에는 원 출신의 말테우리 하치가 관리를 죽인 것을 6년 동안이나 놔두었다가 최영 장군을 보내 토벌했다. 이제 제주는 그 이름대로 평정되어, 조선시대에 들어서는 격이 더욱 낮아졌다. 조선 정부는 성주와 왕자의 이름이 도를 넘는다고 해서 좌도지관左都知管 등으로 고쳤다. 이렇게 제주는 중앙과 점점 가까워졌다.

가미카제를 맞이하다
● 여몽 연합군의 일본 원정 ●

일본 원정은 원의 세조인 쿠빌라이의 야심작이었다. 해전에 약한 몽골은 고려에게 전함을 건조하고 수군을 동원하라고 요구했다. 그래서 고려는 1274년 한 해에만 3만여 명의 인부를 동원해 전함 300척을 건조해야 했다.

1274년 10월, 3만 9000여 명의 원정군이 900여 척의 배에 나눠 타고 합포合浦, 지금의 마산를 출발했다. 병력은 몽골군 2만 5000명과 고려군 8000명, 뱃사공과 노 젓는 선원 등이 6700명이었다. 고려군의 사령관은 김방경과 김신, 김문비 등이었다. 몽골군은 총사령관이 혼도, 유복형과 고려의 변절자로 악명 높은 홍다구가 부사령관을 맡았다.

여몽 연합군은 쓰시마 섬對馬島과 이키 섬壹岐島을 단숨에 함락하고, 10월 19일에는 세 부대로 나뉘어 규슈九州의 후쿠오카福岡 항으로 상륙했다. 가마쿠라막부는 침략에 대비해서 전국에 징발령을 내렸고, 해안가에 돌로 쌓은 방벽防壁을 둘렀다. 하지만 몽골군과 고려군은 잘 정비되고 전술적으로 뛰어난 군대였다.

10월 19일과 20일 전투에서 연합군은 조직적인 전투 능력으로 일본군을 압도했다. 연합군은 30킬로미터에 달하는 해안 방어선을 단숨에 돌파해 후

일본 원정에 참여한 고려와 원의 군사들
일본군에 맞서 맨 앞에 나선 고려 군사들(왼쪽)은 옆드림 부분에 털을 댄 투구와 검은 군화를 신고 있다. 이에 반해 고려 군사들 뒤에 있는 원의 군사들은 목 앞을 가리는 투구와 무늬가 있는 꽉 끼는 군화를 신고 있다.

쿠오카 중심부까지 진출했다. 고려군도 맹렬하게 싸웠다. 혼도는 몽골군이 잘 싸운다고는 하지만 고려군보다 더 잘할 수는 없다고 감탄했다. 여세를 몰아 김방경은 교두보를 구축하고 계속 싸우자고 주장했다. 하지만 혼도는 아군의 병력이 적고 이틀간의 전투로 병사들이 피곤하다는 이유로 주저했다. 이때 부원수 유복형이 소수 기병으로 적을 쫓다가 왜장 쇼니 가게스케가 쏜 화살에 맞아 부상하는 사건까지 발생해, 혼도는 병력을 배로 철수시켰다. 이것이 큰 실수였다. 이날 밤 갑작스런 폭풍이 불어닥쳐 만에 정박한 전함들이 파손되었다. 일본에서는 이것이 신의 도움이었다고 해서 이 폭풍을 '가미카제神風'라고 부른다.

원은 1279년에 남송을 멸망시킨 뒤, 중국의 강남 수군을 동원해서 일본 정벌을 다시 추진했다. 이번에는 고려와 몽골군 4만 명에 강남 수군 10만 명, 전함 3500척을 동원했다. 1281년 6월 합포에서 출발한 연합군이 시가노 섬志賀島에 상륙했다. 하지만

전염병이 돌아 여몽 연합군 3000여 명이 죽고, 일본군은 이전보다 훨씬 더 강력하게 저항했다.

여몽 연합군은 다이자후까지 진격했지만, 뒤늦게 만에 도착한 강남 수군이 미처 상륙하기도 전에 또 폭풍이 일었다. 고려의 전함들은 폭풍을 견뎌냈지만, 중국 배들은 허무하게 부서져서 엄청난 사상자가 발생했다. 익사한 시체로 항구가 막힐 정도였다고 하는데, 최근 발굴 조사에서 비극의 원인은 신의 도움이 아니라 인재人災였음이 밝혀졌다. 원의 성급한 독촉에 강남 전함이 날림으로 건조되었던 것이다.

일본은 원의 침공을 막아냈지만, 과도한 군비 지출과 인력 동원으로 가마쿠라막부가 붕괴되고, 지방의 무사 계층이 성장해 새로운 사회 세력으로 등장하게 되었다.

후쿠오카에 남아 있는 방벽
1276년에 카마쿠라막부가 규슈의 무사들에게 명해 각지에서 농민들을 동원해 쌓은 것이다. 땅속에 매몰된 것을 발굴한 이 방벽은 지금도 일부가 남아 있는데, 높이가 2미터 미만으로 그다지 신통한 장애물은 아니다. 하지만 일본군은 간간이 놀라운 용기와 전투력을 보여주었다. 저돌적으로 돌격하기도 했고, 조각배를 타고 전함을 습격해서 함몰시키기도 했다.

▲박익의 묘 벽화 ▶「몽어유해」

원 제국과 고려

1260 • 1355

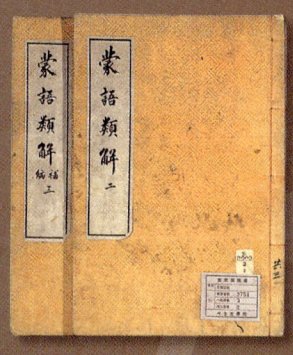

세계 제국인 원은 고려에게 어떤 존재였을까? 고려는 몽골과의 전쟁에서 살아남았다. 그러나 고려는 원의 정치적 간섭을 받아야 했다. 원은 때로 고려에게 공녀와 같은 아픔을 요구했지만, 이 시기는 원과의 많은 교류를 통해 서로 영향을 주고받은 때다. 과거 시험에 채택된 성리학이 들어와 개혁의 원리로 자리 잡게 된 것은 하나의 부산물이다. 원을 벗어나려는 시도는 국제 정세의 변화 속에서 가능했지만, 그것은 고려 왕실의 쇠약이라는 모순을 가져왔다. 원은 이 시기에 고려 왕을 부마로 삼았고, 이것은 왕 권위의 원천이었기 때문이다. 원과 고려는 어떤 영향을 주고받았을까? 이 시기 새로운 변화는 어떻게 나타나고 있었을까?

사위의 나라가 되다

| 부마국과 원의 간섭

"고려는 1만 리 밖의 나라로 당 태종도 직접 정벌하려 했지만 못했다. 지금 그 나라의 태자가 나에게 왔으니 이는 하늘의 뜻이다."

몽골 황제를 만나러 가던 고려의 태자 일행이 쿠빌라이를 만났다. 이때 몽골제국은 헌종이 남송을 정벌하면서 사망하자, 대칸 계승을 놓고 아리크 부케와 쿠빌라이가 피비린내 나는 싸움을 벌이고 있었다. 쿠빌라이는 황위 계승전의 승패를 알 수 없던 때에 고려의 태자 일행이 자신을 만나러 와서 감격했다. 이 만남은 고려의 운명을 새로이 결정하는 것이자, 훗날 고려 왕실과 원의 관계가 성립되는 순간이었다.

부마의 나라가 되다

쿠빌라이는 원의 세조가 된 후에 고려의 요구를 들어주는 파격적인 조건으로 양국 관계를 제시했다. 이때 세조가 약속한 것은 이른바 '세조구제世祖舊制'라는 것으로, 모두 여섯 가지였다. 특히 이 가운데 첫 번째 조건은 고려의 독자성을 유지하는 데 큰 역할을 했다. 나중에 원과 고려의 합병 얘기가 나올 때마다 고려는 세조구제를 내세워 거부할 수 있었던 것이다. 몽골제국이 정복한 다른 나라들이 모두 사라졌음에도 불구하고, 고려는 이것으로 나라를 보존할 수 있었다.

1270년 2월, 고려의 원종은 원에 편지를 보내 태자와 원 세조 딸의 결혼을 요청했다. 원 세조는 몽골 법에 서로 결혼하면 친족이 되는 것이니 조금 기다리라는 답변을 주었다. 하지만 결국 원 세조는 자신의 딸을 고려 왕실에 시집보냈다. 후일 충렬왕이 된 태자가 제국대장공주를 아내로 맞이함으로써, 고려는 원의 부마駙馬 나라가 되었다. 이 결혼으로 고려 왕실의 지위는 원 제국 내에서 위로 올라갔다.

1281년 원 세조는 이때까지 따로 있던 '국왕지인國王之印'과 '부마금인駙馬金印'을 합쳐, '부마고려국왕인駙馬高麗國王印'이란 도장을 충렬왕에게 주었다. 이제 고려의 왕은 몽골 대칸이 베푸는 잔치에 사위의 자격으로 참석해 다른 나라 왕들보다 높은 자리에 앉을 수

| 세조구제

첫째, 옷과 머리에 쓰는 관은 고려의 풍속을 유지하되 바꿀 필요가 없다.
둘째, 사신은 오직 원나라 조정이 보내는 것 이외에는 모두 금지한다.
셋째, 개경으로 다시 돌아가는 것은 고려 조정에서 시간을 조절할 수 있다.
넷째, 압록강 둔전과 군대는 가을에 철수한다.
다섯째, 전에 보낸 다루가치는 모두 철수한다.
여섯째, 몽골에 자원해 머무른 사람들은 조사하여 돌려보낸다.

사냥에 나선 쿠빌라이
몽골의 전통 복식을 하고 사냥에 나선 쿠빌라이와 그 측근들이다. 쿠빌라이는 1260년 국서를 보내 "고려의 풍속은 바꾸지 말라"는 입장을 밝혔다.

있었다.

원은 정복 전쟁을 통해서 세계 제국이 되었다. 그때까지 인류 역사상 그렇게 방대한 영역을 가진 국가는 없었다. 원은 인종과 민족이 복잡하게 얽혀 있었지만, 자신에게 도움을 준 색목인色目人들을 우대하고 송 사람들을 차별했다. 그리고 고려 사람들을 때로 색목인과 비슷하거나 그다음 지위로 인정했다. 고려 왕실과는 다른 처우였다.

한편 원은 고려에 정동행성征東行省을 두어, 승상직을 겸하는 고려 왕을 임명하고 친원파를 양성해 정치적 간섭을 하려 했다. 그런데 원은 그 이전부터 고려 영토의 일부를 직접 다스려왔다. 쌍성총관부는 1258년 동북면 주민들이 몽골과의 전쟁이 끝날 무렵 몽골 편에 붙으면서 만들어졌다. 본부는 화주和州, 지금의 함경도 영흥에 있었고, 철령을 경계로 삼았다. 쌍성총관부는 나중에 명明이 이곳을 직접 다스리겠다고 통보하자 요동 정벌이 시작된 곳이다. 또한 서쪽 지방인 서북면에는 1270년 서경에 동녕부를 두었다. 제주도에는 말을 기르는 방목장이 생겼으며, 원은 이곳에 탐라총관부를 만들었다. 고려는 나중에 이 지역의 일부를 무력으로 되찾아야 했다.

정동행성을 설치한 까닭은?

원은 중국 내 각 지역에 행성을 설치해 통치하려 했다. 행성은 군사 행동을 위한 조직으로 만들어지기도 했다. 정동행성은 동쪽, 즉 일본을 원정하기 위해 1280년에 만들어졌는데, 일본 원정이 실패한 후 잠시 없어졌다가 다시 생겼다.

정동행성이 고려의 정치에 대해 간섭을 목적으로 했다는 것에는 의견 차이가 있다. 특히 정동행성의 최고직인 승상은 고려 왕이 겸했지만, 그 밖의 직책에는 원과 고려인들이 각기 임명되어야 했다.

한때 원은 고려에 대한 정치적 간섭의 도구로 이곳을 이용했다. 1299년 원은 활리길사 등을 정동행성의 고위 관리로 보내 고려의 형법과 제도 등에 대해 고칠 것을 요구했다. 그러나 활리길사가 1년 만에 본국으로 돌아가자 이 일은 무위로 그치고 말았다. 이후 고려 사람들 가운데 고려왕조를 없애고 원에 설치한 것과 같은 행성을 세우려고 시도하기도 했다.

몽골 출신의 왕후들, 막강한 파워를 자랑하다

원 간섭기의 고려 왕후는 제국대장공주를 비롯해 몽골의 황실 출신이 대부분이었다. 특히 제국대장공주는 원이란 나라 이름을 처음 쓰기 시작한 세조의 딸이었다. 고려의 충렬왕은 제국대장공주를 맞이하려고 서북면까지 마중을 나가야 했다. 왕비와 궁주, 그리고 모든 신하는 국청사 앞에 줄지어 서서 원 공주를 기다렸다. 제국대장공주가 머문 궁전은 경성궁이라 불렸다.

왕후가 된 제국대장공주는 곧 아들을 낳았는데, 나중에 충선왕이 되었다. 왕자가 탄생하자, 축하하기 위해 왕족들과 관리들이 구름같이 모여들었다. 그런데 이들이 궁궐에 들어가려 하자 공주의 일꾼들이 문 앞에서 들어가는 사람들에게 옷을 벗으라고 했다. 모두 황당했지만, 이것이 '설비아設比兒'라고 하는 몽골 풍속이라는 설명에 어찌할 수 없었다. 이처럼 제국대장공주의 권력은 왕을 능가했고, 어느 누구도 그녀의 말을 거역하기 어려웠다. 그녀의 아버지가 원의 세조였기에, 충렬왕조차 어쩔 수 없었다.

제국대장공주는 자존심과 질투심이 강했다. 그녀가 충렬왕과 함께 천효사天孝寺에 갈 때, 수행원이 적다고 되돌아가며 충렬왕을 몽둥이로 때린 적이 있다. 욕심도 많아서 흥왕사의 황금 탑을 대궐로 들여와 녹여서 쓰려고 했다. 충렬왕이 이를 말려도 듣지 않

| 몽골의 고려 영토 지배

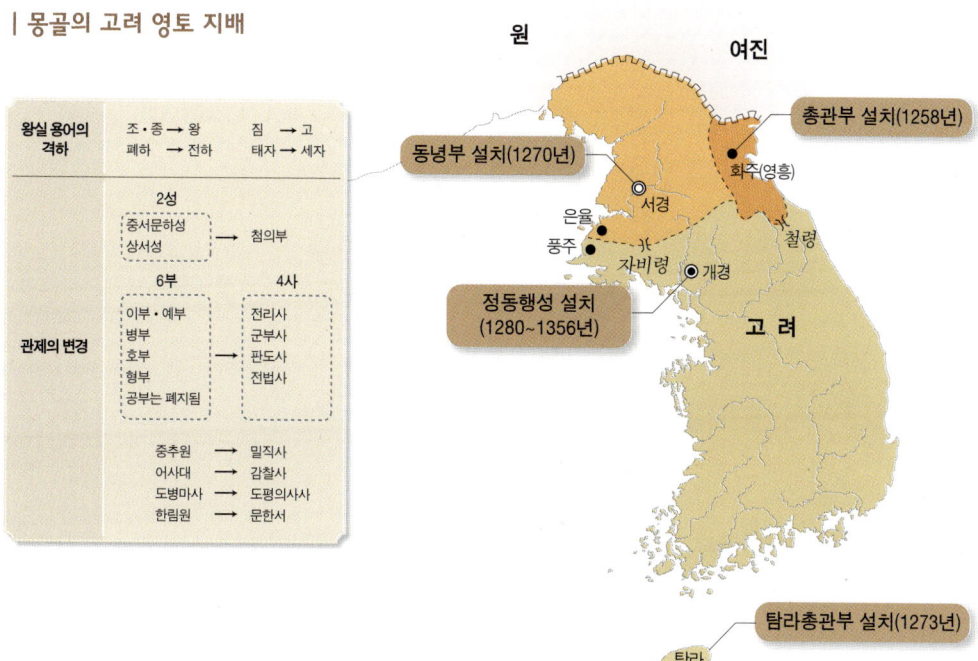

아서 울기만 했다.

이 정도까지는 아니지만, 후대의 원 공주들도 상당한 권력과 힘을 가졌다. 원 공주는 시집올 때 많은 수행원들을 데리고 왔다. '겁령구怯怜口'라고 불린 이들은 공주의 권력을 배경으로 불법적인 일들을 마음대로 저질렀다. 특히 이들은 면세가 되는 좋은 땅을 차지하고서 주변 농민들을 자신의 농장으로 불러 모아 당연히 국가에 내야 할 세금과 역役을 면제해주었다. 그런데 수령이 이를 적발하면 왕에게 거짓 고발을 해서 오히려 쫓아내기도 했다. 또한 이들은 고려 왕이나 원에 바치는 매를 잡는 응방鷹坊이란 기관에 취직해, 매를 바친다는 핑계로 사람들을 수탈했다. 매와 독수리를 이용한 사냥은 몽골 사람들이 특히 좋아하는 취미였다.

이처럼 특권이 있으면 그 아래서 이익을 좇는 사람들이 모여들게 마련이다. 이런 사람들은 대개 신분이 낮고 교육도 받지 못했으며, 이익을 위해서라면 어떠한 행동도 감행했다. 그 결과 국가 운영의 틀이 무너지고 일반 관료들의 불만과 불평이 늘어갔다.

누가 고려의 왕이 될 것인가

원 간섭기에 고려 왕들은 왕위에 오르기가 쉽지 않았다. 이전까지는 왕이 즉위하면 중

매 사냥꾼
매 사냥은 수렵과 목축을 주로 하는 북방 유목 민족 사이에서 일찍부터 유행했는데, 몽골족은 이를 특별히 즐겼다고 한다. 사진은 몽골의 매 사냥꾼 모습이다.

국에 사신을 보내 책봉을 통해서 형식적으로 왕위를 인정받았다. 그러나 이 시기에는 원 황제가 고려 왕을 쉽게 교체할 수 있었고, 실제로 그러했다. 그 결과 고려 왕들은 아버지와 아들 사이에 서로 왕위를 물려주었다가 되찾는 일이 벌어지기도 했다.

예를 들면, 충선왕은 아버지 충렬왕에게서 7개월 동안 왕위를 물려받았다가 되돌려 준 적이 있다. 그리고 충선왕은 죽지도 않았는데, 왕위를 아들인 충숙왕에게 물려주었다. 또 그의 아들 충혜왕도 충숙왕이 왕위에 있었지만, 2년 동안 왕 노릇을 했다. 하지만 원 황제가 고려에 관리를 보내서 아버지 충숙왕이 다시 왕위에 올랐다고 통보하고 국새를 회수했다.

왕은 물론이고 후계자가 될 세자도 원으로 가서 많은 시간을 보냈는데, 생애의 상당 부분을 원에서 보내는 경우도 많았다. 또한 원의 황제는 각 지역에 있는 왕들을 수도인 연경燕京, 지금의 베이징으로 불러 모아 일정 기간 머물게 했다. 충렬왕의 경우는 왕으로 있던 34년 동안 11번을 원에 다녀왔다. 이처럼 고려 왕이 원에 갈 때 수행 인원이 많을 경우에는 1200여 명에 이를 정도여서 그 비용이 만만치 않았다. 결국 이 비용은 백성들의 몫이기에 커다란 부담이 되었다.

세자는 대개 원에서 지냈다. 세자 주변에 있던 사람들은 나중에 그가 왕이 되면 수종공신隨從功臣이 되어 출세할 수 있었다. 수종공신은 왕의 측근이 되었고, 권력을 누릴

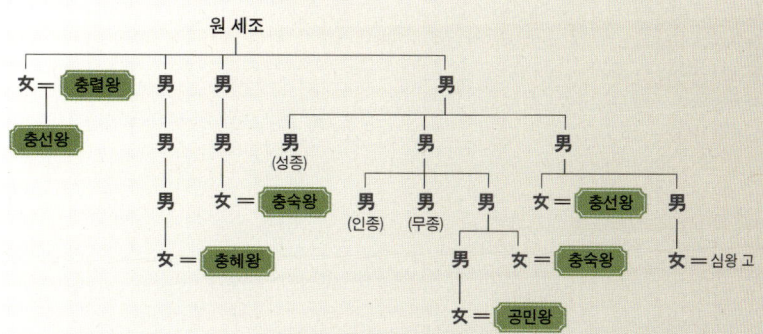

| 고려 말 '충' 자 돌림의 왕위 계승
충렬왕에서 공민왕에 이르기까지, 충목왕과 충정왕을 제외한 다섯 명의 왕은 모두 원 황실의 부마가 되었다. 충목왕은 여덟 살에 즉위해 재위 4년 만에 사망했고, 충정왕은 12세에 즉위해 3년 후에 퇴위했으므로 왕비를 맞아들이지 못했다.

수 있었다. 수종공신은 고려 국가 전체의 이익이 아닌 자신의 지위 유지를 우선시하는 경향이 있었다. 이들에게 자신이 모신 왕이 갑자기 왕위에서 물러난다는 것은 정치적으로 몰락하는 길이었다. 자신이 모셨던 왕이 또다시 왕위에 오를 경우에는 다시 정계에서 힘을 쓸 수 있었다.

부원배, 원에 빌붙어 살길을 찾다

고려 사람들은 원과 활발히 교류할수록 새로운 살길을 모색했다. 우선 몽골어 학습 열풍이 불었다. 몽골어를 잘 알면 출셋길을 찾을 수 있었다. 대표적인 인물이 조인규였다. 그는 똑똑한 어린애들을 뽑아 몽골어를 가르치는 국가사업에 선발됐다. 하지만 스스로 실력이 못 미친다고 생각해 문을 닫아걸고 3년 동안 열심히 공부해서 몽골어를 완벽하게 익혔다. 그 결과 실력이 워낙 탁월해서 원 세조도 통역관으로 온 조인규에게 감탄했다고 한다. 이후 조인규의 집안은 차츰 명문가가 되었다. 이처럼 몽골어가 아니면 고려 사람들은 출세하기 위해 최소한 북방의 중국어라도 익혀야 했다.

여몽 전쟁 말기부터 몽골 편에 서서 고려를 침략하는 데 도움을 준 사람들도 출세했다. 가령 홍복원은 몽골군을 고려 땅으로 인도했고, 그의 아들 홍다구 역시 고려에는

| 고려의 왕이 두 명이 되다

고려 왕의 자리는 원의 정치 상황에 영향을 받거나, 때로 국내 상황 때문에 변동이 잦았다. 그런 가운데 고려 왕은 원 황실의 계승에 관여하기도 했다. 충선왕은 원의 무종을 즉위시키는 데 공을 세워 심양왕瀋陽王을 겸했다. 정치적인 관계가 서로 얽혀 원 조정에 정치 변동이 생기면 고려에도 영향을 끼쳤다. 충선왕은 복위한 후 고려로 돌아가지 않았다. 충선왕은 원에 머물면서 왕권을 행사했던 것이다.

또한 충선왕은 아들인 충숙왕에게 왕위를 물려주고 난 후에도 국내 정치에 간섭해 서로 갈등을 일으켰다. 원은 나중에 충선왕을 지금의 티베트까지 유배를 보냈다. 충선왕이 겸한 심양왕은 조카 왕고에게 넘겨졌고, 이런 왕고를 고려 왕으로 임명하려는 운동이 일어났다. 심양왕 왕고를 세자로 삼아서 충숙왕을 견제하려 했던 것이다. 이처럼 왕위는 언제든지 바뀔 수 있었다. 지배층조차 누구 편에 서야 할지 고민해야만 했다.

경천사지 십층석탑
1348년에 세운 대리석탑으로, 원의 라마식 불탑의 영향을 받은 것이다. 특히 1층 탑신 이맛돌에 새겨진 명문을 통해 강융과 고용봉 등이 원의 황제와 고려 왕실의 안녕을 기원하며 세운 것임을 알 수 있다.

반역자지만 출세했다. 이들 홍씨 집안은 충선왕을 몰아내려고 새로운 행성行省을 세워 고려 자체를 부정하려 했다. 정동행성과는 달리 이 행성은 원의 통치를 직접 받는 지방 행정기관이었다. 이후로도 행성을 세우려는 움직임이 몇 차례 더 있었는데, 여기에는 원과 연결된 정치 세력들이 가담하고 있었다. 이들은 고려를 원에 통합시키려고 시도했다.

특히 기씨 집안은 원 황실에 황후를 배출하고 난 후, 고려 내에서 많은 불법적인 일을 저질렀다. 주로 땅과 노비를 늘리거나 각종 이권을 찾는 일에서 불법이 자행됐다. 국가는 이런 불법을 막기 위해 노력했지만, 이들의 방해로 빈번하게 무산됐다. 심지어 왕도 그들의 권력을 제어하기 어려웠다.

원의 힘에 빌붙어 권력을 누리려는 사람들은 줄지 않았다. 왕의 측근, 명문가 출신, 약삭빠른 장사꾼 출신, 환관이나 노비 출신 할 것 없이, 이들의 출셋길에는 원과 관계 있는 경우가 많았다. 윤수 집안이 대표적인 경우였다. 그의 아버지는 강화도에서 유명한 깡패였다가 죽게 되었다. 그는 가족을 데리고 원의 심양으로 이주했다. 충렬왕이 원에 있을 때, 그는 매와 사냥개로 그의 환심을 샀다. 귀국한 윤수는 응방을 관리한다는 이유로 사람들을 동원해 백성들을 수탈했다. 그가 병이 들어 죽을 무렵에 여우, 토끼 같은 짐승들이 자기 살을 씹어 먹는다고 발광하다가 죽었다고 한다. 그의 아들은 격구

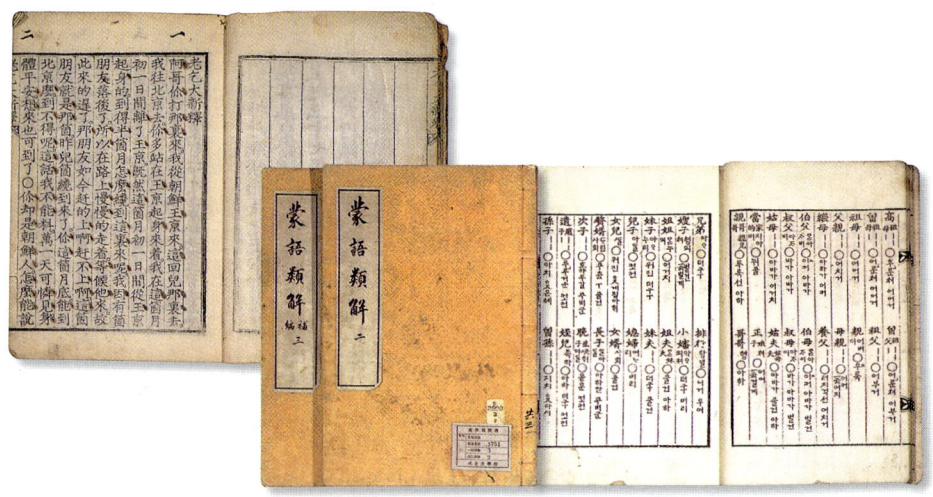

『노걸대 언해』와 『몽어유해』
고려시대부터 전해온 몽골어 학습서인 『노걸대(老乞大)』를 한글로 풀이한 책(왼쪽)으로, 사절의 왕래나 상인의 교역에 필요한 회화책이다. 작자와 간행 연대는 정확히 알려지지 않지만, 『통문관지(通文館志)』의 기록에 따르면 조선 현종 때 정상국이 간행한 것이라고 한다. 이외에도 조선시대에는 사역원에서 『몽어유해』(오른쪽)라는 책도 간행했다.

를 잘해서 원의 인종이 태자로 있던 시절에 서로 알게 되었다. 충선왕도 그를 총애했다고 하는데, 이것은 그의 영향력과도 관계가 있을 것이다. 따라서 개혁은 이런 사람들을 겨냥하기 시작했다.

충혜왕, 장사를 하다
● 원 간섭기의 고려 왕 ●

원 간섭기에 아주 특이한 왕이 있었다. 바로 충혜왕이다. 그는 29세라는 젊은 나이에 죽었다. 그는 왜 이렇게 젊은 나이에 죽었을까?

충혜왕은 충숙왕의 맏아들로, 공민왕과는 형제 사이였다. 또한 이전 왕들과 달리 어머니 명덕태후 홍씨가 고려 사람이었다. 그런데 충혜왕은 일찍부터 성격적인 문제가 있었다.

충혜왕은 세자 시절에 원의 수도에서 지냈다. 당시 원 승상인 엔티무르는 충혜왕을 친아들처럼 대했다. 그런데 태보 벼슬에 있던 바얀은 엔티무르와 정치적인 라이벌로, 세자(충혜왕)를 싫어했다. 충혜왕은 엔티무르의 아들들과 함께 회골回鶻, 위구르 소년들과 술을 마시며 놀았다. 그러다가 충혜왕은 위구르 여자를 좋아하게 되어 황제를 지키는 숙위를 결근했다. 바얀은 이런 충혜왕을 개망나니(발피撥皮)라고 욕하며 황제에게 보고했다. 그러자 심지어 아버지 충숙왕도 그를 발피라고 불렀다. 이러한 충혜왕에 대한 평가는 역사책에 이렇게 나온다.

"성품이 호탕해서 말 타고 활 쏘는 것을 좋아했고, 재리財利에 밝으며, 황음무도荒淫無度했다."

고려 왕 중에서 재리에 밝았다는 평가는 전무후무하다. 충혜왕이 스스로 장사를 했기 때문이다. 그는 의성고義成庫를 포함한 세 곳의 나라 창고에서 포 4만 8000필을 꺼내 시장에 점포를 차렸다. 국가재정을 이용한 장사였다. 4만 8000필의 분량은 그 이전 전국에서 거둔 소금세가 4만 필이라는 것과 비교해보면 엄청난 것이었다.

원과의 교역품
원과 일본을 왕래하다가 신안 앞바다에 침몰한 배에서 나온 교역품들이다. 청자를 비롯해 당시 배 안에서 생활하던 사람들이 쓰던 물건들도 함께 나왔다.

충혜왕은 이자 놀이도 했다. 그 대상은 회회족 回回族으로 중국 당 때에 사라센인을 이르던 말이었다. 당시 원에서 활약하던 일부 회회인들은 원 지배층의 은을 위탁받아 이자 놀이에 종사하기도 했다. 이들을 '알탈斡脫 상인'이라고 불렀는데, 10세기 중반부터 동부 이슬람 세계의 은 부족 현상을 이용해 중국의 은을 이곳으로 가져가 유통시켰다. 충혜왕은 이런 장사꾼들을 원에서 보고 본받았던 것이다.

한편 충혜왕은 국제 무역에 힘썼다. 그는 2만 필에 이르는 포, 금, 은 등의 물건을 가지고 중국에 가서 무역을 하게 했다. 그 외에도 돈을 가지고 원에서 장사를 시키고, 심지어 장사꾼들에게 장군의 직책을 내려주기도 했다. 국내에서는 돈을 돌리기 위해 작은 은병을 사용하게 했다. 이 은병의 값어치는 좋은 포 15필로 정했다. 종래에 쓰던 은병은 사용을 못하게 막았다. 종전 은병의 품질이 조악하기도 했지만, 자신이 만든 은병의 가격을 비싸게 책정해서 이를 팔아 이익을 남기기 위해서였다.

또한 충혜왕은 이상한 잡세를 신설했다. 그중 직세職稅는 인삼 값을 보충하기 위해 벼슬하다 시골에 내려온 사람들에게서 걷었다. 산과 바다에서 얻는 생산물과 무당, 기술자들에게까지 세금을 받았다. 심지어 충혜왕은 장사꾼의 딸(은천옹주 임씨)과 결혼했다. 은천옹주는 단양대군의 종 출신으로, 사기그릇을 만드는 일로 벌어먹고 살았다. 옹주는 새로 지은 궁궐에 들어가 방아와 맷돌을 많이 설치했는데, 이것 역시 돈 버는 일과 관계가 있었다.

고려 내부의 불만이 높아지자, 원은 더 이상 충혜왕을 놓아둘 수 없었다. 결국 원에서 보낸 사신이 정동행성으로 황제의 조서를 받으러 나온 충혜왕을 걷어차면서 포박했다. 이런 소동 속에서 충혜왕의 주변 관료와 무사들이 죽거나 다쳤다. 원은 충혜왕을 수레에 태워 광동성廣東省, 지금의 광둥성으로 귀양을 보냈다. 원의 연경에서 그곳까지는 2만여 리의 거리. 결국 충혜왕은 중국 땅 악양현에서 죽었다. 사망 원인은 독살설과 귤을 먹고 죽었다는 설이 전해지는데, 그의 죽음을 슬퍼하는 고려 사람은 아무도 없었다.

저울과 분동(分銅)
약재처럼 미량의 계측에 사용한 저울과 무게를 달 때 쓰는 추로, 신안 앞바다 침몰선에서 나왔다. 신안 침몰선은 화물의 내용과 수량, 화물의 주인 등을 기록해 짐에 매단 꼬리표인 목간을 통해 원의 경원에서 일본의 교토로 가던 중이었음을 알 수 있다.

세계 제국과 만나다

| 원과의 교류와 삶

 1274년 봄빛이 따스한 음력 3월, 가족과 헤어져 먼 길을 떠나는 여성들과 보내는 사람들의 울음이 이곳저곳에서 울려 퍼졌다. 결혼을 위해 떠나는 먼 길이 그들 앞에 기다리고 있었던 것이다. 먼 이역의 땅, 그것도 말이 통하지 않는 중국 사람과의 결혼이 곧 닥칠 운명이었다.

 원의 중서성은 고려 조정에 문서를 보냈다. 문서 내용은 남송에서 항복한 군인들의 처로 남편 없는 여성을 140명이나 요구한 것이다. 고려에서는 내키지 않는 일이었다. 그러나 원이 독촉했기에, 고려 정부는 임시로 결혼도감을 만들었다. 고려 정부는 가을까지 정부에서 보내려 했던 여성들, 즉 과부나 역적의 부인, 중의 딸을 샅샅이 뒤져 겨우 그 숫자를 채울 수 있었다. 여성들의 화장 값으로 한 사람당 명주 12필이 주어졌다. 모두가 가슴 아파했지만, 어쩔 수 없는 일이었다. 그러나 이 일은 시작일 뿐이었다.

다른 세계로 나가다

고려 사람들은 오랫동안 몽골과 전쟁을 치르면서 포로로 끌려갔다. 전쟁이 끝날 무렵인 1254년 포로의 수는 20만 6800여 명이나 되었다. 그 가운데 대부분의 사람들은 노예 시장에 넘겨졌을 것이다. 물론 이 인간 시장은 전쟁 포로만이 아니라, 나중에는 홍수와 가뭄으로 먹고살 길이 없는 사람들이 아내나 자식, 종을 사고팔기 위해 생겼다. 원의 수도인 대도大都, 지금의 베이징에서 고려의 지식인 이곡은 매춘과 노예 시장의 비정함을 보고 충격을 받았다.

그런데 전쟁이 끝난 후 고려 정부는 끌려간 사람들을 데려오려고 노력하지 않았다. 모든 것은 개인의 일이었다. 강원도 명주溟州, 지금의 강릉 출신인 김천은 15세 때 몽골군에게 어머니와 동생이 포로로 잡혀가는 일을 당했다. 14년이 지난 후에 원에서 돌아온 어떤 사람이 장마당에서 사흘 동안이나 명주 출신 사람을 찾았다. 그가 가져온 것은 김천의 어머니 편지였으며, 거기에는 원의 어느 곳에서 노비로 고생하고 있다는 사연이 적혀 있었다.

김천은 남에게 은을 꾸어 원에 가려 했지만, 정부의 허가를 받지 못했다. 어느 날 개

이제현의 「수렵도」
설경과 함께 말 탄 인물의 생동감이 잘 표현된 그림으로, 이제현이 그렸다고 전해지고 있다. 이제현은 원에 오래 머물며 중국 그림을 모으고 유명 작가들과 널리 접촉했던 만큼 그의 작품일 가능성이 높다.

경에서 거지꼴이 다 되어가던 김천은 같은 고을 출신의 승려를 만나 사연을 얘기했다. 비로소 그는 승려의 도움으로 승려의 형이 원에 갈 때 따라가게 됐다. 김천의 어머니는 원 병졸 요좌의 집에서 노비 생활을 하고 있었는데, 김천은 처음에 얼굴이 변한 어머니를 알아보지도 못했다. 김천은 은 55냥을 주고 요좌에게 사정해서 어머니를 데려왔지만, 동생은 6년이 지난 뒤에나 귀국하게 되었다. 이 경우는 그나마 운이 좋은 편이고, 대부분은 원에서 생명을 다했다.

이들보다 조금 나았지만, 공녀貢女 역시 비슷했다. 공녀 중에는 원 황제나 고위 관리의 후처가 되는 사람들도 있었다. 그러나 대부분 억울한 처지가 포로와 별반 다르지 않았다.

시간이 지날수록 스스로 원에 가는 사람들이 늘어갔다. 환관으로 취직하려고 가는 사람, 고려 왕을 따라 들어가는 사람, 원의 과거에 응시하려는 사람, 장사꾼, 승려 따위로 다양했다. 그들 가운데 원에 귀화해 그곳에 정착하는 사람들도 늘어갔다. 이들이 모여 사는 곳은 신라 때 신라방新羅坊과 비슷한 고려장高麗莊이었다. 특히 고려 사람들이 많았던 곳은 요양遼陽, 지금의 랴오양과 심양瀋陽, 지금의 선양 지역이었다. 고려에서 살기 힘들어 이곳까지 흘러들어 온 일반 사람들도 많았다.

원에 온 사람들이 본 것은 새로운 세계 제국이었다. 그들의 눈에 이 제국이 어떻게

고려인 다루가치의 묘비
원으로 가 다루가치가 되고 이슬람교도가 된 고려인 라마단의 묘비다. 중국의 광주(廣州, 지금의 광저우) 구시가지에 있는 가장 오래된 이슬람 사원인 회성사에 보관 되어 있다. 이 묘비는 앞면에 이슬람 경전인 『꾸란』 2장 255절을 인용한 아랍어를 크게 새기고 좌우측에 한자를 조그마하게 새겨 넣었다. 묘지문에는 "대도로 완평현 청현관 주인인 라마단은 고려 사람으로 나이 38세이고, 지금 광서도 용주 육천현 다루가치에 임명되었다"라고 쓰여 있다. 또 라마단은 1349년 3월 23일에 사망해 그해 8월 18일에 광주의 성북쪽 유화교 계화강에 묻혔다고 한다.

보였든지 간에, 고려 사람들에게는 새로운 경험이었다. 고려 유학자 이제현이 충선왕의 유배를 따라 토번吐藩, 지금의 티베트 지역까지 갔듯이, 고려 사람들은 넓어진 세계를 느껴야 했을 것이다. 그리고 이렇게 넓어진 세계관은 조선 초기인 1402년 권근 등이 만든 「혼일강리역대국도지도混—疆理歷代國都之圖」에 반영되었다. 이 지도는 중국과 인도, 아라비아, 유럽, 아프리카까지 포함된 세계지도였다. 고려 사람들의 관심이 전 세계로 넓어졌음을 보여주는 결실이었다.

외국인들이 고려에 들어오다

몽골, 중국, 위구르 출신의 다양한 사람들이 고려로 쏟아져 들어왔다. 그 가운데는 고려에 눌러앉는 사람들도 많았는데, 그 수가 어느 정도였는지는 정확히 파악되지 않는다. 원의 공주를 따라 들어온 겁령구들은 권력을 이용해 고려에 자리 잡고서 횡포를 부렸다. 예를 들면, 인후는 몽골 출신의 겁령구로 고려에 와서 남의 노비와 토지를 빼앗고 뇌물을 받아 큰 부자가 되었다. 장순룡도 비슷했는데, 그는 회회인이었다.

또한 고려 왕이 원에 머물 때부터 알고 지내던 외국인도 고려로 따라 들어왔다. 충숙왕은 원에 있을 때 남만南蠻 출신의 왕삼석을 소개받았는데, 그의 의술을 매우 총애했

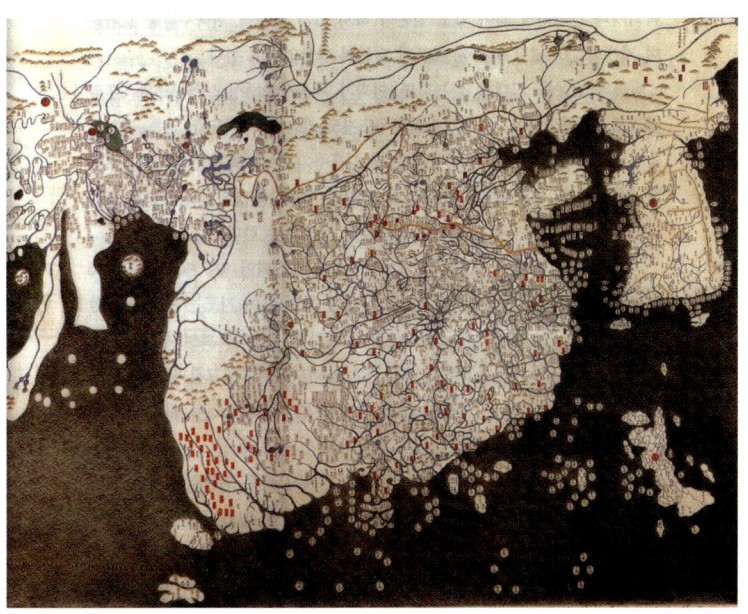

「혼일강리역대국도지도」
1402년에 권근과 김사형 등이 중국과 조선, 일본 지도를 합쳐 새롭게 편집한 세계지도다. 특히 아프리카 대륙을 보면 원 제국을 통해 동서 문화 교류가 활발하게 이루어짐으로써 이슬람 지도학의 영향도 받았음을 알 수 있다. 이를 통해 고려 말부터 조선 초기의 사람들이 갖고 있던 세계 인식과 지도 제작 수준을 엿볼 수 있다.

다. 왕삼석은 왕의 사부 노릇을 하면서 벼슬을 팔아 돈을 모았다. 색목인 출신의 최노성은 부유한 상인 출신으로 고려에 와서 회의군이란 작위를 받았다. 이런 사람들은 왕의 힘을 배경으로 고려에서 장사를 하거나 벼슬을 하면서 불법적으로 땅을 넓혔다. 충렬왕은 매를 잡는 응방을 폐지하자는 주장이 나오자, 원 황제의 총애를 받던 회회인을 데려다가 이를 맡겼다.

이외에도 벼슬을 하지 않았지만, 일반 외국인들도 고려에 왔다. 고려 개경에는 회회인들이 운영하는 만두 가게쌍화점까지 생겼다. 조선 초기 세종 때까지 이슬람 승려들이 있었다. 심지어 그때까지 궁궐의 큰 조회에서 이슬람식 기도 의식을 했다고 한다. 또한 여진 출신의 이지란은 공민왕 때 100호를 거느리고 귀화해, 이후 함경도 북청에 살게 되었다. 그는 조선의 태조가 된 이성계의 오른팔로 맹활약하게 된다.

몽골식 머리를 깎다

고려와 원 사람들은 서로 왕래하면서 각자의 풍속을 따라 하게 되었다. 특히 머리 모양이나 옷, 음식, 도자기, 언어 등이 섞이면서 영향을 주고받았다. 그런데 몽골식 머리는 처음부터 문제가 있었다. 1278년 2월 충렬왕은 전국에 원식 관을 쓰게 하고, 모두

| 고려에 뿌리 내린 색목인, 설손

설손은 원의 고창에서 살던 위구르인이었으나, 고조할아버지가 원에 귀화한 후 대대로 벼슬을 하며 설련하에 살아 설을 성으로 삼았다. 설손은 순제 때 진사시에 합격해 황태자에게 경서를 가르쳤다. 그때 원에 와 있던 공민왕과 사귀었다.

1358년 홍건적의 난이 일어났을 때 설손은 병란을 피해 고려로 들어왔다. 고려에 귀화한 설손은 이전부터 알고 지내던 공민왕에게 후하게 대우를 받고 전답까지 하사받았다.

설손이 남긴 저서로 『근사재일고近思齋逸藁』가 있다. 그는 시에도 능하여 고려의 대표적 시인의 한 사람으로 평가받는다. 설손의 아들은 여러 명이 있는데, 그중에 설장수가 유명하다. 그는 고려 말 대표적 사대부 중 한 사람이다. 공민왕은 그가 색목인 출신이라는 이유로 아버지의 상복을 벗고 과거 시험을 치르게 했다. 이후 왜구 격퇴론을 올리고, 공양왕을 세우는 데 활약했다. 그러나 설장수는 정몽주의 편에 섰다가 유배를 당한다.

박익 묘의 벽화
경상남도 밀양시 청도에 있는 박익 묘는 사방 벽에 벽화가 그려져 있다. 벽화는 화강암 판석 위에 석회를 바르고 그 위에 먼저 검정선으로 벽화 내용을 소묘한 뒤 마르기 전에 주요 부위를 적·남·흑색으로 채색하는 프레스코 기법으로 그려져 있다. 인물, 말, 도구 등 당시의 생활 풍속을 생생하게 엿볼 수 있다.

몽골식 머리를 깎도록 했다. 몽골식 머리를 '겁구아怯仇兒'라고 했는데, 정수리에서 이마까지 네모나게 하고는 가운데만 머리털을 남겨두는 것이다. 이미 4년 전에 충렬왕이 왕비가 될 제국대장공주를 맞이할 때 관료들이 몽골식 머리로 깎지 않은 것을 책망했다. 그러나 아버지 원종은 오래된 법을 고칠 수 없다고 하여 끝까지 깎지 않았다.

몽골식 머리는 고려 사람들에게 낯선 것이었다. 충렬왕의 명령으로 재상에서 하급 관리까지 몽골식 머리로 깎았는데, 유일하게 남은 사람들은 대궐 안에서 공부하는 학관學官이었다. 그러자 왕의 비서 격인 박항이 담당 관리를 불러서 설득해 학생들의 머리를 깎게 했다.

옷이나 음식에서도 몽골풍이 들어왔다. 특히 이때 전래된 소주는 요즘 일반적인 희석식이 아닌 증류식 술이었다. 독한 술은 고기와 잘 어울리기 때문에 고려에 같이 들어왔다. 이후 소주는 조선시대에 들어와서 화주火酒라고 해서 일종의 약처럼 여겨졌다.

고려의 의복과 음식, 도자기 등도 몽골 사람들에게 전해졌다. 원 궁궐 안에 있던 고려 출신 궁녀나 환관 같은 사람들이 이런 것을 유행시켰는데, 이처럼 원에서 고려를 따라 하는 것을 '고려양高麗樣', 즉 '고려 본뜨기'라고 불렀다.

▶▶ **소줏고리**
소주를 내리는 데 쓰는 것으로, 구리나 오지 따위로 위아래 두 짝을 겹쳐 만든 재래식 증류기다.

▶ **족두리**
부녀자들이 예복을 입을 때 머리에 얹던 관으로, 위는 대개 여섯 모가 지고 아래는 둥글며, 보통 검은 비단으로 만들고 구슬로 꾸민다.

▼ **태평소**
고려 말에 원에서 들어온 태평소는 조선시대에 주로 군대나 궁중에서 쓰이다가 점차 농악에서 많이 사용한 나팔 모양의 악기다.

새로운 과학 기술을 받아들이다

원에 간 사람들 중에는 지식인들도 많았다. 이들은 원에서 공부하며 새로운 문물을 접하면서 자신이 듣거나 본 문물을 고려로 가져왔다. 『농상집요農桑輯要』같은 농업기술 서적도 이때 고려에 들어왔다. 이색은 이 책의 후서後序에서 고려 사람들이 하늘만 쳐다보고 농업과 축산을 발전시키려고 노력하지 않는다고 지적했다. 그러면서 이런 농업기술 서적의 보급으로 새로운 변화를 기대한다고 적었다. 농서의 보급은 그동안 경험에 의존하던 농업기술을 체계화하는 데 많은 도움을 주었다.

특히 문익점이 원에서 가져온 목화가 의복에 혁명을 일으켰다. 문익점은 원에서 가져온 목화씨를 장인인 정천익에게 재배해달라고 주었다. 정천익은 처음에는 재배법을 몰라 한 톨만 재배에 성공했지만 3년 뒤에는 크게 불어났다. 정천익은 물레도 만들었다.

최무선은 화약 제조 기술을 습득하는 데 많은 어려움을 겪었다. 그는 원의 화약 기술자 이원과 한 동리에 살면서 환심을 샀다. 그러다 마침내 화약 기술을 알아내고는 하인들에게 이를 시험하게 한 후, 나라에 화통도감을 만들도록 건의했다. 그런데 화약을 만드는 기술도 중요하지만, 실제로는 이를 쏠 화포를 만드는 일도 만만하지 않았다. 화포는 청동으로 만들었는데, 화약 폭발 때 압력으로 터질 염려가 늘 있었다. 고려 수군은 화포를

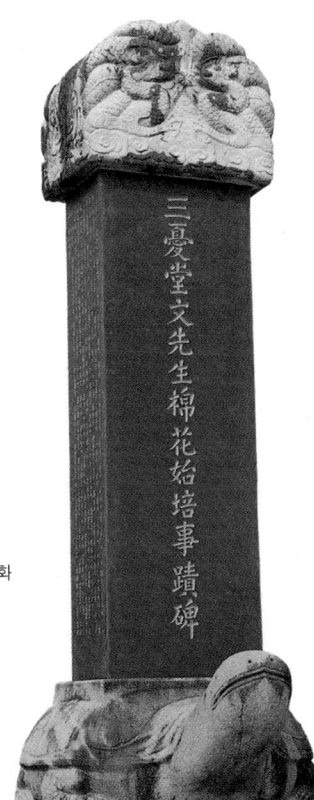

문익점의 목화 시배 사적비
문익점이 목화를 들여와 처음 심었다는 경상남도 산청군 단성면 사월리 배양 촌전에 세워진 목화 시배 사적비다.

이용해 적의 배를 좀 더 쉽게 불지를 수 있게 되었다. 고려 말 왜구 문제는 화약과 화포를 이용해 해결의 실마리를 얻을 수 있게 된 것이다. 그 외에도 다양한 과학 기술이 들어왔다. 이러한 과학 기술은 이후 조선의 세종 때 과학 기술을 발전시킬 밑거름이 되었다.

공연 문화가 활발해지다

공연 문화는 원과 교류하면서 더욱 발전했다. 원에서 열리는 잔치에 참여하게 되면서 이전보다 규모가 큰 공연에 대한 욕구가 나타났다. 특히 충렬왕은 이런 공연에 힘쓰는 사람들을 측근으로 쓰기도 했는데, 오잠과 김원상 등이 그런 사람들이었다.

특히 오잠은 악기를 연주하는 관현방에 얼굴이 예쁘고 노래와 춤이 뛰어난 기생을 전국 각지에서 뽑았다. 여자 종이나 무당 중에서도 이런 인물들을 모아 남장 복장으로 한 패거리를 따로 꾸며 그들에게 노래를 가르쳤다. 그 노래들은 「쌍화점」과 같이 유학자들의 시각에서 본다면, 그 내용이 음란했다. 공연은 원에서 유행하는 원곡元曲의 영향을 받기 시작했을 것이다. 『삼국지』나 『서유기』 같은 소설들은 원곡과 관계가 깊었던 것으로 알려져 있다.

공연을 담당하는 사람들을 영인伶人, 우인優人, 광대 등으로 불렀는데, 그 가운데 광대

| 중국의 화포 기술을 받아들인 최무선

최무선은 화포를 이용해 바다에서 왜구를 막는다는 전술을 쓰려고 했다. 최무선의 화약과 화포 기술은 조선왕조에서 더욱 개량되어 임진왜란 때 해전에 많은 도움을 주었다. 하지만 최무선이 만든 화포가 어떤 종류였는지는 구체적으로 알려져 있지 않다.

란 말은 원래 가면을 쓰고 놀이하는 사람을 가리킨다. 이들은 때로 밤늦도록 잔치에 동원되었다. 특히 나례와 같이 12월에 귀신을 쫓는 의식은 각종 공연과 함께 궁궐 안에서 벌어졌고, 조선시대까지 이어졌다.

광대들은 왕이나 귀족들에게 매우 익숙한 존재였다. 심양왕 왕고가 왕위를 빼앗아보려는 모략이 있자, 충숙왕은 재상들에게 다음과 같은 당부를 했다.

"옛날에 작은 광대가 큰 광대를 따라서 강을 건너가려는데 나룻배가 없었다. 그때 작은 광대가 여러 큰 광대에게 말하기를 '나는 키가 작아서 물의 깊이를 알기 어렵다. 그대들은 키가 크니 앞서서 수심을 재어보라!' 하니, 모두 그렇게 하자고 물에 들어가 다 빠져 죽고 작은 광대만 남았다. 지금 우리나라에 작은 광대 두 사람이 있어 자신을 위험한 곳에 두고 태연하게 앉아서 구경하고 있으니 이것과 무엇이 다른가!"

충숙왕은 자신의 불리함을 광대에 비유해 관료들의 마음을 격분시키려 했던 것이다. 그렇지만 고려시대 광대 중에는 『고려사』의 「열전」에 오른 인물도 있었다. 바로 군만이다. 그는 고려 말 부친이 한밤중에 호랑이에게 물려가자, 활과 화살을 가지고 산에 갔다. 그는 호랑이를 쏘아 죽이고 부친의 남은 해골을 추려서 돌아왔다.

광대는 고려시대 궁궐의 화려함을 더해주는 존재였다. 그들은 천대 받으면서도 재능과 때로는 아름다움으로 끝까지 살아남았다.

| 희곡

중국에서 희곡의 전성기가 본격적으로 전개되는 것은 원 때다. 당시에는 송 대와 달리 문인들의 지위가 낮았기 때문에 생활이 힘들어진 문인들이 생생한 언어로 당시 사회의 어두운 일면을 풍자한 희곡들을 창작하기 시작해 점점 관심을 끌게 되었다. 극중 인물들은 송 때처럼 이야기가 아닌 몸으로 극을 표현했기 때문에 예술적 가치가 더 높았다. 희곡 작가들은 대부분 북방인들로서 북경을 중심으로 활동했지만, 원 말기에 과거제도가 복구되면서 문인들이 과거에 몰두하자 창작 인구의 수가 크게 감소했다.

휘파람을 부는 토용

원에 갈 여성을 모집하라

● 결혼도감과 공녀 ●

1275년 원 세조는 조서를 내려 미녀의 공납을 처음으로 요구했다. 원은 고려와 서로 한집안이 되었기에 결혼을 해야 한다는 것을 그 이유로 내세웠다. 이에 고려 정부는 전국에 혼인을 금지하는 금혼령을 내리고, 열 명의 처녀를 선발했다. 이후 공녀 선발은 일상적인 일이 되었는데, 기록이 된 것만도 80년 동안 50차례였다.

고려 정부는 13세 이상부터 16세 미만의 처녀들을 마음대로 시집가지 못하게 하고, 관청에 신고하여 보고한 후에만 혼인할 수 있는 법을 만들었다. 그 까닭은 사람들이 공녀로 끌려가길 원치 않았기 때문이다.

공녀를 뽑는 대상은 일반 사람들만이 아니었다. 고위 관료의 자식도 예외가 아니었다. 충렬왕 때 원 황제에게 보내는 공녀를 선발했을 때는 홍규의 딸이 뽑혔다. 홍규는 중추원에서 좌부승선을 지낸 고위직 관리였다. 그는 권력가들에게 뇌물을 주어 딸을 빼려고 했지만 실패했다. 그러자 딸의 머리카락을 잘라서 승려처럼 만들었다. 그러나 충렬왕의 부인인 제국대장공주가 분노해 홍규에게 혹독한 형벌을 내리고 재산을 몰수했다. 이처럼 관료의 딸들도 원의 관료나 황실에 보내졌다.

❖ 결혼도감 ❖

1275년 열 명의 고려 여성을 원에 보낸 이래, 공민왕 때까지 약 80년간 처녀진공사의 왕래가 50회를 넘었다. 공녀의 대상은 대개 13~16세의 미혼 여성으로, 평민은 물론이고 왕족의 여성도 포함되었다. 이에 따라 고려에서는 조혼의 풍습까지 생겨났고, 고려 조정은 아예 금혼령을 내리거나 결혼도감과 과부처녀추고도감 등을 설치해 공녀의 안정적인 차출을 꾀했다.

원에 끌려간 공녀들은 원 황실의 궁녀, 고관들의 시첩·시비 등에 충당되거나 군인들과 집단 혼인을 하기도 했다. 고관과 혼인한 예도 있고, 드물게는 원의 황제와 혼인하기도 했다. 원 인종의 편비였다가 후에 황후가 된 관리 김심의 딸이나, 나중에 순제의 제2황후로서 황태자까지 낳은 관리 기자오의 딸이 그러하다. 기황후의 일족은 고려에서 막강한 권력을 휘두르며 탐학과 횡포를 자행하다가 공민왕 때 숙청되었다.

일반 사람들은 더욱 처지가 곤란했다. 딸을 보내지 않기 위해 어릴 때 시집보내거나, 딸의 출생 자체를 비밀로 하는 경우가 많았다. 그러자 정부에서는 남의 집안일을 잘 아는 맹인과 무당을 동원하거나 지금의 경찰서인 순마소에서 집 안을 수색해 찾아내도록 했다. 당시 사람들은 맹인과 무당한테 점을 치거나 집안의 재액을 해결하기 위해 그들에게 집안일을 털어놓았기 때문이다.

결국 공녀는 사회문제가 되었다. 당시 지식인들은 이 문제를 외면하지 않았다. 원의 관리인 이곡은 황제에게 상소를 올려 이를 중지하도록 요구했다. 그는 상소문에서 원으로 끌려가는 공녀들의 참상을 기록했는데, 공녀들이 국경 밖으로 나가게 되면 엎어져 길을 막고 소리 지르면서 통곡하고, 그중에는 분해서 우물에 빠져 죽거나 목을 매는 사람도 있다고 했다. 게다가 이런 여성들의 원망 탓에 홍수와 가뭄이 일어난다고 하면서 황제에게 공녀를 요구하는 것을 중지해달라고 호소했다.

물론 공녀 가운데 원 황실에서 자리 잡아 출세하거나 고위 관리의 첩이 되는 경우도 있었다. 그러나 이런 사람들은 운이 좋은 경우였다. 대표적인 경우는 우리에게 익숙한 기황후다. 기씨는 원 황제인 순제의 총애를 받아 첫 번째 황후가 되었다. 그래서 기씨 집안은 고려에서도 큰소리치면서 활동할 수 있었다.

공녀는 조선시대에 들어와서도 한동안 계속되었다. 명明 역시 공녀를 요구했던 것이다. 이러한 사실로 보면, 공녀는 약소국에서 살았던 우리 조상들의 슬픈 자화상이다.

| 딸을 공녀로 바친 왕족 부인의 묘지명

고려 왕족의 부인 수령옹주의 묘지석이다. 수령옹주는 재상을 여럿 배출한 문벌 경주 김씨 출신으로, 14세에 왕족 왕온과 혼인했으나, 29세에 남편을 여의고 희안군을 비롯한 3남 1녀를 홀로 키웠다. 그러던 중 고명딸을 원에 공녀로 보내게 되자 그 슬픔으로 병이 나서 사망했다. 당시 공녀 징발에는 왕족의 자식도 예외일 수 없었음을 보여주는 사례다. 묘지명에서 '현왕', '문왕' 등 고려 왕을 가리키는 말보다 '세조', '천자' 등 원의 황제와 관련된 용어를 한 단 위에 새겨 두 나라의 위계 관계를 표시했다.

우리나라의 자녀들이 뽑혀서 서쪽(원)으로
들어가기를 거른 해가 없었다.
비록 왕실 친족같이 귀한 신분이라도 (자식을) 숨길 수 없고,
어미와 자식이 한 번 이별하면 아득하게 만날 기약이 없었다.
슬픔이 골수에 사무치고
심지어 병들어 죽는 이도 한둘이 아니었으니,
천하에 지극히 원통한 일로 이보다 더한 것이 어디 있겠는가?

「수령옹주 묘지명」 중에서

3 사상의 혁신 운동

| 새로운 불교와 성리학

고려시대의 사원은 귀족의 후원을 받아 세워졌다. 사원은 땅과 일하는 사람들을 늘리거나 장사로 부를 쌓았다. 승려들 가운데 일부는 재물 모으는 일에 골몰했다. 이런 승려들은 사람들에게 믿음을 얻으려고 기이한 행동을 했다. 얼굴을 수척하게 하고서 때가 낀 옷을 입고 머리를 태우고 팔뚝을 불로 지졌다. 그러고서는 집집마다 다니면서 권유하거나 강압적으로 돈을 얻어갔다. 당시 지식인인 이규보는 부처의 도를 핑계로 절을 짓고 부처를 만들지만 실제로는 자기의 생활을 목적으로 한다고 비판했다.

불교를 배척하는 척불 운동은 불교가 세상에 도움이 되지 않는 허학虛學이요, 성리학이 실학實學이라는 생각에 바탕을 둔 것이다. 성리학자들에게 불교는 하나의 '이단'이고 성리학이 '정통' 학문이었다. 불교가 인간 세상을 떠받치는 충과 효를 끊도록 한다는 것, 그것은 성리학자들에게 참을 수 없는 일이었다. 이렇게 새로운 사상은 하나의 점으로 출발해서 점차 세상을 덮어가는 힘으로 변해갔다.

불교의 혁신 운동

전라남도 순천의 송광사는 16명의 국사를 배출했다. 이곳을 승려들의 요람으로 만든 사람은 보조국사 지눌이었다. 지눌은 1158년에 태어났다. 그가 살았던 시기는 무신 집권기로, 귀족들이 힘을 쓰지 못하던 때였다.

불교계는 이미 오래전부터 세속화의 길을 걷고 있었다. 지눌은 승려들의 세속화에 대한 자기반성이 필요하다고 보았다. 그래서 믿음을 바탕으로 구도에 정진하려는 사람들을 모아 새로운 신앙 공동체, 즉 결사結社를 만들었다. 지눌은 선정禪定과 지혜를 같이 수양할 것을 권하며 결사를 만드는 글인「권수정혜결사문勸修定慧結社文」을 지어 사람들에게 선포했다. 그는 속세에 물들지 말고 스스로 노동을 하며 승려의 본래 자세로 돌아갈 것을 권했다. 이 운동은 점차 확산되면서 지배층에도 많은 지지를 받았다. 특히 최충헌이 송광사를 적극적으로 지원하면서 더욱 번창했다. 지눌은 선종의 입장에서 교종과의 조화를 꾀했으며, 이후 선종계를 하나로 묶는 조계종의 기틀을 세웠다.

그런데 13세기 불교계는 지눌의 결사 운동과 다른 방향으로 나아갔다. 일연은 지눌을 이어받았다고 하면서『삼국유사』를 짓는 이외에 여러 활동을 했다. 하지만 불교계의

송광사
훌륭한 스님을 가장 많이 배출한 승보사찰(僧寶寺刹)로 유명한 송광사는 해인사, 통도사와 함께 삼보(三寶) 사찰로 불린다. '송광(松廣)'이라는 절 이름은 조계산의 옛 이름인 송광산에서 비롯된 것으로, 고려시대에는 수선사로도 불렸다. 보조국사가 송광사를 대수도 도량으로 만든 것은 1182년에 개경 보제사의 법회에 참석해 수행결사(修行結社)를 약속하면서부터 시작되었다.

세속화는 더욱 심해지는 양상을 보였다. 특히 원 간섭기에는 문벌들이 후원해서 세우는 원당願堂이 늘어갔는데, 이곳은 문벌들의 토지를 관리하는 거점이 되기도 했다.

또한 원에서 온 라마교 승려들이 고려에서 활동하면서 그들의 영향으로 개인적인 복을 구하는 경향이 심해졌다. 예컨대 충선왕은 승려 2000명에게 음식을 먹이고 연경궁에서 2000개의 연등을 켜는 행사를 닷새간 지속했다. 왕은 108만 명의 승려들에게 음식을 먹이고 그만한 숫자의 등불을 밝히려 했다는 뜻으로, 이를 만승회萬僧會라고 불렀다. 그런데 이런 행사를 왕만 한 것이 아니었으므로 국가재정이 바닥났다.

한편 불교계의 또 다른 흐름으로는 선종의 한 계파인 임제종이 있었다. 태고화상 보우는 회암사에서 수행하다가 원으로 유학을 갔다. 그는 원에서 임제종을 공부하고 돌아와 공민왕의 왕사가 되었다. 보우는 불교계의 정화와 통합에 노력했다. 그러나 그는 공민왕의 신임을 받는 신돈과 대립하면서 어려움을 겪어야 했다.

같은 시기의 나옹화상 혜근도 불교계에서 크게 활약을 했다. 혜근 역시 회암사에서 공부했으며, 보우처럼 원에 유학하고 돌아와 공민왕의 왕사가 되기도 했다. 그리고 조선의 태조 이성계의 왕사인 무학은 나옹화상 아래서 공부했다. 이들은 임제종을 통해서 화두를 던지고 이를 공부하는 간화선看話禪을 불교계에 뿌리 내리게 했다. 그러나 불교계의 세속화는 사상계에 새롭게 얼굴을 내밀던 성리학자들에게 비판의 대상이 되었다.

보조국사 지눌
지눌은 황해도 출신으로 여덟 살에 승려가 되었다. 그는 승과 시험에 합격했지만, 당시 승려들 가운데 일부가 궁궐에 출입해 정치에 참여하고 사회적 특권을 누리는 일을 비판했다. 그래서 지눌은 대구 팔공산에서 수양과 지혜를 같이 공부해야 한다는 선언문인 「정혜결사문」을 발표했다. 이를 통해 그는 승려들에게 명예와 이익을 버리고 산속에서 수양해야 할 것을 주장했다.

불경을 베껴 쓰고, 그림으로 그리다

종교에는 가르침을 전하는 경전이 있게 마련인데, 불교 경전은 매우 많아서 대장경과 같은 경전 모음 작업이 필요했다. 경전은 목판으로 찍어내는 것만이 있었던 것은 아니다. 중세 유럽에서 수도사들이 성경을 손으로 베끼듯이, 불교에서도 이를 옮겨 적었다. 이것이 바로 사경寫經이다. 사경은 부처에 대한 신성한 행동이기에, 최고급 감색이나 갈색 종이를 사용했으며, 글씨는 금이나 은으로 정성껏 썼다. 고려시대에는 이런 사경이 꾸준히 만들어졌다. 현재 남아 있는 사경은 상당수가 13세기 이후의 것들이다. 15세기에 이르면 경전은 주로 목판으로 찍은 것이 대신하기 때문에 사경의 전통은 사라진다.

한편 경전의 내용과 핵심을 글씨만이 아니라 그림으로 그렸다. 불교 그림, 즉 불화는 14세기에 그려진 것이 대부분인데, 아미타불을 비롯해서 관음보살, 지장보살 등을 그렸다. 이처럼 불화는 부처만 단독으로 그려진 것이 아니라면 부처를 중심으로 위아래 2단으로 구성하거나 주변 보살 등이 작게 그려지는 특징을 지녔다.

불화는 죽은 뒤에도 복을 받기를 바라는 귀족들이 주문해서 그려진 것들이 많았다. 고려 후기에는 귀족들의 원당이 특히 발달했다. 불화들은 이들의 수요에 의해 많이 제작되었다. 물론 왕실도 불화를 많이 만들었다. 그중에는 충선왕의 왕비인 숙창원비 김씨가 만든 「수월관음도水月觀音圖」가 있다. 이 그림은 현재 일본 가가미진자鏡神社에 보관되어 있으며, 현존하는 가장 큰 고려 불화 가운데 하나로, 세로 419센티미터, 가로 254.2센티미터다. 한 폭에 그려진 것으로 보아, 특별히 주문한 비단이다.

불화는 비단 위에 붉은색과 녹색, 청색을 중심으로 다른 색을 섞어 그렸는데, 그림을 그리는 면 뒤에 칠을 해서 물감이 앞으로 배어 나오게 하여 은은한 효과를 냈다. 특히 금가루를 많이 사용한 것은 중국이나 일본과 다른 점이다. 화려한 불화는 왕실이나 귀족, 그리고 이를 바라보는 많은 사람들에게 하나의 신앙적 기쁨을 주었을 것이다.

불화는 조선시대에 들어와 쇠퇴했다. 불교에 대한 개인적 믿음은 계속 되었지만, 과거처럼 지배층이 드러내놓고 절을 지을 수는 없었다. 비록 왕실에서는 내불당이나 왕릉을 지키는 절을 만들었지만, 절의 규모와 투자가 고려시대와 같을 수는 없었다. 절에 들어가는 비용이 적어지면서 불상과 그림 등에 대한 투자도 달라졌다. 불화의 화려함과 정교함은 점차 약화될 수밖에 없었던 것이다.

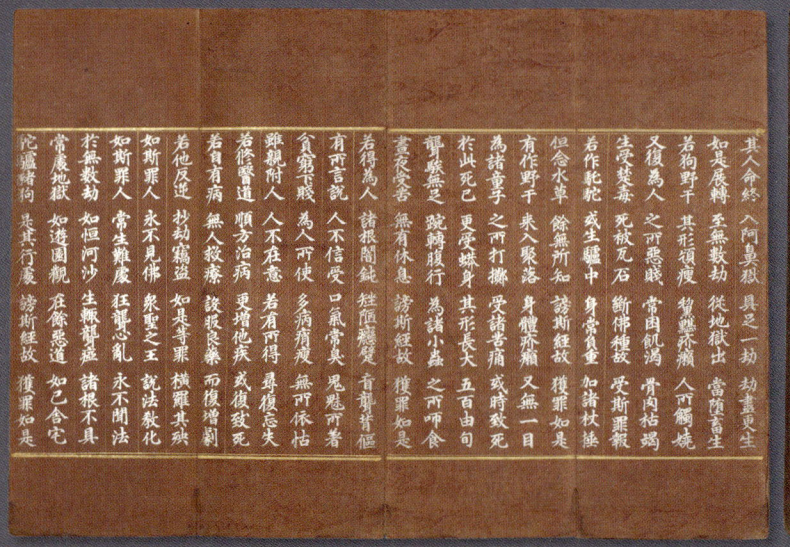 

「묘법연화경」
구마라습이 번역한 『묘법연화경』을 다시 은색 글씨로 정성들여 옮겨 쓴 것이다. 『묘법연화경』은 줄여서 '법화경'이라고도 한다. 천태종의 기본 경전으로, 부처가 되는 길이 누구에게나 열려 있음을 강조한다.

「화엄경보현행원품」
1334년에 감색의 종이에 금니로 쓴 『대방광불화엄경(大方廣佛華嚴經)』으로, 흔히 『보현행원품(普賢行願品)』이라 불리고 있다. 이 사경은 선재동자가 53인의 선지식을 만나는 구도행각의 대단원을 내리는 장면으로, 보현보살의 열 가지 행원(行願)을 설한 내용이다. 비록 개인이 발원한 사경에 지나지 않지만 고려시대 사경의 품격을 제대로 갖추고 있어, 당시 뛰어난 사경 기법을 살펴볼 수 있는 자료다.

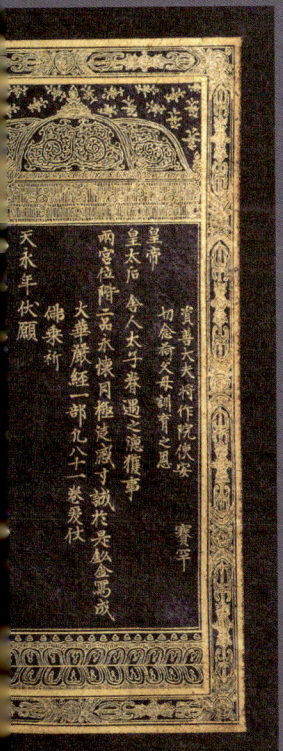

資善大夫將作院使安 賽罕
切念荷父母訓育之恩
皇帝
皇太后 令人太子眷遇之德獲事
兩宮位階二品永懷罔極之感寸誠於是敬金寫成
大華嚴經一部凡八十一卷爰伏
佛乘祈
天永年伏願

「수월관음도」

선제동자를 굽어보는 관음보살을 그린 그림이다. 『화엄경』에는 선제동자가 여러 선지식을 찾아다니며 진리를 구하는 내용이 담겨 있는데, 이 그림은 관음보살이 살고 있는 보타락가 산을 찾았을 때의 장면을 묘사한 것이다. 관음보살은 어려움에 빠진 중생을 구원하는 보살로, 삼국시대 이래 우리나라에서 가장 보편적인 신앙의 대상이 되었다.

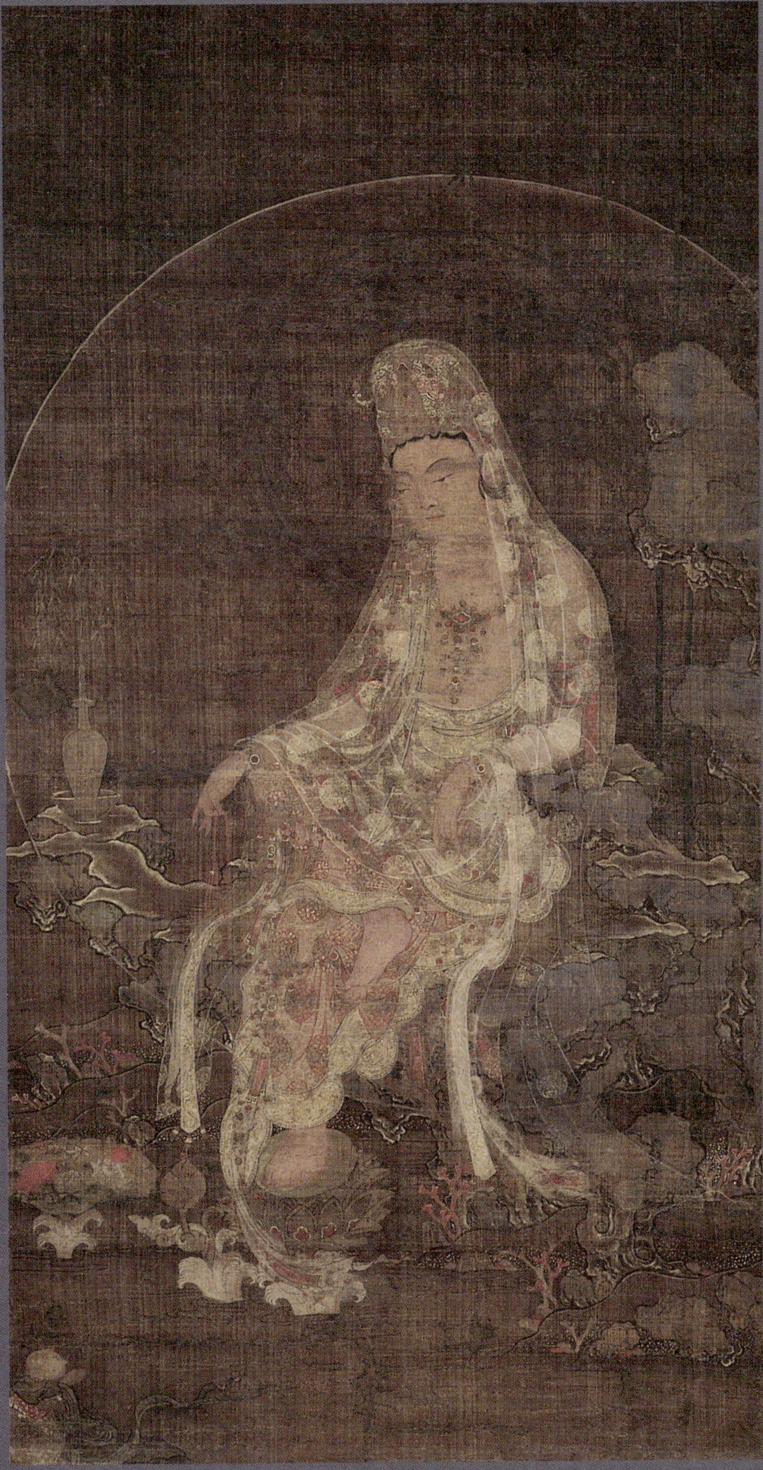

개혁을 위하여

원 간섭기 이후 개혁을 외치는 사람들이 점차 늘어갔다. 그들은 무신 정권 이후 깨져 버린 고려 전기의 국가 운영 방식으로 돌아가자고 외쳤다. 다시 말해 태조 왕건과 문종 때의 제도로 복귀하는 것이 목표였다. 그래서 민을 위한 통치, 그를 위한 올바른 인사행정의 실현이 요구 사항이었다. 그러고는 문벌이나 권력가들이 땅을 늘려 나가면서 백성들을 노비로 삼아 경작을 하는 것을 문제 삼았다.

모든 법과 운영 방식이 여러 군데에서 나오는, 이른바 '정출다문政出多門'도 큰 근심거리였다. 원과 고려의 법이 충돌하고, 관습과 새로운 제도가 서로 맞지 않았다. 왕과 권력가들은 자기 이익을 위해 유리한 법을 끌어대고 만들어냈다. 법을 집행하는 관리들은 권세가들의 눈치를 보면서 제대로 처리하지 못했다.

『역옹패설櫟翁稗說』에는 권력자가 억지로 양민을 종으로 삼아 벌어진 소송 얘기가 전해진다. 사건을 맡은 관리는 양민의 원통함을 알면서도 권력자가 소송에서 이겼다고 판결한다. 그런데 어떤 사람이 하늘에서 날카로운 칼이 내려와 판결에 참여한 관리들을 죽이는 꿈을 꾼다. 이후 실제로 관리들이 모두 병으로 죽고, 오직 참여하지 않은 사람만이 살아남는다. 이 얘기는 억울하게 당하기만 하는 보통 사람들의 불만과 바람을

유학의 길, 출세의 길

주자학이든 불교든 당시 지식인들은 중국으로 유학을 떠났다. 이것은 머나먼 길이었다. 불교계에서 큰 역할을 한 보우는 심지어 47세라는 늦은 나이에 중국 호남성에 들어가 청공의 제자가 되었다. 이후 귀국한 그는 고려 임제종의 시조가 되었다. 나옹 역시 같은 길을 걸었다. 고려 승려들은 그곳에서 임제종을 비롯한 새로운 불교 경향을 익히고 돌아왔다. 그 당시 고려의 승려만이 유학을 간 것은 아니며, 원에는 많은 일본 승려들도 있었다.

유학자들은 종교적 구도가 아닌 과거를 위한 길을 떠났다. 원의 제과制科는 이들이 출세할 수 있는 또 하나의 길이었다. 원의 과거에 합격하면 원에서 벼슬을 할 수 있었고, 원의 벼슬은 고려에서도 위력을 발휘했다. 이는 곧 집안의 영광이고 실력을 인정받은 셈이라서 고려에서 관료가 되는 것도 문제없었다.

그런데 이 길은 멀고도 험했다. 서툰 중국어 실

꿈을 통해서 보여준 것이다.

이처럼 개혁을 추구하는 사람들이 많아지면서 공민왕 때부터는 이들이 점차 정치 무대에 등장했다. 이 사람들에게는 신진 사류新進士類, 신진 사대부新進士大夫, 신흥 유신新興儒臣 등과 같은 다양한 이름이 붙여졌다. 이름이 무엇이든 최소한의 공통점은 새로운 유학, 즉 성리학을 이해하고 이를 현실에서 실행하려 했다는 점이다.

유학은 공자의 학문에서 출발한 것으로, 한漢에서 체계를 갖추었다. 유학에서는 인간이 충과 효라는 두 덕목을 추구하며 살아야 한다고 보았다. 또한 중국과 한국의 집권 체제에서 군주를 최고로 하여 위와 아랫사람과의 관계를 지킬 수 있는 논리였다.

그런데 새로운 유학이 자연, 인간과 사회를 연결해서 설명할 수 있는 생각 체계를 만들었다. 송의 성리학이 그것이었다. 이전 유학은 충과 효의 실천이 중요했지만 인간과 세계에 대한 이해와 수양 방법 등은 부족했다. 그래서 우주와 인간은 어떤 것인지, 인간의 마음은 어떻게 수양해야 하는지에 대한 체계적인 설명이 필요했다. 성리학은 이 세상이 이理와 기氣를 통해 이루어지며, 인간과 우주는 서로 연결되어 있다고 보았다.

송의 주희주자는 유학 경전을 다시 해석하면서 성리학을 체계화시켰다. 그래서 그의 학문을 '주자학'이라고 불렀다. 주자는 유학 경전 중에서『논어論語』,『맹자孟子』와 함께,『예기禮記』란 책에서 두 개의 장을 따『중용中庸』과『대학大學』을 만들었다. 그리고 이 네

력을 늘리기 위해 피나는 공부를 해야 했다. 고려 말 대표적 유학자인 이색은 대도에서 아버지 이곡의 귀국길을 지켜보며 콧날을 시큰거려야 했다. 그러면서 그는 1분이라도 아껴 노력해서 자신의 업적을 태평한 시대에 남길 것이라고 맹세했다. 이색 또한 아버지의 뒤를 이어 과거에 합격해야만 했기 때문이다.

이곡과 이색 부자보다 앞서 안축과 안보 형제가 원의 과거에 나란히 합격했다. 고려 후기에 어느 정도의 사람들이 원에 유학을 갔는지는 확인하기 어렵다. 그러나 원의 과거에 합격한 사람들이 더 있는 것으로 볼 때, 당시 유학의 길은 험하지만 고려 사람들에게는 상당한 매력이 있는 길이었다.

유학자 인물 열전

안향
1289년 11월에 충렬왕과 함께 원에 갔다가 이듬해 3월에 귀국했다. 그때 주자의 책들을 보고 그것을 필사해 왔다는 설이 있다.

이색
공민왕의 개혁 정책에 따라 성균관을 다시 짓고, 성균관 대사성으로 성리학풍의 진작과 신진 사대부의 성장에 크게 기여했다. 또한 권근 등을 배출하여 조선 초기의 정치와 학문 발전에 영향을 주었다.

이제현
1314년 28세의 나이로 상왕인 충선왕의 부름을 받고 충선왕이 원의 수도에 세운 만권당에 가서 요수, 조맹부 같은 원의 일류 문사와 교유하여 학술과 경륜을 쌓았다. 그는 10여 년 만에 귀국해 이곡과 이색 등을 길러냈다.

책을 공부의 텍스트로 삼았다.

원의 유학자들이 주자학을 과거에 적용하면서 주자학이 공부의 대상이 되었다. 고려의 지식인들은 원의 유학자들과 사귀면서 자연스럽게 주자학을 배우게 되었다. 충선왕이 원의 수도 연경에 세운 만권당에는 당시 유명한 원의 학자들이 드나들었다. 이제현과 같은 학자들은 이들과 사귀면서 주자학을 더욱 깊게 이해했다.

그 이전에 안향은 교육을 위해 돈을 모아 재단을 만들고 고려의 국자감을 수리했다. 그는 말년에 주자를 신봉해 초상화를 집에 걸어놓았을 정도다. 그는 주자학의 맛을 보았을 것이다. 이제현의 제자 격인 이곡과 이색 부자 때에 오면, 이제 성리학에 대한 이해도가 한층 높아지고, 이를 추구하는 사람들도 늘었다. 특히 이색은 1367년에 다시 재건된 성균관의 학장이 되었다. 그의 아래 교관들인 정몽주, 박상충, 이숭인 등이 모두 성리학을 공부한 인물들이었다.

정도전과 권근 같은 학자들은 이색 아래에 모여들었다. 그들의 공통 목표는 중국 삼대 하夏·은殷·주周의 정치를 이 땅에 실현하는 것이었다. 그런 그들의 생각을 묶어주는 틀, 그것이 바로 성리학이었던 것이다. 따라서 개혁의 기준과 방식은 성리학에 입각해 이루어져야 했다. 개혁의 목표는 바로 '경세제민經世濟民', 즉 세상을 경영하여 백성을 구제한다는 것이었다.

여행길인가, 고생길인가?

● 이색과 이제현의 중국 여행 ●

자비령이 높다랗게 우뚝 서 있는 가운데, 나한당이 그 사이에서 아름답게 빛을 발하고 있으니. 숨을 몰아쉬면서 험한 산길을 오르다가 나한당을 한 번 눈으로 접하게 되면, 마음이 어찌 시원해지지 않겠는가.

— 이색, 「자비령나한당기」, 『목은시고』

고려시대의 여행은 특별한 일이었다. 길은 좁고 힘들었으며, 편안하게 숙박할 곳은 많지 않았다. 더구나 외국 여행은 장거리기에 여행자의 마음을 무겁게 했다. 그래서 나한당과 같은 사찰은 숙박과 휴식의 거점이었다.

고려 내에서 다니는 것은 대개 육로를 이용했지만 좀 더 빠르고 쉽게 다니려면 물길을 이용해야 했다. 무신 정권 때 이규보는 개경을 출발해서 경상도 상주에 있는 어머니를 만나러 갔다. 낙동강에 도착한 그는 배를 타고 여행을 했다. 그가 잠을 잔 곳은 강가 주변의 사찰이었다. 중세 유럽에서는 나루터 설치에 대해 봉건영주나 지역사회가 독점권을 가졌고, 나루지기 이외의 사람은 손님을 함부로 태워줄 수 없었다. 그러나 고려에서는 국가가 관리했기 때문에 그 정도는 아니었다.

한편 원과 교류가 늘면서 사람들은 이전보다 더 많이 이동하게 되었다. 왕을 따라 원에 입국하거나 공무를 보러 가는 사람, 물건을 팔기 위한 장사치, 전쟁 중에 끌려간 가족을 찾으려는 사람, 심양과 같은 만주 지역에서 새 삶을 살기 위해 가는 사람, 유학길에 오른 사람, 순례길에 오른 사람 등

여행의 목적은 다양했다.

원은 세계 제국인 만큼 무엇보다 도로망에 신경을 썼다. 원 조정은 제국의 영역 내에서 벌어지는 일들을 보름 이내에 알 수 있도록 해놓았다. 그래서 교통망을 연결하는 역이 주요 지점마다 정비되었다. 길은 제국의 신경망이면서, 로마의 아피아 가도街道처럼 사람과 물자, 문화가 오가는 곳이었다. 이탈리아의 마르코 폴로도 호르무즈해협에서 아프가니스탄을 거쳐 이 길을 따라 상도上都, 1256년에 쿠빌라이가 즉위한 곳으로, 원래 카이펑開平에 도착했다.

고려 사람들도 이런 길을 따라 원으로 들어가 세계를 여행할 수 있었다. 물론 육로로 가는 것보다 뱃길로 가는 편이 좀 더 수월했다. 고려 말에 정몽주는 중국의 남경南京, 지금의 난징까지 사신의 임무를 띠고 가야 했다. 그곳까지 거리는 8000리. 그러려면 원래 발해만에서 바람을 기다렸다가 가야 하는데, 이를 제외하고도 90일이 걸렸다. 정몽주는 60일밖에 남지 않은 명明 태조의 생일에 맞추기 위해서 육로를 통해 밤을 새우며 갔다.

1316년 이제현은 중국 북경에서 사천성 아미산까지 긴 여행길에 올랐다. 그가 머나먼 사천성까지 간 까닭은 원 황제를 대신해 아미산에서 제사를 지내기 위해서였다. 왕복 약 5100킬로미터의 긴 여정은 5개월이라는 긴 시간이 걸렸다. 그리고 3년 뒤 이제현은 다시 북경에서 절강성 보타산까지 충선왕을 대신해 불교 의식을 올리러 갔다. 심지어 그는 1323년에 유배된 충선왕을 만나러 티베트까지 갔다. 발걸음이 미치는 곳에서, 그는 시를 지었다. 이렇게 돌아다닌 고려 사람들이 얼마나 되었을까? 많지는 않았겠지만, 세계를 보는 눈은 그만큼 더 넓어졌을 것이다.

❧ 마르코 폴로가 본 원의 역참 ❧

몽골제국은 주요 도로를 따라 일정한 간격으로 역참을 두었는데, 몽골어로 '잠'이라고 불렀다. 원에 설치된 잠은 1519군데로, 이곳에서는 수레나 말, 식량뿐 아니라 숙박 시설도 갖추었다. 이러한 역참로를 통해 많은 외국인들이 수도인 대도를 방문했는데, 가장 널리 알려진 인물이 바로『동방견문록』을 남긴 마르코 폴로다. 그는 원의 역참에 대해 다음과 같이 말했다.

전령은 이 역참들에서 400마리의 말을 볼 수 있는데, 이것은 대군주황제가 항상 거기에 배치시켜 그가 어떤 곳으로든 전령들을 보낼 때 그들이 사용할 수 있도록 대기시키라고 명령한 것이다. [그들은 그곳에 내려 피로해진 말들을 놓고 새로운 말을 가져갈 수 있다.] 또한 여러분은 위에서 내가 언급한 각 지방으로 가는 주요 도로들 연변에 25마일 또는 30마일마다 이 역참들이 설치되어 있다는 사실을 알아야 할 것이다.

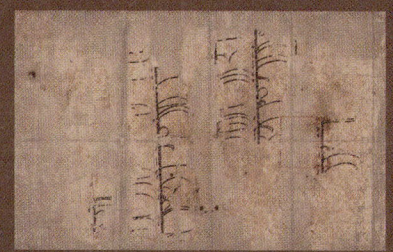

원의 불교계에서 준 티베트 문서
통행증이나 특혜문서로 추정되는 이 문서는 당시 공문서처럼 티베트 문자로 작성되었다. 수선사의 원감국사 충지가 원에 빼앗긴 전답을 돌려달라고 청한 적이 있는데, 이때 두 나라의 불교계의 교류를 엿볼 수 있다.

▲공민왕 부부 초상화 ▶영호루 현판

왕조의 갈림길 1356·1392

외침과 전쟁, 국내의 정치적 혼란으로 고려 사회는 안팎으로 시련에 봉착한다. 전쟁을 이겨내려면 국력을 키워야 하고, 나라 안의 혼란과 극심한 정쟁, 그리고 부정부패를 잠재우려면 정치와 사회 제도의 근본적인 재검토가 필요했다. 공민왕에서 관료, 선비들까지 많은 사람이 고민했고, 개혁 정치가 시도되었다. 그러나 개혁의 필요성에는 동의하면서도 개혁의 방법을 두고는 사람마다 이해관계가 달랐다. 결국 고려는 자력으로 자기 혁신에 성공하지 못했고, 급진적 개혁파는 이성계의 군사력을 빌려 혁명이라는 극단적 방법을 선택하게 된다.

개혁의 시작과 혼돈

I 고려 왕조의 위기

　1356년 5월, 궁중에서 큰 연회가 열렸다. 고려시대는 예법이 엄격한 조선보다는 자유로웠다. 연회의 주요 행사로 먹기 내기가 있었다. 무사들이 편을 갈라 불고기를 빨리 많이 먹는 쪽이 이기는 내기였다. 술이 오르면서 고위 대신들도 마당으로 나와 서로 한 필의 비단을 붙잡고 돌면서 춤을 추었다. 춤이 끝나면 잡고 있던 비단을 잘라 나누어가졌다고 한다.

　원 황제인 순제의 황후가 된 기황후의 오빠라는 덕택에, 고려 최고의 권력자가 된 기철도 일찌감치 입궐했다. 아들과 친척들도 오기로 했지만 아직 오지 않았다. 조금 후에 그의 동료인 권겸이 역시 서둘러 들어왔다. 그 둘이면 충분했다. 굳이 조무래기들이 모두 모일 때까지 기다릴 필요가 없다고 판단한 공민왕은 대기 중이던 무사들에게 신호를 보냈다. 기철은 단번에 쓰러졌고, 권겸은 도망치다가 궁궐 문에서 살해되었다. 유명한 공민왕의 반원 정책은 이렇게 시작되었다.

지배층은 늘고 수조지는 줄어드니

무신 정권과 원 제국 아래서 고려의 지배층은 크게 늘었다. 정식 관료가 아니라 무사나 몽골어 통역관, 환관, 권세가의 관리인 등이 정계로 진출하다 보니, 자질 없는 관료들이 증가했다. 한편 특권 세력도 증가했다. 전통 귀족은 오랜 집권으로 권력을 강화했고, 어떤 이들은 원의 위세를 등에 업고 권력을 휘둘렀다. 이런 무리들도 한번 권력을 잡으면 음서와 특권을 바탕으로 쉽게 권세가로 변해 세습적 특권을 획득했다.

사회적으로 가장 심각한 폐단은 농장農莊의 확대였다. 수조지로 받은 땅도 자신의 소유지로 바꾸고, 양민을 노비로 바꾸었다. 이런 땅은 권력을 배경으로 세금 납부도 거부하고, 군사 징발도 거부하기 일쑤였다. 이처럼 농장의 발달에 반비례해서 국가의 수조지는 계속 줄었다. 그 결과 지배층은 늘었지만 수조지가 줄어드니, 국가는 가난해지고 수조권을 확보하려는 경쟁이 더욱 치열해졌다.

고려시대의 재정제도는 요즘처럼 세금을 걷어 정부에서 분배하는 것이 아니라, 관청이나 관원에게 세금을 걷는 땅을 지정해주는 방식이었다. 이것을 '수조권收租權'이라고 한다. 그런데 농부의 입장에서 세금을 내야 하는 대상이 자주 바뀌면 어떻게 될까? 연

통도사
절은 불교를 통해 사람들을 신앙의 길로 인도했다. 하지만 절을 짓는 데에는 많은 재력과 인력이 필요했다. 또한 절을 유지하는 데에도 경제력이 필요했다. 그래서 절은 주변의 많은 토지를 소유하기도 했다. 고려 후기에 절은 땅을 넓히거나 고리대, 상업 활동 따위를 통해 부를 계속 늘려갔다. 그러나 이것이 과도해지면서 고려 후기에 '배불론(排佛論)'이 등장하는 배경이 되었다.

중에 바뀐 사람들이 제각각 자신이 받아갈 세금을 걷어간다면 어떻게 될까? 실제로 이런 일들이 고려 후기에 일어나고 있었다.

개혁의 시도와 좌절

원의 제도를 도입하면서 국가의 관청과 기구도 자주 바뀌어 국가행정이 체계성을 잃었다. 재상들의 집단 회의체인 도평의사사에서 국정이 결정되고, 인사는 정방이 독점했다. 일이 터지면 임시로 관청을 세워 일을 처리하는 관행이 퍼져갔다. 그러니 행정이 중복되고, 부정부패도 늘어갔다.

최초의 개혁을 시도한 사람은 충선왕이었다. 그는 정방을 폐지하고, 원의 관제를 개혁했다. 사림원을 설치하고, 지방 인재를 천거 받아 신진 사림을 등용하고자 했다. 그러나 아직은 기존 제도 운영의 문제를 개선하는 것에 그치고 있었다. 충선왕이 심양왕을 겸하고 원으로 가서 거주하는 바람에 개혁 정책은 잘 시행되지 않았다.

충선왕 이후에는 개혁 의지를 지닌 왕도 없었고, 원의 간섭으로 왕이 폐위되었다가 복위하는 사태까지 발발하면서 정치는 더욱 부패해갔다. 그 와중에 간간이 개혁을 하려는 시도는 있었지만, 대부분 인사권을 이조와 병조에게 주어 독립시키는 것과 전민변정

이포 초상화
고려 후기의 문신으로, 예문관대제학 이조년의 아들이며 권신(權臣) 이인임의 아버지다. 1372년 공민왕이 손수 그의 초상화를 그려서 아들 이인임에게 내려주었다고 한다.

이라고 해서 권세가가 불법적으로 점유한 땅과 노비를 국가에서 심의해 몰수하거나 환원하는 조치가 대부분이었다. 이런 정책은 일시적인 효과는 있었지만 근본적인 해결책이 되지는 못했다. 오히려 전민변정 사업은 정치적 갈등과 보복을 낳기 일쑤였다.

본격적인 개혁은 공민왕이 즉위하면서부터 시행되었다. 공민왕은 원의 쇠퇴를 직감하고, 즉위 후 곧바로 원의 연호를 사용하지 않고, 몽골식 머리인 체두변발도 금지시켰다. 또한 정동행성과 정방을 혁파했으며, 도평의사사를 정비하고 모든 법과 행정 체제를 체계화했다. 1356년에는 기황후의 세력인 기철 일파를 숙청하고 쌍성총관부를 회복했다. 이제현이나 백문보처럼 원에 유학 가서 성리학을 공부한 학자를 중심으로 신진 사림을 육성해 새로운 정치 세력으로 성장시켰다. 이외에도 공민왕은 여러 제도를 개혁했는데, 이들 상당수는 조선 건국 후의 개혁 정책에 반영되었다.

홍건적과 왜구

공민왕의 개혁 정치는 순조롭게 진행되지 못했다. 그 첫 번째 원인은 계속되는 외침이었다. 원의 쇠퇴는 공민왕의 반원 정치의 계기가 되었지만, 동시에 중국과 만주 지역을 극심한 혼란으로 몰아넣었다. 1351년 중국에서 홍건적의 난이 발생했는데, 이 일부

공민왕릉 무덤 벽화
공민왕은 개혁 정치를 통해 고려 사회의 기틀을 다시 잡고자 노력했다. 이 무덤은 만드는 데 약 8년이 걸렸으며, 공민왕이 직접 감독했다. 또한 공민왕 무덤과 왕비의 무덤이 있는 쌍무덤이다. 황해도 개성시 개풍군 해선리에 있다.

「천산대렵도」
천산에서의 수렵 장면을 묘사한 작품으로, 공민왕의 그림이라고 전해지기도 한다. 수렵도는 원 간섭기 이후 자주 행해진 사냥 때문에 많이 그렸을 것으로 짐작된다.

| 고려 후기의 영토 회복

→ 쌍성총관부 공격
→ 동녕부 공격
■ 공민왕 때 되찾은 영토

쌍성총관부 탈환 (1356년)

원의 동녕부 반환 (1290년)

세력이 고려를 침략해 들어왔다. 1359년과 1361년에 걸친 두 차례의 침공으로 고려는 혹독한 시련을 겪었다. 고려는 1차 침공을 무난히 격퇴했으나, 홍건적 본대가 가세한 2차 침공 때는 개경까지 내주고 말았다. 공민왕은 안동까지 피란을 해야 했다. 이외에도 기황후 일파의 사주를 받은 덕흥군의 침공, 원 장군 나하추, 여진족의 침공이 계속 이어졌다.

그러나 이들 전란보다 더욱 극심하고 지속적인 피해를 안긴 사건은 왜구의 침공이었다. 왜구는 삼국시대부터 존재했지만, 이때까지는 단순한 해적에 불과했다. 하지만 1350년부터 왜구가 갑자기 대규모화하면서 단순 약탈에서 침공 형태로 변하기 시작했다. 이 무렵 왜구를 1350년의 간지를 따서 '경인庚寅의 왜구'라고 부른다.

이 특별한 왜구의 침공도 원에 약간의 책임이 있었다. 가마쿠라막부는 여원 연합군의 침공을 막아냈지만, 그 여파로 끝내 붕괴하면서 일본 역사상 최초로 두 명의 천황이 양립하는 내란 상태에 빠졌다. 이때 중앙정부는 통제력을 상실한 반면, 지방의 영주와 무사는 크게 성장했다. 이들은 함대를 결성해서 해외로 나갔는데, 고려뿐 아니라 중국의 서남부 해안, 대만, 필리핀, 말레이시아까지 진출했다. 이때부터 약 100년간은 왜구의 전성기였다.

왜구는 개경의 턱밑인 교동과 강화도까지 점거했다. 고려 정부는 왜구로 인해 서해

안동 영호루와 공민왕 글씨 현판
고려 공민왕이 홍건적의 난을 피해 남쪽으로 달아나다 안동의 이 누각에 이르러 구경하고는 친히 '영호루'라는 세 글자를 써서 누각의 편액을 만들었다.

정지 장군과 최무선

왜구도권
왜구의 풍속을 담은 유일한 자료인 이 그림은 왜구 선단의 출현과 상륙, 정찰, 약탈과 방화, 백성들의 피란, 왜구와 명 군대의 전투 등을 담고 있다. 특히 왜구들이 모두 아랫도리를 입지 않은 채 머리에는 일본풍의 두(兜)라는 모자와 중국풍의 개(鎧)를 썼고, 무기는 긴 창과 궁시, 일본도, 조총 등을 사용했으며, 여자도 섞여 있었다. 특히 명 군대와의 전투 장면을 담은 그림에는 왜구들이 테니스공만 한 크기의 수류탄과 같은 폭탄으로 추정되는 화약 무기를 사용한 것으로 드러났다. 왜구들이 노략질에 사용한 배는 7~10명이 탈 수 있는 어선식 소형이며, 배 밑바닥은 평평했다.

고려군은 전통적으로 활이 장기였고, 왜구는 백병전에 강했다. 해상에서 이러한 전술적 차이는 고려군에 불리하게 작용했다. 정지는 왜구에 대한 대항전술을 개발하고 병사를 훈련시켜 왜구와의 백병전이 가능하도록 만들었다. 1376년 최무선이 화약 제조법을 알아내면서 고려 수군의 전력은 한층 더 상승했다. 화약 무기도 여러 종류가 있었지만 당시 전투용 주력 무기는 화포가 아닌 화살을 쏘는 화전과 화약을 담은 옹기를 던져 폭발시키는 화통이어서 백병 기술과 결합이 되어야 위력을 발휘할 수 있었다. 1383년 화약 무기를 장비한 정지의 수군은 관음포 해전에서 두 배가 넘는 왜구를 격파했다. 수군의 능력에 자신감을 얻은 정지는 쓰시마 섬을 공격하자고 주장했다.

정지 장군 갑옷
고려 말 재상 신분으로 서·남해안의 여러 곳에서 왜구를 물리친 명장 정지의 갑옷으로, 철판과 수많은 철제 고리를 엮어 만들었다.

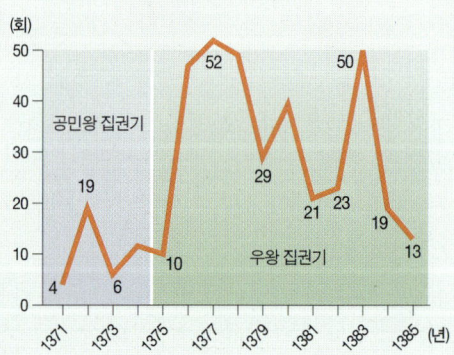

고려 말 왜구의 침략

왜구는 우왕 집권기에 최고조에 달한다. 우왕은 왜구로 인해 수도를 내륙으로 까지 옮기려고 생각했었다.

로 운송하는 조운선이 끊기고, 서해와 남부 해안의 군현이 초토화되었지만, 별다른 대책이 없었다. 왜구를 소탕하려면 대규모 수군이 필요한데, 고려는 왜구의 성장을 예측하지 못해 그 정도 규모의 수군을 마련해놓지 않았다. 왜구의 한 개 함대가 고려의 전 수군 병력보다 많은 적도 여러 번 있었다. 뒤늦게 수군을 증강하려고 해도 거듭되는 외침으로 증강할 여력이 없었다.

신돈의 등장과 신진 사류의 성장

공민왕의 개혁 정치가 좌절된 또 다른 요인은 그의 오락가락하는 태도와 복잡한 국내 정치 상황이었다. 당시는 원과 명의 교체기라 고려의 신하들도 친원파와 친명파로 갈라졌다. 이는 단순히 사대의 문제가 아니라 개혁 정책을 둘러싼 대립이기도 했다. 이인임 같은 권문세가가 주축이 된 친원파는 체제 유지를 주장했고, 신진 유신들이 가세한 친명파는 명의 개혁 법안을 참조해 좀 더 혁신적인 정치를 펼 것을 주장했다.

그러나 전체적으로는 보수적인 권문세가의 세력이 강했다. 이로 인해서 기껏 시도한 개혁 법령들도 별다른 효과를 보지 못하는 경우가 잦았다. 예를 들어 공민왕은 권세가들이 자신들의 친인척과 지인을 등용하는 인사 비리를 개선하기 위해 대간들에게 천거

| 홍건적과 왜구의 침입

권을 주는 개혁을 시행했지만, 대간들도 권문세가와 관련이 있거나 그들의 눈치를 보아 똑같은 인물을 추천할 뿐이었다.

1363년 권문세가와 신진 사림 모두에게 실망한 공민왕은 갑자기 무명의 승려 신돈을 등용해 국정을 전담시켰다. 신돈은 강력한 전민변정 정책을 시행해 권문세가의 세력을 억제하는 등 나름대로 효과를 거두었으나, 한편으로는 과도한 독재를 추구해 무리하게 친위 세력을 확대했다. 정치적 감각도 떨어져 권문세가와 대립하고, 그동안 여러 전란에서 공을 세운 무장 세력과 신흥 유신도 숙청하면서 점차 고립되었다.

공민왕은 공민왕대로 자신이 의지하던 세력을 자주 배신하고 숙청해서 신뢰를 잃어갔다. 신돈의 집권기에는 자신도 전제 권력을 확충하는 데 주력함으로써 스스로 개혁의 성과를 쇠퇴시켰다. 1371년 신돈마저 제거한 공민왕은 사생활이 급속히 문란해졌고, 2년 후에는 자신도 측근인 자제위에게 살해되고 말았다.

공민왕이 살해되고 우왕이 즉위하면서 개혁은 다시 시들었다. 친원파와 권문세가가 다시 집권하고, 개혁 세력에 대한 탄압이 가중되었다. 북방의 외침은 잦아들었지만, 대신 왜구의 침공이 더욱 극심해져서 대규모 부대를 결성해 내륙 도시까지 약탈하기 시작했다. 결과적으로 이것은 고려왕조의 운명을 단축시키는 결과를 초래했다.

공민왕의 개혁은 미완으로 끝났지만, 후반기에 대단히 중요한 업적을 남겼다. 바로

공민왕 부부 초상화
고려의 공민왕과 원 출신의 왕비 노국대장공주 부부의 초상화다. 무신도의 색채가 짙은 이 그림은 누가, 언제 그린 것인지 알 수 없다. 전설에는 조선 태조 때 종묘를 세우려 하자 이 초상화가 바람에 날아 들어와 그곳에 공민왕의 영당을 세웠다고 한다. 그림에서 공민왕은 복두를 쓰고 둥근 깃에 소매가 넓은 단령포 차림이다. 노국대장공주는 화려한 관과 아담한 어깨, 웅장한 소매 폭과 길게 늘어뜨린 치마 길이 등에서 왕비의 위엄이 느껴진다.

새로운 이념과 지향을 지닌 새로운 정치 세력을 육성한 것이다. 1367년에 성균관을 재건하고 유학자 이색을 책임자로 임명했다. 교관으로는 정몽주, 정도전, 박상충, 박의중, 김구용 같은 최고의 성리학자들을 등용했다. 동시에 과거제도도 개혁해 과거 문장력 중심의 시험 제도(진사시進士試)를 경서와 수양을 중시하는 제도(생원시生員試)로 바꾸었다. 이 개혁은 당장의 성과는 보지 못했지만, 우왕 때부터 조선 초기까지 활약한 주요 문신들이 대규모로 배출되었다.

한편으로는 사회의 기층 세력에도 변화가 있었다. 과거제의 꾸준한 시행과 오랜 전란으로 군공을 세운 사람과 첨설직을 받은 사람들이 사족士族으로 성장했다. 이들은 과거 향촌 사회의 지배층이던 향리직과 구별되기 시작했고, 성리학을 공부해 과거를 봐서 중앙 관료로 성장하려고 시도했다. 이들은 정계에서 성장하는 신흥 유신의 공급원이자 지지 세력이 되었으며, 새로운 사회의 건설을 필요로 하게 되었다.

군벌이 성장하다
● 고려군의 중국 원정 ●

14세기 중반, 100년 전만 해도 세계의 절반을 지배하던 몽골제국이 붕괴되기 시작한다. 이미 러시아와 중앙아시아에 있던 칸의 나라들은 멸망했고, 몽골족이 지배하는 땅은 몽골 본토와 중국뿐이었다. 그러나 중국도 위기에 빠졌다. 몽골족은 수가 너무 적었고, 중국 본토에 정착하면서 유목 생활이 가져다준 군사력을 급속하게 잃었다.

반란의 시작은 1351년에 발생한 백련교도白蓮敎徒, 홍건적의 난이었다. 그러자 중국의 경제 중심지인 양쯔강 유역에서 잇달아 반란이 발생했다. 그중 한 명이 훗날 명을 세우는 주원장이다. 하지만 처음에는 가난한 안휘성安徽省, 지금의 안후이성에서 봉기한 주원장보다 더 주목받는 세력이 있었다. 강남의 중심인 강소성江蘇省, 지금의 장쑤성과 절강성浙江省, 지금의 저장성을 차지한 장사성의 세력이었다.

원은 고려에 파병을 요청했다. 1355년 공민왕은 유탁, 염제신, 권겸, 원호, 나영걸, 인당, 김용, 이권, 강윤충, 정세운, 황상, 최영, 최운기, 이방실, 안우, 최원 같은 당대 최고의 장수 40여 명과 2000명의 정예부대를 파견했다. 병력이 너무 적어 보이지만, 이들은 장교와 하사관으로 구성된 일종의 지휘부였다. 이처럼 고려 왕실은 최정예 무사까지 파견해서 경호가 곤란할 지경이었다고 한다.

고려 원정군은 북경에서 현지에 살고 있는 고려 사람들을 모집해 2만 3000명의 대군으로 변신했다. 당시 원에 2만 명의 군대를 모을 정도로 많은 고려 사람들이 살고 있었다는 것은 놀라운 일인데, 긍정적인 의미로 보면 그만큼 원과 교류가 활발했다고 할 수 있다. 환관이나 공녀로 끌려온 사람도 있었지만 왕족과 관원, 유학과 장사를 위해 원에 온 사람들도 많았다. 이들은 호위 무사와 노비를 거느렸다. 그리고 동녕부와 쌍성총관부의 설치로 원에 귀순한 고려 사람들도 커다란 세력을 이루고 있었다.

증강된 고려군은 원의 승상 탈탈이 지휘하는 군대와 함께 장사성의 근거지인 강소성의 고우로 진격했다. 탈탈은 고려군을 선봉으로 내세웠다. 첫날 전투에서 고려군은 잘 싸워 성을 함락 직전까지 몰고 갔다. 그러나 고려군이 쉽게 이기는 것을 본 원 장수가 공을 세우려는 목적으로 철군 명령을 내려버렸다.

다음 날 다시 공격했으나 장사성 군대가 약점을 보완하는 바람에 성은 쉽게 함락되지 않았다. 이후 고려군은 무려 27회의 전투를 치렀는데, 원 장수의 이기심 때문에 불필요한 인명 손실을 입었다고 할 수 있다.

다시 끈질긴 공격으로 고우성은 함락 직전까지 갔다. 하지만 이번에는 승상 탈탈이 모함을 받아 해임되었고, 고려군은 고우성을 버려두고 회안으로 이동 배치되었다. 고려군은 회안로를 방어하면서 여러 번 전투를 했다. 그러던 중 병력을 보강한 장사성의 군대가 기습적으로 회안성을 포위했다. 장사성의 병력은 알 수 없지만 배만 8000척이었다고 하니, 한 척당 병사 50명으로 잡아도 40만의 대군이었다.

고려군은 격렬한 전투를 치르며 회안성을 사수했다. 이권과 최원 등 여섯 명의 장수가 이 전투에서 전사했다. 이 전투에서 최고의 영웅으로 떠오른 사람은 최영이었다. 그는 두세 번이나 창에 찔렸으나 물러서지 않고 쳐들어온 적을 거의 죽이거나 포로로 잡았다고 한다.

고려 원정군은 1356년에 귀국했다. 원군과 함께 싸우면서 고려군은 원군의 무능과 위험한 내부 사정을 정확하게 파악했다. 1356년 공민왕의 대담한 반원 정책은 이 파병의 결과였다고 할 수 있다. 동시에 고려는 장사성 같은 강남 지역에서 발호한 반군 세력에게 사신을 보내 우호 관계를 맺었다. 아쉬운 점은 최후의 승리자가 되는 주원장과는 별다른 교류가 없었다는 점인데, 이는 장사성의 세력에게 막힌 때문이 아닌가 한다.

공민왕은 돌아온 원정군을 해산하지 않고 압록강에 배치한 뒤, 오히려 원을 공격해서 여덟 개의 지역을 빼앗았다. 이어 이 군대를 동쪽으로 돌려 쌍성총관부를 탈환했다. 이때 이성계 집안이 고려로 귀순했다. 쌍성총관부의 탈환은 이후 역사에서 대단히 중요한 의미를 지닌다. 이 지역의 탈환이 없었다면 고려는 이후에 시작되는 연속되는 전란과 왜구의 침입을 막아내기가 쉽지 않았을 것이다. 특히 홍건적과의 전쟁에서는 이때의 전투 경험이 크게 기여했다.

고려군의 중국 강남 원정은 명분과 모양새로 보면 강대국의 강요에 의한 억지 파병이었다. 하지만 이 원정의 결과는 정반대로 작용했다. 고려군은 이 원정을 통해 과거의 사건이든 현재의 상황이든 명분과 외형에 얽매이지 말고 폭넓고 다양한 시각을 지녀야 한다는 역사적 교훈을 남겼다.

✤ 안우, 이방실, 김세운의 비극 ✤

장사성 토벌에 참전한 장군들은 귀국 후에 이른바 정치군인과 야전 사령관으로 분리되었다. 김용과 정세운은 공민왕의 최측근이자 실력자가 되었고, 안우와 이방실, 김세운, 최영은 야전으로 나갔다. 홍건적의 침공 때 이들은 맹활약을 했지만, 개경이 함락되자 전투에 참전한 적이 없는 정세운이 개경수복군의 지휘관이 되었다.

그러나 정세운은 안우와의 갈등과 이를 이용한 김용의 계략으로 안우에게 살해되었다. 김용은 다시 정세운 살해의 죄를 씌워 안우와 이방실, 김세운을 모두 살해했다. 그러나 이 숙청의 진짜 원인은 군부 세력의 성장을 우려한 공민왕의 음모였다는 해석도 있다.

조선 건국 후 안우 이하 세 원수의 비극을 추모해 이들을 복권시키고, 고려왕조를 위한 사당인 숭의전에 배향공신으로 모셨다.

2 새 나라 건설의 길

| 공민왕과 신진 사대부

공민왕 때 거듭된 전란은 무장 세력의 성장을 낳았다. 이들 중에는 신흥 가문 출신들도 많았다. 공민왕 초기 무장 세력의 핵심은 1355년 중국 원정군 출신들이었다. 그러나 홍건적의 난을 거치면서 주축 장군들이 숙청되거나 살해되고, 최영만이 남았다. 최영은 홍건적 및 왜구와의 전투에서 용맹을 떨쳤다. 공민왕과 우왕을 거치면서 군 최고 지휘관이자 재상인 문하시중으로 승진했다.

그러나 이 무렵 새롭고 강력한 군벌 세력이 등장했다. 공민왕의 쌍성총관부 정벌 때 고려로 귀순한 이성계의 세력이었다. 거듭되는 전쟁으로 고려의 군사력이 소진되다시피 한 시점에서 여진족과 함경도의 무사들이 혼합된 이성계의 군대는 엄청난 원군이었다. 이성계의 천재적인 지휘 능력까지 곁들여서 그의 군대는 각종 전쟁에서 맹활약을 했다. 우왕 때에는 주로 왜구와 격전을 치렀는데, 그 가운데 제일 유명한 전투가 지리산 입구 운봉에서 치른 황산 전투였다. 일각에서는 군사력을 지닌 이성계의 성장을 우려하기도 했지만, 전쟁이 계속되는 상황이라 어쩔 수가 없었다.

혁명의 기운

전란이 계속되는 동안 백성들의 삶은 더욱 고달팠다. 그 고통은 일반 백성만이 아니라 양반 사족들에게도 미쳤다. 많은 사족들이 왜구를 피해 산사나 산속으로 들어가 고통스런 피란 생활을 했다. 그러나 지배층의 작태는 더욱 한심해졌다. 일부는 국가 위기를 타개하기는커녕 백성들이 피란하거나 몰락하는 사정을 악용해서 빈 땅을 차지하고, 몰락 농민들한테 고리대를 놓아 노비로 흡수했다. 심지어 왜구가 침공하면 일부러 전투를 피해 그 지역을 황폐하게 만들고, 왜구가 물러가면 돌아와 그 땅을 차지하는 사례도 있었다. 또 군대를 징발할 때도 권세가의 경작민과 노비는 빼주고, 힘없고 약한 백성들만 징발했다.

그 결과 군대의 훈련과 사기가 높을 수가 없었다. 이런 군대를 거느리다 보니 최영 같은 명장도 병사들을 가혹하게 다룰 수밖에 없었다. 반면 잘 훈련된 사병을 거느린 이성계는 여유가 있었다. 이것도 이성계의 인기를 높이는 또 하나의 요인이 되었다.

오랜 전란 동안 국가와 집권층의 무능을 체험하면서 개혁에 대한 사회적 공감대가 형성되었다. 그 선두 주자가 신진 사대부라고 불리는 새로운 정치 세력이었다. 신진 사대부들은 소수 문벌 귀족이 장악한 정치와 국가 운영 체제의 한계를 인식하고, 국가 운

이성계의 왜구 격퇴를 기념한 비문
1380년 신흥 무장 이성계는 함양에서 공격해오는 왜구들과 격전을 벌여 적장 아지발도를 사살하는 등 대승을 거두었다. 황산대첩비는 이 전투를 기념해 조선 선조 때 세운 비로, 전라도 지리산 운봉에 있다.

영에서 법치와 공공성을 강조했다. 그 결과 가장 괄목할 만한 변화는 법치였다. 이들은 관료제만이 아니라 국가의 모든 제도를 법으로 규정하여 자의적, 관행적 운영을 금지해야 한다고 주장했다. 이들의 구상은 원에 유학하고 중국의 제도를 연구하면서 더욱 다듬어졌다. 그리고 공민왕 때 반원 정책을 추구하면서 원의 제도도 낡은 것으로 치부하고 더욱 선진적인 명의 제도를 수용하자고 주장하게 되었다.

그러나 공민왕이 사망하고 우왕이 즉위하면서 이인임을 수반으로 하는 친원파가 다시 정권을 잡았다. 이들은 공민왕의 개혁 법령을 되돌리고, 정몽주와 정도전처럼 개혁을 주장해온 신진 관료들을 탄압했다. 그리고 전민변정 사업처럼 이미 효과가 없다는 것이 증명된 임시방편에만 매달렸다.

이때 개혁파의 반감은 더욱 거세졌다. 특히 이인임 반대 운동의 선봉에 선 사람이 정도전이었다. 경상북도 봉화의 향리 가문 출신인 그는 탁월한 재능에도 불구하고, 미미한 가문 때문에 오랫동안 멸시를 받았다. 결국 정도전은 성균관 교관으로 이인임의 친원 정책에 극렬하게 반대한 죄로 정가에서 쫓겨났다. 얼마 후 다른 사람들은 복권이 되었지만, 정도전은 예외였으며, 재야 생활 중에도 지속적인 감시와 탄압을 받았다. 1383년 마침내 그는 갑자기 함흥으로 가 이성계를 만났다. 이때부터 두 사람은 혁명을 모의하기 시작한다.

| 신진 사대부의 개혁 내용은?

고려 말 개혁 세력은 주로 세 계통에서 성장해왔다. 첫째는 공민왕의 성균관 육성과 과거제 개혁을 통해 성장한 지식인들이었다. 둘째는 전쟁터에서 활약해 관직을 얻고 신분이 상승한 집단이었다. 셋째는 약간은 의외지만 명문가, 권력가 가문에서도 개혁을 주장하는 인물이 등장했다. 그들이 보기에도 국가의 현실이 한심했기 때문이다.

특히 이들 가운데 신진 사대부 세력은 관료가 문벌이 아닌 엄격한 교육과 시험을 통해 선발해야 한다고 주장했다. 공신과 문벌 귀족의 자제라고 하더라도 충분한 교육을 받고 자격을 갖춘 인물을 관료로 선발해야 한다는 것이었다. 그리고 이러한 관료의 선발과 승진은 말단 관료까지도 정해진 규정에 따라 진행되어야 하며, 문벌 귀족이 사적으로 권력을 행사할 수 있는 제도, 과도한 인사권, 관리권은 폐지되어야 한다고 주장했다.

위화도 회군

1388년 1월 우왕은 최영을 이용해서 전격적으로 이인임 일파를 숙청하고, 최영의 딸을 왕비寧妃로 맞았다. 개혁의 토대가 마련되었지만, 우왕은 이를 이용하지 못하고 성급하게 요동 정벌을 추진했다. 이 원정의 발단은 명이 쌍성총관부의 옛 땅에 대한 소유권을 주장하며 철령위 설치를 통보해온 것이었다. 철령위가 설치되면 가장 위험한 사람은 본거지를 상실하는 이성계였다. 이것은 우왕이 이성계를 경계하지 않은 이유였던 것 같다. 그러나 이후 철령위 문제가 흐지부지된 것을 보면 명도 그리 적극적인 의지를 보인 것도 아니어서 요동 정벌의 배경은 수수께끼로 남아 있다.

4월에 원정군이 출발했다. 최고 사령관은 최영이었다. 하지만 우왕은 최영이 원정군을 직접 인솔하는 것을 허용하지 않았다. 실제 지휘관은 좌군 지휘관인 조민수와 우군 지휘관인 이성계였다. 병력은 3만 8000명에서 5만 명 정도였다.

5월 20일, 이성계는 요동으로 진군하지 않고 압록강의 하중도인 위화도에서 병력을 회군시켰다. 이들을 막을 군대가 없었다. 최영은 노비까지 끌어모아 시가전을 펼치면서 끝까지 저항했지만 대세를 돌릴 수가 없었다. 체포된 최영은 유배되었다가 개경 시내에서 참형되었다.

정도전 초상과 『삼봉집』 목판
고려 말에 촉망 받던 신진 관료 정도전의 초상과 문집인 『삼봉집』의 목판이다. 정도전은 이인임 등 친원파 대신들의 정책에 반대하다 전라도로 유배되었다. 1383년 유배에서 풀려난 정도전은 함흥에 있던 동북면도지휘사 이성계를 찾아가 그의 막료가 되었고, 1388년에 위화도 회군으로 이성계가 실권을 장악하자 구세력의 제거와 토지제도 개혁을 주도했다.

이성계는 우왕을 폐위하고 아들 창왕을 즉위시켰다. 하지만 1년 만에 우왕은 공민왕의 아들이 아니라 신돈과 반야가 간통하여 낳은 아들이라는 위왕설을 내세워 창왕도 폐위하고 종친인 정창군 요를 공양왕으로 옹립했다.

이것은 이성계에게 왕위를 넘기기 위한 예정된 수순이었다. 그러나 왕조를 개창하기 전에 개혁파는 정도전과 조준을 필두로 대대적인 개혁 정책을 시행했다. 그것은 정치와 군사, 조세, 관료제에서 문화와 풍속에 이르기까지 국가와 사회, 문화를 망라한 놀랄 만큼 광범위하고 체계적인 개혁안이었다. 특히 사전私田 혁파와 개방적인 관료제 운영, 왕안석의 방안을 도입한 과거제 개혁안은 고려 말에 신진 사림으로 분류되던 인물들도 대부분 반대했을 만큼 혁신적인 것이었다.

이때부터 신진 사대부 간의 갈등이 노골화되기 시작했다. 정도전과 조준에 비해 온건개혁파로 불리는 인물들은 정몽주와 권근, 하륜 같은 이색의 제자들을 중심으로 한 그룹이었다. 이들은 조선의 개창에는 반대했으며, 법치와 국가 운영의 공공성이라는

위화도
위화도는 서울의 여의도처럼 압록강 가운데에 있는 하중도다. 현재 신의주와 단동을 잇는 압록강 철교에서 약간 북쪽에 있다. 면적은 11.2제곱킬로미터로 압록강의 하중도 가운데 제일 크다. 고려시대와 조선시대의 의주는 신의주보다 약간 북쪽에 있어서 도강지점으로 많이 이용된 곳은 위화도 북쪽에 있는 어적도였다. 그런데 고려군은 대병력을 이동시켜야 했으므로 위화도를 이용한 듯하다. 현재 북한은 중국과 협의하여 위화도에 자유무역지구를 설치하려는 노력을 하고 있다.

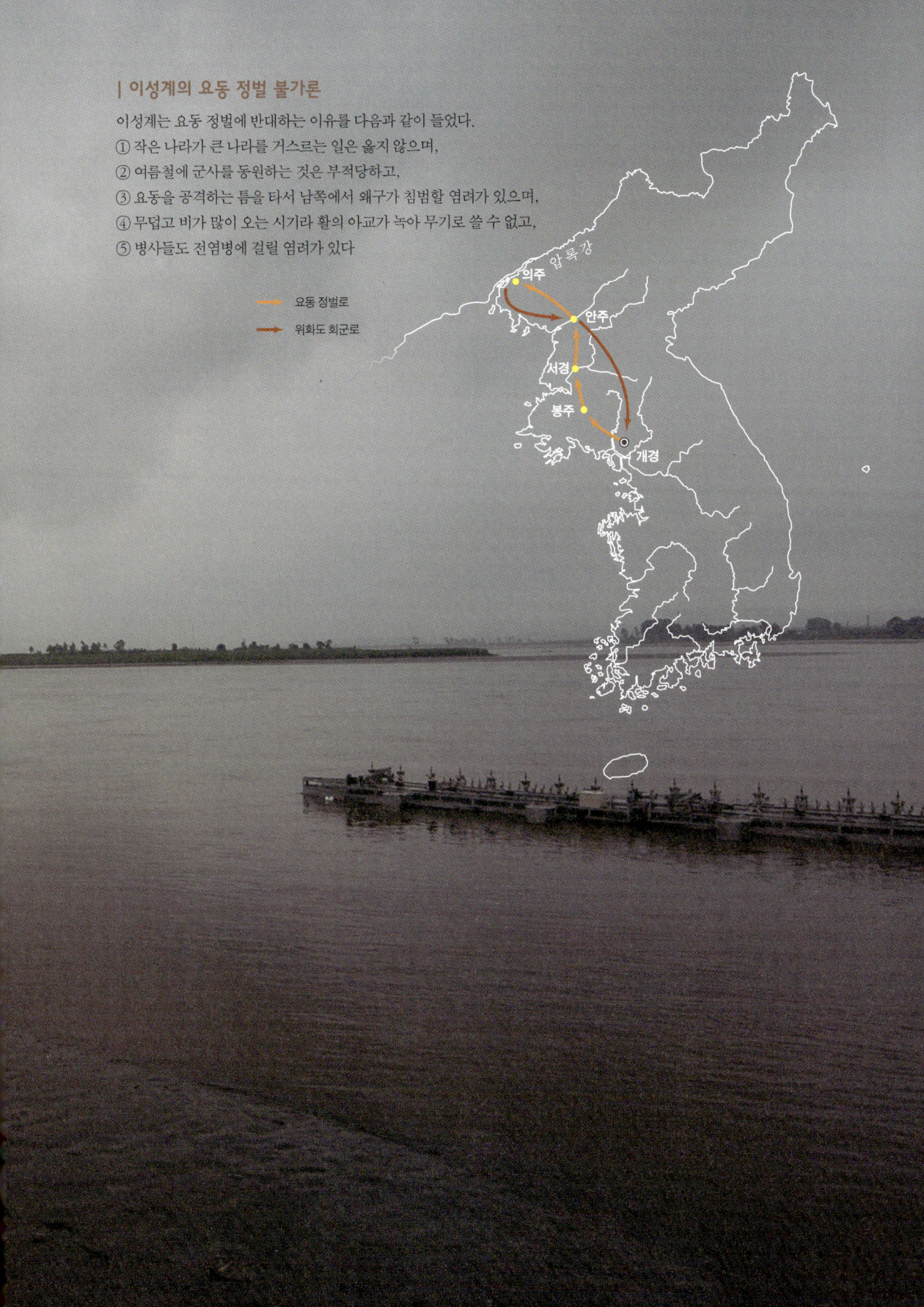

이성계의 요동 정벌 불가론
이성계는 요동 정벌에 반대하는 이유를 다음과 같이 들었다.
① 작은 나라가 큰 나라를 거스르는 일은 옳지 않으며,
② 여름철에 군사를 동원하는 것은 부적당하고,
③ 요동을 공격하는 틈을 타서 남쪽에서 왜구가 침범할 염려가 있으며,
④ 무덥고 비가 많이 오는 시기라 활의 아교가 녹아 무기로 쓸 수 없고,
⑤ 병사들도 전염병에 걸릴 염려가 있다

부분을 인정하면서도 문벌 또는 이미 관료군에 흡수된 기존 관료군의 특권도 적당히 보존해주기를 바랐다.

이성계 파는 정몽주에게 기대를 했지만, 정몽주도 막판에 이성계에게 등을 돌렸다. 정몽주는 정도전과 함께 이인임 정권에 대항했고, 이성계의 신임을 받는 인물이었지만 혁명에는 반대했다. 그는 정도전과 조준의 개혁 정책에 대항해서 나름대로 개혁안을 정리한 법전을 편찬해서 내놓았고, 1392년 이성계가 낙마로 부상한 틈을 노려 개혁파를 숙청하고자 했다. 그러나 이 노력은 실패하고 오히려 나중에 조선 태종이 되는 이방원에 의해 암살되고 말았다. 정몽주가 살해되자 더 이상 저항하는 세력이 없었다.

1392년 7월, 이성계 파는 대비인 정비를 조종해서 공양왕을 폐위시킨다는 조서를 내리고, 양위의 형식으로 이성계를 즉위시켰다. 이로써 고려왕조는 멸망하고, 새 왕조 조선이 개창되었다.

고려는 조선에 비하면 무풍武風이 강한 국가였다. 400년 동안 우리나라 전체 전쟁사의 절반이 넘는 엄청난 외침을 겪었다. 고려는 이 시련을 이겨냈으며, 그것은 놀랍고도 자랑스러운 역사였다. 하지만 국가 체제라는 측면에서 보면, 중앙 제도는 사적 인맥을 바탕으로 관례에 따라 운영하는 경향이 강했다. 중앙에서는 문벌 귀족이 국가를 장악했고, 지방은 지방대로 향리층이 대대로 지역의 민사와 군사를 모두 관할하는 분권적

| 정도전의 과거제 개혁안

고려의 과거제는 당·송의 제도와 유사했다. 하지만 과거제는 의외로 개방적이거나 능력을 공정하게 평가하지 않는다는 것이 문제였다. 시험은 제술보다는 문장 능력을 중시했으며, 좌주-문생 관계라고 해서 과거를 주관한 지공거와 급제자 사이에는 부자 관계에 준하는 의제적인 관계를 맺었다. 성균관 외에는 교육 시설 양성에도 노력하지 않아 지방 출신이 급제하기도 힘들었다.

가장 큰 문제점은 과거에 급제해도 관직이 보장되지 않는 것이었다. 가문이 열악하거나 지방 출신일수록 과거에 급제하기도, 관직을 얻기도 힘들었다. 이런 문제를 극복하기 위해 송의 개혁가 왕안석은 지방 학교에서 우수한 학생이 국학에 입학하도록 하며, 국학에서의 성적과 행실을 보아 관료로 임명하는 제도를 제안했다. 이 제도는 명의 과거제에 수용되었는데, 정도전과 조준도 이 제도를 채택했다. 그러나 조선 건국 후 정도전이 태종에 의해 제거되면서 폐기되었다.

성향이 있었다. 국가 운영이 소수 세력에 의해 좌우되고, 조정과 통제 능력이 약하다 보니 지방 간의 갈등이나 신분 간의 갈등도 쉽게 폭발했다.

이런 현상은 많은 사람들에게 국가와 왕의 역할에 대해 고민하게 했고, 상당히 국가주의적인 개혁론을 유행시켰다. 급진 개혁파들이 고려왕조의 해체를 추구하게 된 것도 이런 이유에서라고 볼 수 있다. 온건파들도 조선 건국에 반대했다고 하지만, 막상 조선이 건국되자 적극적으로 개혁을 추구하게 되었다.

그 결과 고려 말에서 조선 건국 초에는 정치, 사회, 경제, 군사에서 가족제도, 민속, 풍속에 이르기까지 놀랄 만큼 광범위한 개혁을 추진되게 되었다. 오늘날 근대 역사학에서는 왕조 단위로 역사를 서술하는 방식에 대해 상당히 회의적인 시각을 지니고 있다. 그러나 고려에서 조선으로의 이행은 단순한 왕조 교체로 이해할 수 없다. 그것은 국가와 사회의 전반적인 변화를 수반하는 것이었다.

정몽주는 어떻게 죽었을까?

● 선죽교의 진실 ●

정몽주의 초상화
고려 말의 성리학자이자 충신인 정몽주의 초상화다. 정몽주는 우왕 때에 왜구의 횡포가 극심해지자 일본 사행을 다녀왔고, 세공 문제로 악화된 명과의 관계 회복에도 애썼다. 하지만 조준과 정도전 등이 이성계를 왕으로 추대하려는 것에는 반대했다.

고려왕조를 지키려 했던 최후의 거인, 정몽주. 그는 지금까지 충성과 절개의 상징적인 인물로 알려져 있다. 그리고 그가 죽은 개성 선죽교에는 정몽주가 흘렸다는 핏자국이 현재까지 붉게 남아 있다. '붉은 마음'은 충성에서 나오기 때문에, 그가 흘린 핏빛과도 잘 맞는다. 그러나 정몽주는 선죽교에서 죽지 않았다. 그렇다면 선죽교의 얘기는 무엇일까?

정몽주의 죽음에 대해 알려진 얘기는 대개 이러하다. 위화도 회군 이후 이성계 일파는 이성계를 새 왕으로 추대하려는 분위기였다. 여기에 반대하는 정몽주는 이성계가 해주에서 사냥 도중에 말에서 떨어진 틈을 타 이성계 일파를 탄핵하게 된다. 그러나 이성계는 사태의 급박성을 알고 재빨리 개경으로 복귀했다. 그 결과 정몽주의 이성계 일파 제거 계획은 수포로 돌아가게 된다.

이성계의 아들 이방원은 정몽주의 마음을 떠보기 위해 집으로 초청했다. 그는 정몽주에게 "이런들 어떠하리, 저런들 어떠하리……"로 시작하는 「하여가何如歌」란 시를 읊었다. 정몽주는 그에 대한 답으로 "이 몸이 죽고 죽어 일백 번 고쳐 죽어……"라는 「단심가丹心歌」를 지었다. 이방원은 이를 듣고 실망하여 심복에게 선지교를 지키게 했다. 정몽주는 선지교 앞에서 말 위에서 돌아앉아 타고 갔다. 말을 끌던 녹사 김경조는 정몽주가 술에 취해서 말에 잘못 올라탄 것이라고 생각했다. 그러나 정몽주는 자객의 흉기를 등 뒤로 맞기 위해서 돌려 탄 것이라 했다. 선지교 밑에 있던 이방원의 심복 조영규가 정몽주를 죽이자, 선지교 돌 틈에서 하룻밤 사이에 대나무가 솟아올라 이후 선죽교善竹橋로 고쳤다는 내용이다.

정몽주 죽음에 관한 이 얘기는 요즘의 사극처럼

선죽교와 선죽교 비석
정몽주가 이방원이 보낸 자객에게 죽음을 당한 곳으로 전해지는 선죽교와 그 이름이 새겨진 비석이다. 정몽주는 정도전 같은 급진파들과 달리 이성계 일파에 끝내 협조하지 않은 채 죽음을 맞음으로써 훗날 선비들에게 충절의 상징이 되었다.

역사적 사실과 허구를 섞어놓은 것이다. 공식적인 기록인 『고려사』나 『조선왕조실록』에는 정몽주가 죽은 장소에 대해 나오지 않는다. 당시 기록에는 조영규가 판개성부사 유원이 죽은 것을 조문하고 나오는 정몽주를 기다렸다가 무기로 쳤다. 그러나 정몽주는 맞지 않아 말을 채찍질해서 달아났다. 조영규가 이를 쫓아가 말을 쳤는데, 이때 떨어진 정몽주를 죽인 것은 고여 등이었다.

그런데 선죽교에서 사망한 얘기가 등장하는 것은 18세기 중반 영조 때로, 『송도속지松都續誌』라는 개성에 관련된 책이다. 이후 실학자인 안정복의 『동사강목東史綱目』이나 이긍익의 『연려실기술燃藜室記述』 등에 선죽교 얘기가 수록되면서, 선죽교 사망설은 더욱 널리 퍼져갔다. 더구나 대나무로 인해 이름이 변했다는 선죽교는 원래 선지교에서 바뀐 것도 아니다. 이미 이전부터 선죽교라고 불렸다.

정몽주의 말을 끈 녹사의 사망 얘기도 『동사강목』에 나오지만, 여기서도 그의 이름은 나오지 않는다. 실학자인 이덕무가 개경에 갔을 때만 해도 죽은 녹사의 이름은 알려져 있지 않았다. 19세기 이후에 그의 이름이 알려지게 된 것이다.

정몽주가 죽은 선죽교 얘기는 하나의 신화다. 정몽주는 조선 태조 때까지만 해도 조선왕조의 입장에서는 '역적'이었다. 그는 조선왕조의 개창을 방해한 대표적 인물이었기 때문이다.

그러나 태종 이방원이 즉위한 후에 이런 생각이 변화했다. 한마디로 '역적'에서 '충신'으로 변화한 것이다. 본인의 사주로 죽인 인물을 숭상하는 쪽으로 바꾼 것인데, 그 아래에는 여러 정치적 복선이 깔려 있었다. 왕조를 새로 여는 것이 아닌 지켜야 하는 입장에서 정몽주는 모범이 될 수 있는 인물이었다. 이후 정몽주는 시간이 갈수록 받들어짐의 정도가 더해졌다. 그리고 18세기에 이르면 그와 관련된 새로운 전설과 신화들이 선죽교와 관련해서 보태졌다. 그 포장된 신화가 오늘 우리가 보고 있는 위인전 등의 얘기다. 그러나 역사 속의 '정몽주'는 포장된 신화를 벗겨내고도 존경받을 만한 인물이었다. 그 점은 정몽주의 삶을 다시 찬찬히 살펴보면 알 수 있다.

연 표

연도	월	정치	사회·경제	문화	대외관계
918	6	왕건의 고려 건국	-	-	-
919	1	고려, 송악으로 천도	-	-	-
	10	-	고려, 평양성 축성	-	-
926	7	발해 멸망	-	-	-
927	11	후백제, 신라 왕궁 점령	-	-	-
935	12	신라 멸망	-	-	-
936	9	후백제 멸망, 후삼국 통일	-	-	-
938	12	-	-	-	탐라국이 고려에 조공
940	3	-	역분전제 실시	-	-
	12	-	-	개태사 완공함	-
943	4	-	-	태조,「훈요십조」남김	-
945	9	왕규의 난	-	-	-
947		광군사 설치	-	-	-
956		-	노비안검법 시행	-	-
958	5	-	과거제를 처음으로 시행함	-	-
960	3	백관의 공복을 제정함	-	-	-
975		-	전시과 제정	-	-
982		-	-	-	서희, 송과 중단되었던 국교를 틈
983	2	-	12목을 설치함	-	-
987	7	-	노비환천법 실시	-	-
993		-	-	-	1차 거란 침입, 서희가 소손녕과 화약을 맺음
995	9	전국을 10도, 128주, 449현, 7진으로 나눔	-	-	-
1002	5	6위의 군영을 새로 설치함	-	-	-
1004	3	-	과거법 개정함	-	-
1007	2	-	-	진관사 9층탑 창건	-
1009	2	강조가 목종을 폐위하고 현종을 즉위시킴	-	-	-
1010	11	-	-	-	2차 거란 침입
1011	1	-	-	-	거란군에 개경 함락
	2	현종, 환도	-	-	-
1014	2	-	70세 이상 백성에게 관작을 내림	-	-
	9	-	-	-	거란이 6성의 반환을 요구함
	10	-	-	-	흥화진에서 거란국 격파
1018		-	-	-	3차 거란 침입
	2	-	지방 관원의 업무 지침 제정	-	-
1019	2	-	-	-	귀주대첩, 강감찬이 거란군과 싸워 크게 이김
1024	7	-	-	-	대식국 상인이 방물을 바침
1031	5	-	국자감시 신설함	-	-
1033	8	-	천리장성 축조 개시	-	-
1044	11	-	천리장성 완성	-	-
1055		-	-	최충, 사학을 일으킴	-
1062	8	-	-	흥왕사 완공	-

연도	월	정치	사회·경제	문화	대외관계
1063	3	-	-	-	거란이 대장경을 보내옴
	8	-	-	국자감의 규율과 직제 강화	-
1076	12	-	과거 합격자를 위한 급전제를 정함	-	-
1095		중추원을 추밀원으로 고침	-	-	-
1097	12	-	-	국선사 낙성, 천태종 일어남	-
1102	12	-	화폐 주조법식 정함	-	-
1107	6	-	-	-	윤관, 동북9성 쌓음
1109	9	-	-	국학에 7재를 둠	-
1110		제술, 명경 등의 과거 과목 개정	-	-	-
1112		-	혜민국 설치	-	-
1119	7	-	-	국학에 양현고를 설치함	-
1122	5	이자겸, 중서령이 되어 집권	-	-	-
1126		이자겸의 난 일어남	-	-	-
1134	12	묘청, 칭제건원 주장	-	-	-
1135	1	묘청의 난 일어남	-	-	-
1145	12	-	-	김부식, 『삼국사기』 편찬	-
1147		-	승보시 시행	-	-
1149	8	5군을 3군으로 변경함	-	-	-
1155		-	완산에서 농민 반란 일어남	-	-
1170	8	정중부의 난 일어남	-	-	-
1173	8	김보당의 난 일어남	-	-	-
1174	9	조위총의 난 일어남	-	-	-
1176	1	-	망이·망소이의 난 일어남	-	-
1179	9	경대승, 정중부 등 살해	-	-	-
1184		이의민 정권 장악	-	-	-
1193	7	-	김사미의 난 일어남	-	-
1196	4	최씨 무신정권 성립	-	-	-
1198		-	만적의 난 일어남	-	-
1200		최충헌, 도방 설치	-	-	-
1209		최충헌, 교정도감 설치	-	-	-
1219		-	-	-	몽골, 동진과 함께 거란 공격
1223		융기도감 설치	-	-	-
1225		최우, 정방정치 시작	-	-	-
1231	8	-	-	-	1차 몽골군 침입
1232	6	강화도 천도함	-	-	-
	12	-	-	-	처인성 전투, 몽골군 장수 살리타 사망
1233	5	필현보, 홍복원 등 모반	-	-	-
1234		-	-	최윤의, 『상정고금예문』 주자로 인행함	-
1236		-	-	이규보, 『동국이상국집』 지음	-
1239		-	-	-	몽골군 철수
1247		-	-	-	4차 몽골군 침입
1249		최항, 정권 장악	-	-	-
1254		-	-	-	6차 몽골군 침입
1255		-	-	-	7차 몽골군 침입

연도	월	정치	사회·경제	문화	대외관계
1257		최의 집권	-	-	8차 몽골군 침입
1258	12	원, 쌍성총관부 설치	-	-	-
1270	5	삼별초군 항몽전 개시	-	-	-
	10	개경 환도	-	-	-
1274		-	-	-	1차 여원연합군, 일본 정벌 실패
1280	10	정동행성 설치	-	-	-
1281		-	-	-	2차 여원연합군, 일본 정벌 실패
1285		-	-	일연,『삼국유사』지음	-
1287		-	-	이승휴,『제왕운기』지음	-
1290		충렬왕, 강화도 피란	-	-	-
1292		개경 환도	-	-	-
1308		-	서운관 창설	-	-
1309	2	-	소금전매법 제정	-	-
1314	2	-	양전 사업 실시	-	-
1340	4	-	-	-	원, 고려인 기 씨를 황후로 책봉함
1342		-	-	이제현,『역옹패설』지음	-
1344		-	숭문관 설치	-	-
1356		-	-	-	쌍성총관부 회복
1359	2	-	-	-	1차 홍건적 침입
1361		-	-	-	2차 홍건적 침입
1363		-	-	-	문익점, 목화씨 가져옴
1366		-	전민변정도감 설치	-	-
1374	9	공민왕 피살, 우왕 즉위	-	-	-
1377	10	-	최무선, 화통도감 설치	-	-
1388	5	이성계, 위화도 회군	-	-	-
1389		-	-	-	박위, 쓰시마 섬 정벌
1392	5	정몽주 피살	-	-	-
	7	조선왕조 개창	-	-	-

찾아보기

ㄱ

간화선 240
강감찬 70, 81
강동 6주 67, 72, 73
강민첨 70
강조 64
강향사 119, 120
개태사 30
거란 43, 62, 64, 65, 66, 70, 71
거평 부곡 97
건원중보 113, 116
겁구아 232
겁령구 218
견훤 24, 24, 27, 28, 30
결혼도감 236, 237
경대승 169
경순왕 28, 31
경애왕 27
경연 84
경원 이씨 41, 86, 88
경인(庚寅)의 왜구 257
경종 38, 41, 43
경학박사 83
경행 44
계급내혼(階級內婚) 89
「계백료서」 35
「고금상정례」 44
「고려도경」 88, 128
「고려사」 32, 33, 46, 114
「고려사」「백관지」 80
「고려사」「선거지」 77, 85
고려양 232
고려청자 128~133
고이부곡 60
고창 28
골품제 92, 93, 105
공녀 100, 228, 236, 237
공민왕 252, 260, 266
「공방전」 116, 117
공복 제도 43

공산 27
공음전(功蔭田) 106
공음전시(功蔭田柴) 105
공전(公田) 106
공학금군 169
공험진 146
과거 39, 78, 105
「관경변상도」 138
관학 84
광군 38
광대 235
광덕(光德) 38
광종 38~40, 42, 43, 53
광평성 53
구분전(口分田) 106
구예 25
9재학당(九齋學堂) 83
국자감 82, 83
궁예 24, 30, 51
권근 33
「권수정혜결사문(勸修定慧結社文)」 239
권수평 102
권신 38
귀족의 시대 75
귀주성 70
귀향형 57
귀화인 43
근친혼 40, 41
금산사 28
금성(나주) 24, 26, 27
금속활자 135, 136
기인제도 31
기황후 222, 252
김경손 193
김돈중 89, 166
김락 27
김보당 170
김부식 81, 88, 120, 157, 158, 160
김부의 158
김사미 182

김윤후 194, 196
김은부 88
김인준 172
김준 204, 205
김천 197, 227, 228
김치양 41
김통정 208

ㄴ

나례 235
나옹화상 240
남경 157
남귀녀가혼(男歸女家婚) 99
남녀균분상속(男女均分相續) 100
남반 78
내봉성 53
내의성 53
노비안검법(奴婢按檢法) 39
『논어(論語)』 83, 84, 245
농경의례 104
『농상집요』 109, 233
농장(農莊) 253
능문능리(能文能吏) 89

ㄷ

다루가치 193
단산오옥명 먹 180
대간 54
대명률 56
대목왕후 40
대방공 보 154
대위(大爲) 158
대종 40
『대학(大學)』 245
대화궁 158, 159
도당 55
도량 44
도병마사 54
도선 163
『도선비기』 162, 163

도자기 길 140, 141
『동국이상국집』 109
동년(同年) 91
동단국 65
동림성(통주성) 64
동맹 51
동북 9성 146
동성근친혼(同姓近親婚) 98

ㄹ

라마교 240

ㅁ

마산적(馬山賊) 175
막유 103
만부교 사건 65
만승회 240
만적 176, 184, 189
망족 58, 93
매향(埋香) 124
『맹자(孟子)』 245
명경업 78, 82
명학소의 난 180~181
목사 57
목종 41
목판 135, 136
묘청 157~161
무산계(武散階) 97
무신정변 130, 164~173
무진주 24
문벌 귀족 78, 154, 161
문생(門生) 76, 80, 90, 91
문익점 233
문종 86, 154
문하성 53
미륵관심법 25
미륵불 25
미륵하생 51
「미륵하생경변상도」 138

ㅂ

박서 193
박수경 31
박술회 37
박영규 28, 31
배현경 25
백수한 157
「백운소설」 134
백정 95, 96
벽란도 114
별공(別貢) 107
별무반 145
보초 113
「보한집」 134,
보현원 164
복지겸 25
본관 57
「봉사10조」 171
봉정사 극락전 138
부석사 무량수전 138
부호장 80
부호정 80
분청사기 133
분홍방(粉紅榜) 82
불교 36
불화(佛畵) 241, 242, 243

ㅅ

사경(寫經) 241, 242
사성 정책 31
사심관제도 31
사패전(賜牌田) 106
사학 84
사행 무역(使行貿易) 112
살리타 194
「삼국사기」 33, 53, 160, 199
삼별초 206~208
3성6부 53
삼한중보 113
삼한통보 113

상감기법 130
상감청자 133
상경연작 108
상공(常貢) 107
상대등 53
상서성 52, 53
서경 30, 35, 38, 157
서경(署經) 81
서긍 88
서류부가혼(壻留婦家婚) 99
서필 43
서희 43, 66, 72, 73, 81
설손 230
성종 40, 41, 42, 44, 46, 53, 57, 64, 65, 83, 85, 113
성주 24, 93
세조구제(世祖舊制) 215
소(所) 111
소손녕 66, 72, 73
속군현 59
송(宋) 29, 43
송악 24, 25
수조권(收租權) 105, 253
숙종 117
「시무28조」 43, 49
식목도감 55
신검 28
신돈 259, 260
신명순성왕태후 37
신숭겸 25, 27
신정률 56
신정왕태후 40
신진 사대부 245, 266
신진 사류 245
심양왕 254
12공도(十二公徒) 76, 84
십팔자위왕 33, 156, 162, 163
쌍기 38, 42, 43, 78
쌍성총관부 263

ㅇ

아리크 부케 205
안향 207, 245, 246, 247
양규 67
양대업(兩大業) 80, 82
양수척 71, 150, 151
양전 사업 42
양현고 84
여몽 연합군 일본 원정 210, 211
여몽전쟁 190~198
여진문자비 149
여진족 71, 145~149
역분전(役分田) 105
『역옹패설』 244
연등회 44, 47, 121
염경애 102
영업전(永業田) 106
예기(禮記) 245
예서제(預婿制) 100
「예성강곡」 114
5대10국 29, 35, 65
5도 양계 59
오연총 146
오잠 234
오조정적평 43
완산주 24
완안부 146
왕건 24, 25, 27, 28, 30, 31~35, 57, 65
왕규의 난 37
왕도정치 46
왕-왕후족 연합 41
왕융 43
왕토사상 106
외왕내제 43
용두사지 철당간 39
「용비어천가」 33
용손 36
용손 의식 32, 33,
용화향도(龍華香徒) 124
원구의 44, 46

원종 204, 205, 206, 215
위화도 회군 267~269
유교 36, 42, 43
유금필 31
유긍달 37
유불병존 43
「유신지교」 156
윤관 81, 88, 89, 145, 146
윤언이 88, 158
음서 78, 84
응방 218, 222, 230
의례 46, 47
의종 89, 164
의천 116, 117
의학박사 83
이고 168
이규보 134, 172
2년3모작 108
이색 245~248
이성계 267~270
이성혼 41
이승휴 207
이안사 198
이의민 33, 169, 170, 183
이의방 164, 168
이인로 134
이인임 266, 270
이자겸 86, 88, 153~156
이자겸의 난 33
이자연 154
이제현 245, 246, 247, 249
인종 90, 153~161
일리천 28
일연 199
일통삼한(一統三韓) 34, 36
임원후 157
임유무 206

ㅈ

잡업 78

장(場) 60
장경판전 200, 201
장군(將軍) 24, 93
장사성 262
장화왕후 31, 32, 37, 62
재상 52, 53, 55
저고여 190
적전의 44, 46
전민변정도감 107
전민변정사업 255
전시과(田柴科) 43, 106
전연의 맹약 67
「정계」 35
정도전 97, 247, 266, 270
정동행성 216, 222
정몽주 56, 249, 269, 271, 273
정사당 53
정안국 65
정역호(定役戶) 112
정의당 84
정종 38, 40
정중부 168, 170
정지상 120
정출다문 244
정호 95
제국대장공주 113, 217
제불(帝佛) 34, 36, 44
제술업 78, 81, 82
조위총 179
조인규 220
족내혼 40, 98
좌주(座主) 80, 90, 91
주목 57
주전도감 113
준풍(峻豊) 38
중서문하성 54
중서성 52, 53
『중용(中庸)』 245
중추원 53
지공거 80, 90

지눌 239, 240
『지정조격』 56
진골 24
진전(陳田) 107, 110
「척경입비도」 147

ㅊ

척준경 146
천견충의군 158
천추태후(헌애왕후) 41
철원 25
철전 113
청동 은입사 130
청자상감 운학무늬 매병 130
초음직(初蔭職) 85
초조대장경 71
촌주 24
최사추 89
최승로 43, 49
최자 134
최춘명 193
최충 76, 86, 88
최충헌 170, 171, 174, 183
충렬왕 217, 219, 230, 231
충선왕 219, 223, 254
충숙왕 219
충혜왕 126, 224, 225
최치원 23, 24
7재(七齋) 84
칭기즈칸 191
칭제건원 158

ㅋ

쿠빌라이 190, 204, 205, 206, 210, 214

ㅌ

탐라 209, 216
태봉 53
통도사 119
통주성(동림성) 64

ㅍ

『파한집』 134
팔관치어 48, 50
팔관회 44, 47~51, 121, 122
팔만대장경 200, 201
평량 190, 191
포석정 27
풍수지리 36, 162, 163
「풍입송」 32

ㅎ

항파두성 208
해동갑족(海東甲族) 88
해동공자 83
해동중보 113
해동통보 113
향도(香徒) 124
향리 58, 59, 63
향·소·부곡 58~60, 97
향학 83
헌애왕후 40
헌정왕후 40, 41
현종 41, 42, 44, 62, 63, 67, 70
혜종 32, 37, 40
호장 58,
호족 24, 27, 28, 31, 39, 136
「혼일강리역대국도지도」 229
홍건적의 난 255
홍경원 180
홍다구 220
홍유 25, 31
화통도감 233
활구 113
황도 38
황산 30
『효경(孝敬)』 83, 84
효심 182
후고구려 24
후발해 65
후백제 24, 25, 26, 28, 62

후삼국시대 24, 28, 29, 30
「훈요10조」 36, 37, 49, 65, 121
훈전(勳田) 105
희곡 235

이미지 제공처

- 이 책은 아래의 단체 및 저작권자의 도움으로 만들어질 수 있었습니다. 사진을 제공해주신 분들께 감사드립니다.
- 저작권자를 찾지 못하여 게재 허락을 받지 못한 사진에 대해서는 저작권자가 확인되는 대로 게재 허락을 받고 통상의 기준에 따라 사용료를 지불하도록 하겠습니다.

국립민속박물관
국립부여박물관
국립중앙박물관
국립청주박물관
국립해양문화재연구소
권오창
고려대학교박물관
북앤포토
사계절출판사
삼성미술관 리움
연합포토

유로크레온
이화여대박물관
임용한
전쟁기념관
중앙포토
타임스페이스
토픽포토
포인스
풀무원김치박물관
호림박물관

국립중앙박물관 [중박 201101-4] : 227, 246, 249, 256
　　　　　　　　[중박 201101-19] : 20, 33, 67, 71, 92, 99, 103, 111, 115, 127, 130, 136, 150
　　　　　　　　[중박 201101-20] : 130, 131, 132, 135, 143, 152, 157, 225, 237
(본문의 이미지는 국립중앙박물관에서 발행한 『국립중앙박물관』, 『국립중앙박물관 100선』, 『고려, 조선의 대외교류』, 『고려시대를 가다』, 『고려청자 명품 특별전』, 『다시 보는 역사편지 고려 묘지명』, 『아름다운 우리 문화재』, 『즐거운 역사체험 어린이박물관』, 『찬란하고 섬세한 아름다움 금속공예』의 이미지를 사용하였습니다.)

미래를 여는 한국의 역사 2

초판 1쇄 발행 2011년 2월 14일
초판 11쇄 발행 2021년 12월 20일

기획 역사문제연구소 기획총괄 이승렬 책임기획 박종린
지은이 김인호 임용한 안정수

발행인 이재진 단행본사업본부장 신동해 편집장 김경림
디자인 매핑, 디자인아이앰 교정 임미영 제작 정석훈
마케팅 이화종 최혜진 홍보 최새롬 권영선 최지은 국제업무 김은정

브랜드 웅진지식하우스
주소 경기도 파주시 회동길 20
문의전화 031-956-7066 (편집) 031-956-7567 (마케팅)
홈페이지 www.wjbooks.co.kr
페이스북 www.facebook.com/wjbook
포스트 post.naver.com/wj_booking

발행처 ㈜웅진씽크빅
출판신고 1980년 3월 29일 제406-2007-000046호

글 ⓒ 역사문제연구소, 2011
이미지 및 편집 ⓒ 웅진씽크빅, 2011

ISBN 978-89-01-11724-9 (04910)
ISBN 978-89-01-11722-5 (세트)

웅진지식하우스는 ㈜웅진씽크빅 단행본사업본부의 브랜드입니다.
저작권법에 의해 한국 내에서 보호를 받는 저작물이므로 무단전재와 무단복제를 금합니다.
이 책 내용의 전부 또는 일부를 이용하려면 반드시 저작권자와 ㈜웅진씽크빅의 서면 동의를 받아야 합니다.

※ 책값은 뒤표지에 있습니다.
※ 잘못된 책은 구입하신 곳에서 바꾸어드립니다.